农林生物质发电补贴政策优化研究

王斯一　张彩虹　罗　宏　著

中国环境出版集团·北京

图书在版编目（CIP）数据

农林生物质发电补贴政策优化研究/王斯一，张彩虹，罗宏著.
—北京：中国环境出版集团，2020.10
ISBN 978-7-5111-4464-5

Ⅰ. ①农…　Ⅱ. ①王…②张…③罗…　Ⅲ. ①农业—生物能源—发电—政府补贴--财政政策—研究—中国②林业—生物能源—发电—政府补贴—财政政策—研究—中国　Ⅳ. ①F426.2

中国版本图书馆 CIP 数据核字（2020）第 201675 号

出 版 人　武德凯
责任编辑　陈雪云
文字编辑　王宇洲
责任校对　任　丽
封面设计　宋　瑞

更多信息，请关注
中国环境出版集团
第一分社

出版发行　中国环境出版集团
（100062　北京市东城区广渠门内大街 16 号）
网　　址：http://www.cesp.com.cn
电子邮箱：bjgl@cesp.com.cn
联系电话：010-67112765（编辑管理部）
010-67112735（第一分社）
发行热线：010-67125803，010-67113405（传真）

印　　刷　北京中科印刷有限公司
经　　销　各地新华书店
版　　次　2020 年 10 月第 1 版
印　　次　2020 年 10 月第 1 次印刷
开　　本　787×1092　1/16
印　　张　14.25
字　　数　260 千字
定　　价　99.00 元

前 言

随着我国经济的持续高速发展，能源安全以及农村环境污染已成为长期制约美丽中国建设、农村可持续发展的重要问题。党的十九大报告指出，要推进能源生产和消费革命，构建清洁低碳、安全高效的能源体系，并将其作为加快生态文明体制改革的重要组成部分。农林生物质能源作为重要的可再生能源，相比其他能源具有独特优势和较大潜力，相较于传统能源具有低碳、低硫、少氮的环保特性，相较于风能、太阳能、潮汐能等发电方式又具有场地限制小的优势。同时，农林生物质能源就近利用资源、减少秸秆露天焚烧、可分布式开发的特点更是解决“三农”问题和实现乡村振兴战略的重要途径。

生物质能源，尤其是作为该产业中发展最快的生物质发电，已开展了众多示范项目，装机容量也在逐年增加，部分项目已实现商业化。然而相对于其他发电产业，生物质发电在我国起步较晚，面临种种困难。许多生物质发电电厂仅仅勉强维持盈亏平衡，甚至持续亏损，无法与市场机制成熟的传统电力进行市场竞争。因此，发掘生物质发电的环境外部性，离不开政府补贴政策的支持。

那么，现行补贴政策是否可以有效推动产业发展？是否存在问题？生物质发电成本价值如何计量？补贴政策是否需要优化以及如何优化？以上问题皆是生物质发电补贴政策优化所需要解决的关键问题。本研究的主要目的是揭示生物质发电所具有的成本价值特性，探讨和分析补贴政策作用机理及优化路径选择。基于补贴政策效应的分析及现有生物质发电领域相关政策的梳理，通过项目生命周期评价方法厘清生物质发电各环节所具有的经济与环境成本的构成和价值特征，本研究运用多目标规划模型与内部收益率方法对产业链不同环节补贴政策和产业不同发展阶段补贴政策进行优化，旨在为我国生物质发电产业补贴政策的制定及优化提供一定参考。

本研究主要研究结论如下：① 从理论与实证角度证明生物质发电补贴政策对企业乃至整个行业都有显著的正向影响作用。② 运用政策文本工具对生物质发电现行政策梳理发现，各类政策的全面运用，有利于构建生物质发电综合政策体系，然而其中尚存在许多结构性不足，如补贴政策可实施程度较低、在产业链中分布失衡、缺乏不同发展阶段政策等。③ 从经济角度讨论生物质发电政策优化的基础，即成本构成和价值分析，发现生物质发电成本主要集中于原料获取环节，项目经济收入与成本无法平衡，经济效益较差。④ 从环境角度探讨生物质发电政策优化的基础，即成本构成和价值分析，运用生命周期评价方法将生物质发电与燃煤发电项目比较，单位电力生物质发电碳减排效果最明显，固体排放物少、无硫低氮的特性对污染物减排具有重要意义，单位电力减排及资源节约价值较高。⑤ 运用多目标非线性规划模型从量化角度对生物质发电产业链不同环节三类补贴进行优化设计。通过三种情景优化结果对比发现，统筹原料补贴、上网电价补贴与接网费补贴的情景是较为合理的方案，可以较低的补贴成本实现环境效益和经济效益的提高。合理的补贴结构和补贴方式可以在现有技术水平、资源条件下实现经济与环境的双赢局面。⑥ 对生物质发电产业不同发展阶段进行补贴政策设计，分析产业长效动态补贴政策优化。运用内部收益率方法构建产业不同发展阶段的补贴测算模型，计算生物质发电项目在培育期和成熟期政府合理补贴额度，并讨论不同发电利用小时数以及是否存在热电联产等具体情形下的单位补贴额度和补贴总额。⑦ 运用实际案例对以上模型进行探讨佐证，证明其可行性，为本书中政策模型在更多地区的应用提供参考。基于以上分析，本研究提出了我国生物质发电补贴政策优化建议。

作　者

2020 年 8 月 20 日

目　录

第1章
绪　论

1.1　研究背景与问题提出

1.1.1　研究背景

能源安全与环境污染是我国发展面临的两大重要难题。一直以来，煤炭在我国能源结构中占据 60%～70%的份额，处于主导地位，燃煤发电在电力市场所占比例虽然自 2006 年到 2016 年大幅下降了 15%，但 2016 年煤电装机容量占比依然以 57%的领先于其他发电形式。然而，我国煤炭产量无法与消费需求对等，自 2009 年起成为煤炭净进口国，每年进口煤炭量 1 亿～3 亿 t，其中 2017 年进口量为 2.7 亿 t。同时，作为我国能源结构中第二大占比的石油，更是长期依赖进口。2017 年我国石油净进口量高达 3.96 亿 t，对外依存度提升至 67.4%，再次创下历史新高。传统能源的不可再生特点与长期依赖进口的缺陷，威胁着我国能源安全，也成为限制我国社会发展的一大关键因素（林伯强，2018；马丽梅 等，2018）。

以煤炭、石油为主的能源利用方式不可避免会产生大量气体和固体废物，对生态环境造成严重影响，雾霾天气、温室效应、酸雨等现象都反映了当前我国生态环境的脆弱。据统计，在我国大气排放中，约有 80%的 CO_2、85%的 SO_2、67%的 NO_x 以及 70%的烟尘均来自煤炭的燃烧。减少传统化石能源消费、改变能源结构是治理大气污染的重要途径（林伯强，2012）。

党的十九大报告指出，要推进能源生产和消费革命，努力创建洁净低碳、安全且高效的能源体系，并将其作为加快生态文明体制改革、建设美丽中国的重要组成部分。开发多样化的可再生能源是突破化石能源供给瓶颈和环境约束的必要途径（孔令丞 等，

2012；刘慧媛，2013），农林生物质能源属于清洁可再生的低碳能源，尽管目前在可再生能源中所占份额较小，但却具有显著的优势和巨大的潜力。例如，相比于风能、太阳能、潮汐能等发电方式，生物质发电具有场地限制小的优势（蓝澜，2014）。相比传统能源发电方式，生物质发电又具有低碳、低硫、少氮的环保特性。

农林生物质能源的发展不仅可以缓解能源需求、保护生态环境，还可以作为解决“三农”问题和实现乡村振兴战略的重要途径。当前，我国仍有大量农村人口直接焚烧秸秆、就地收集使用薪柴，原始落后的农林废物处理方式和能源利用方式不仅浪费了资源，还带来生态环保问题。农林生物质能源在农村的利用不仅可以就近获得资源、开发分布式清洁能源、减少秸秆露天燃烧现象，还遵循了中央发展绿色循环经济的道路，将许多废物重新资源化、能源化，在解决生态环境问题的同时，推动农村经济的发展，是实现美丽乡村、生态家园的必经之路（Bensah et al.，2015；Bilgili et al.，2015）。

我国农林生物质能源现已经具备发展的基础条件，开展了众多示范项目，且部分已实现商业化，相关科学研究和实践探索也在不断推进（高峰 等，2011）。截至 2017 年，我国已投产生物质发电项目共计 747 个，涉及 30 个省（市、区），总计发电并网装机容量为 1 476.2 万 kW，年发电量 795 亿 kW·h，占全国总发电量的 1.2%。按照国家能源局《生物质能发展“十三五”规划》中的方针设定，到 2020 年，生物质能要逐步实现产业商业化和规模化发展，年利用量可达约 5 800 万 t 标准煤，且发电总计装机容量实现 1 500 万 kW，每年发电总量实现 900 亿 kW·h，其中利用农林生物质直燃发电可达 700 万 kW，利用生活垃圾发电可达 750 万 kW，利用沼气发电可达 50 万 kW。

1.1.2 问题提出

生物质发电一直是近年来生物质能源产业中发展最快的行业，然而相对于其他发电产业，生物质发电在我国起步较晚，在原料供应链、技术水平、市场发育等方面都处于初级阶段。面临资金来源困难、原料来源不足、生产成本较高、运营模式落后等问题，许多电厂仅仅勉强维持盈亏平衡，持续亏损，无法与市场机制成熟的传统电力市场竞争。因此发掘生物质发电的环境外部性，离不开政府补贴政策的支持。随着上网电量规模的不断增加，补贴缺口也在不断增加，补贴的不合理性也逐渐暴露，对行业发展构成了潜在风险。因此，现行生物质发电补贴政策是否有效？补贴政策是否对产业存在正向影响？如何衡量生物质发电所具有的价值？生物质发电补贴政策是否需要优化以及如何优化？对此本书尝试从以下几个方面进行研究：

第一，从理论和实证角度讨论生物质发电补贴政策对产业发展有哪些影响？生物质发电产业有哪些相关现行政策？现行政策在基本政策工具维度、产业活动维度、强制性维度中如何构成？生物质发电产业有哪些现行补贴政策，存在什么问题？

第二，生物质发电价值链如何构成？具有怎样的经济成本特点？产业价值链各环节经济成本如何构成？生物质发电经济收入如何构成？生物质发电是否可以实现经济收入成本平衡？

第三，生物质发电产业链生命周期评价范围如何界定？生命周期各环节环境排放量、资源消耗量如何计算？与燃煤火力发电相比较，单位电力生物质发电可减排排放物多少，节约资源多少？排放物及资源货币价值如何衡量？生物质发电是否具有显著环境价值？

第四，产业链不同环节生物质发电补贴政策是否有优化可能？如何优化？补贴政策是否可以兼顾社会公众环境效益最大化、企业利润最大化、补贴金额最小化的多方目标？现行及不同情景假定下哪种补贴组合、补贴方式更为可行、更为合理？在现有或更低补贴总额基础上是否可实现更好的经济效益和环境效益？

第五，产业不同发展阶段生物质发电项目是否需要不同补贴政策？生物质发电项目产业不同阶段应如何界定？有何特点？运用何种方法构建生物质发电发展不同阶段补贴机制测算模型？

1.2 研究目的与意义

1.2.1 研究目的

总体来讲，本书主要目的是揭示生物质发电所具有的经济、环境成本价值，探讨和分析补贴政策优化路径选择。具体来讲，本书首先从经济理论与实证角度探讨补贴政策对生物质发电产业的影响，梳理现有产业内相关政策的合理性及存在的问题；其次，通过项目生命周期框架划分，从经济与环境两个维度分析生物质发电补贴政策优化的基础，厘清生物质发电各环节成本构成及价值分析；最后，基于以上研究，尝试构建以产业链不同环节为对象综合考虑多方目标的生物质发电各环节横向补贴优化设计模型，以及以产业不同发展阶段为对象的分阶段纵向补贴模型，旨在为我国生物质发电产业补贴政策的制定及优化提供一定参考。

1.2.2 研究意义

环境污染、能源安全、乡村振兴战略是我国社会发展中需要面对的课题，而农林生物质能源的利用因其所具有的特性对以上问题都有一定的积极作用。我国农林资源丰富，农林生物质能源的发展已经具备相当规模的资源条件，已成为可再生能源中不可或缺的选择，若想使其得以可持续利用，制定合理的补贴政策很关键。传统能源发电的定价机制已较为成熟，而农林生物质发电产业仍处于初期阶段，且其高额的发电成本，与传统能源相比不具有优势，现有补贴只是从企业是否可运行角度制定，并未将其环境价值考虑其中，补贴政策尚待优化。完善、合理、动态的补贴政策对于生物质发电产业长远发展具有极其重要的意义，对生物质发电产业的系统、协调、稳定、可持续发展也是不可或缺的。唯有基于生物质发电所特有的经济、环境成本与价值，建立起一个科学合理的补贴体系，保持政府指导的支持作用，才能持续推动生物质发电的发展，使其成为可再生能源的生力军，从而最大限度地发挥其经济效益、社会效益和环境效益。

从理论角度来看，本书基于生态价值理论、公共产品理论、外部性理论、可持续发展理论等，从理论与实证两个层面探讨现有补贴政策对生物质发电所构成的影响，结合生物质发电特性，从经济与环境两个角度对其价值进行评价，从生命周期各环节与产业发展不同阶段两个维度构建生物质发电补贴模型，对我国农林生物质发电成本价值构成与补贴政策优化进行了系统化和定量化的综合探讨。其中，运用多目标规划模型探讨产业链各环节补贴政策的优化，以及构建生物质发电补贴政策不同发展阶段的动态模型具有研究创新性，是对我国可再生能源价值评价和补贴理论的扩充。

从实践角度来看，目前我国相当一部分生物质发电项目处于收支勉强平衡或亏损状态，发展举步维艰。本书基于对生物质发电经济、环境成本价值的探讨，构建生物质发电项目经济、环境成本价值评价框架，平衡多目标利益主体不同补贴组合情形下的生物质发电各环节的补贴模型和随着产业发展调整的不同阶段的补贴模型。研究结果为其他农林生物质发电项目的成本价值核算、相关投资者进行生物质发电项目投资和中央及地方政府部门制定补贴政策提供借鉴和研究支撑。本书对目前生物质发电补贴政策调整方向做出建议，旨在设计优化补贴方案，使之在充分发挥环境效益的同时，既保证企业盈利调动其积极性，又将补贴控制在政府可承受范围，以期补贴政策更好地支持生物质发电产业的发展，为解决我国能源安全与环境污染问题做出一定努力。

1.3 研究思路与内容安排

本书在了解生物质发电补贴政策现状、属性特征的基础上，分析生物质发电成本价值构成和补贴政策优化中存在的问题，针对其中的重点和难点提出将要解决的问题，即从理论、实证角度探讨补贴政策对产业发展产生的影响，总结政策文本梳理生物质发电产业现有政策，尤其是补贴政策存在的问题；从价值流分析的角度对生物质发电进行经济成本构成和价值分析，基于生命周期评价的生物质发电环境成本构成和价值分析，这两部分是生物质发电补贴政策优化的基础；鉴于补贴政策对生物质发电产业的重要影响和现有政策问题，生物质发电所具有的环境价值无法在现有市场机制中体现，因此尝试优化设计补贴政策，探索兼顾环境效益、企业经济利润、政府补贴成本的多目标、多情景下的产业链各环节横向补贴方案，以及随产业发展不同阶段补贴政策应如何作出动态调整；运用实际案例探讨模型可行性；提出适合生物质发电产业的补贴政策优化途径及配套措施的建议。

本书思路按照以下内容展开：

第 1 章为绪论，介绍选题背景，提出问题、研究目的、研究意义、研究思路和创新点，对全书的主要内容做出概括与介绍。

第 2 章对本书涉及的重点概念进行界定，明确研究范围。收集生物质能源概念、生物质发电经济价值计量、环境价值计量、补贴政策研究等问题的相关文献资料，并对现有文献进行评述，在这些文献的基础上开展研究工作。

第 3 章从理论、实证两个角度证明生物质发电补贴政策对产业发展有正向显著影响。首先，分析补贴政策对产业的成本补偿效应、产量效应以及福利效应；其次，运用回归模型对生物质发电上市公司数据进行分析，探讨补贴政策和其他因素会对企业产生显著正向影响。正是由于补贴政策对社会福利、产业发展和项目运营都有着积极影响，补贴政策的优化调整才显得尤为必要。

第 4 章运用政策工具对现行生物质发电政策，尤其是对补贴政策进行梳理。建立三维分析框架，对全部相关政策文本以及补贴政策进行量化分析，探讨其中存在的结构性问题，对后文补贴政策优化提供现实基础。

第 5 章探讨生物质发电补贴政策优化基础，包括经济成本构成与价值分析。发电成本是生物质发电经济性以及补贴政策优化中需要考虑的重要因素之一，从生物质发电产业链不同环节全面分析生物质发电的成本构成，找出高成本环节。分析项目收入构成和经济价值，为补贴政策优化提供经济参考依据。

第 6 章探讨生物质发电补贴政策优化基础，包括环境成本构成与价值分析。生物质发电的特征决定了其存在隐性成本和价值，与传统化石燃料发电相比，它具有突出的环境价值优势，而这一优势却无法被消费者直接感受到，如果传统电力价格不包括碳税、能源税或资源税等环境成本，或生物质发电价格不体现环境价值，就构成了生物质发电发展的一个经济壁垒，因此，此章运用生命周期成本理论，将生物质发电产业链划分为原料获取环节、运输环节、生产使用环节三个部分，对生物质发电各环节所实现的环境价值及所节约的环境成本进行计算，生命周期方法的应用可以明确碳排放及其他污染物在哪个环节排放较多，利于企业调整改正缺点或继续发挥优势。此部分生物质发电环境成本价值的测算为补贴政策优化和补贴的实行提供环境方面参考依据。

第 7 章生物质发电补贴政策优化设计：运用多目标规划模型对生物质发电产业链各环节横向补贴政策进行优化。综合考虑社会公众环境效益最大化、企业利润最大化、政府补贴最小化三个目标，在一定的假设基础和约束条件下，设置三种补贴组合情景，开展生物质发电补贴额度的测算，具体讨论在原料供应、发电、并网输电等各环节中，对哪些生物质发电参与主体实施补贴政策，补贴额度应如何分布如何调整。从而通过建立补贴模型计算应弥补的生物质发电外部性补贴额度，为生物质发电补贴的测算建立定量平台，并与现有补贴额度进行对比为政策制定提供参考。

第 8 章生物质发电补贴政策优化设计：基于生物质发电项目不同发展阶段边界界定，分析补贴长效动态政策优化。考虑生物质发电不同发展阶段补贴模型可能的变化，尤其着重分析补贴的阶段性对生物质发电长期的补贴政策设计带来的影响。根据生物质发电项目发展时间、装机容量等特点，将其主要划分为培育期与成熟期两个阶段，建立与内部收益率相关的产业不同发展阶段补贴动态分析模型，测算项目不同时期补贴额度。

第 9 章、第 10 章选取典型案例对第 5～8 章生物质发电经济、环境成本价值测量模型、各环节横向补贴模型以及分阶段动态补贴模型进行实证运用，证明模型可行性。

第 11 章针对生物质发电补贴政策优化政策在产业中应用、生命周期环节分配、不同发展阶段动态调整以及其他相关配套措施的完善等角度提出优化建议。

第 12 章对全书内容进行总结，指出研究的不足以及进一步研究的方向。

1.4 本研究的创新之处

从现有文献来看，包括生物质发电在内的整个可再生能源研究多集中于定性讨论补贴类型与方式及其对产业发展的影响，补贴政策量化研究较少，本书从多个角度对生物质发电补贴政策量化做出探索，有一定的前沿性，创新点如下：

（1）丰富了生物质发电领域的补贴政策研究

目前对生物质发电的研究多集中于影响因素的探讨，“补贴政策”在这些研究中只是作为一类变量纳入回归模型之中，对于如何优化现有补贴政策，尤其是不囿于定性手段而使用定量方法优化补贴政策则较少讨论。本书在“补贴政策优化”方面做了较为深入的研究工作，不仅对生物质发电产业链各环节补贴设置不同情景相比较，还选取较优补贴组合，计算补贴优化额度；同时，针对产业不同发展阶段，利用内部收益率方法提出适时动态调整补贴额度与补贴方式。以上两部分补贴政策优化，尤其是动态调整优化补贴，对我国生物质发电补贴政策领域的研究均有所推进。

（2）拓展了多目标非线性规划模型的运用领域

本书将近年兴起的供应链多目标规划模型运用到补贴政策研究中，构建多目标非线性规划模型对生物质发电产业链各环节补贴政策进行优化。不仅综合多方主体利益平衡，还利用多情景设置考虑不同环节补贴的合理分配，并通过实际案例测算证实了该方法在生物质能源领域应用的可行性。

（3）补充了外部性理论的应用范围

在生物质能源领域的研究中，现有的文献多基于外部性理论，通过讨论生物质发电的环境成本优势或讨论生物质发电的经济成本劣势，最终求证该产业寻求政府补贴的合理性，但是对于如何“合理地”计算补贴金额，则没有强有力的理论依据。对此，本书基于外部性理论，对生物质发电补贴政策的成本补偿效应、产量效应、福利效应进行了理论分析，再依据这些理论做了进一步实证检验，并且进行环境影响货币化核算，从而提出更令人信服的“合理的”补贴金额。

第2章

概念界定与文献述评

2.1 相关概念界定

本节对能源、生物质能源、生物质发电、农林生物质能源的相关概念进行界定，旨在为后续研究界定范围。

2.1.1 能源及分类

一般来讲，能源指可以以做功形式提供能量的物质资源，即可以产生热能、电力、光能以及机械能等多种类型能量的资源。关于能源概念的具体界定，有多种说法，我国《能源百科全书》中界定能源为能够通过直接方式或经转换后供给人类社会需要的光、热以及动力等其中任一形式的一种资源载体。

根据不同分类标准可以将能源分为不同类型，其中常用分类方法有如下几种。① 根据产生类型分为一次能源和二次能源。一次能源又称为天然能源，指原本天然存在无需加工即可直接使用的能源，主要包括煤炭、石油、太阳能、水能、生物质能等；二次能源则指需经过一次能源加工转化再利用的能源，主要包括电力、煤气和蒸汽等。② 根据使用类型分为传统能源和新能源。前者指利用更为广泛、使用方式更为成熟的常规能源，包括煤炭、石油以及水能等；后者指开发时间较短、尚处于探索发展阶段的能源，如太阳能、生物质能、氢能等。③ 根据能源利用过程中是否会带来气体、固体、液体排放物从而造成污染，将能源分为污染型能源以及清洁型能源。通常情况下传统能源使用时会伴随有大量硫氧化物、氮氧化物以及固体废物的排放，被认为是污染型能源；相对而言，太阳能、风能、生物质能等在使用过程中对环境影响较小，属于清洁能源。④ 根据能源是否能够永续利用或者可以在短周期之内被补充再产生的标准分为可再生能源和非可再生能源。太阳能、风能、生物质能、潮汐能等可循环再生、永续利用的资源被认为是可再生能源；而煤炭、石油和天然气等需要长达亿万年之久的地质运动才能逐渐形成的资源被认为是非可再生能源。

2.1.2　生物质能源

生物质一词首次用来作生物量的专有名词是在生态学学科之中，后虽被普遍利用，但一直没有严格的统一界定。较广泛被接受的生物质定义有欧盟委员会指出的“不包括埋藏于地下最终形成化石能源的，以能够被微生物逐步降解的物质作为原材料而形成的物质”以及日本能源学会指出的“储存有太阳能的所有生物体的统称”等。

本书所定义的生物质能源是指依附于生物质的能量，是植物通过自身具有的叶绿素将太阳能转变为化学能，固定并储存在生物质之中的能量。生物质能源具有分布广、资源量丰富、种类较多等特点，不仅包括各类农林植物、生产废物、人畜排泄物，还包括有机废物。具体来说，涵盖了农林作物、农林生长、作业、生产剩余物、动物粪便、城乡固体废物、水生植物等众多形式。

生物质能不仅包含了许多技术不发达的发展中国家的农村地区直接露天焚烧的柴火、农作物剩余秸秆以及禽畜粪便等传统意义的生物质能，也包括了通过现代技术（如气化发电、沼气发酵、热裂解、压缩成型等技术进行热—化学转化或者生物—化学转化）从而提升生物质能源转化效率的新型能源开发利用形式——现代生物质能。本书所研究的生物质能是与生态环境可持续发展密不可分的现代生物质能。

2.1.3　生物质发电

在生物质能源各类利用形式中：生物质发电相对较为成熟，且最具发展潜力。生物质发电通常指农林生物质资源、人畜粪便、城乡废物等生物质资源经由直接燃烧或气化燃烧等方式，产生一定能量进行发电。生物质发电与其他诸如光伏发电、潮汐发电、风力发电等可再生能源发电形式相比，具有区域限制少、气候影响小、可靠性高等特点。

生物质发电主要包括农林生物质直燃发电、农林生物质气化发电、固体垃圾焚烧发电、垃圾填埋气化发电、沼气发电等多种类型。生物质发电在一些发达国家和地区发展较早，早已成为瑞典、丹麦、芬兰、美国等国的重要电力和热力来源。我国幅员辽阔，生物质资源也较为丰富，随着技术水平的提高，政府相关优惠政策的出台，发电成本较低的农林生物质直燃发电与垃圾直燃发电发展得到推动并已逐渐成熟。党的十九大以来，我国更加重视生物质发电发展，在考虑生态环境和乡村振兴的基础上提出生物质—煤炭耦合发电、生物质热电联产、农村地区充分利用沼气发电等新方向。

2.1.4 农林生物质

本书研究的生物质能源指农林生物质能源，其中，农业生物质通常指在农业生产加工过程中所产生的剩余物，如农作物秸秆、特定能源作物（非粮农作物）以及畜禽粪便等；林业生物质则主要涵盖了能源林、薪柴、林业副产品、木材加工边角料等各类森林、灌木生长和林业生产加工时所产生的能源资源。各类农林生物质能源，特别是农林生物质发电已在我国生物质产业发展中占据举足轻重的地位。《生物质发展“十三五”规划》特别指出“到 2020 年生物质发电总装机量将达到 1 500 万 kW，年发电量 900 亿 kW·h，其中农林生物质直燃发电 700 万 kW”。

综上所述，本书研究对象农林生物质发电是指利用农林生物质原料自身所拥有的生物质能而展开的发电活动。具体来说，是以农作物（如棉花、小麦、玉米）秸秆、林业生长作业剩余物等农林废物以及能源作物等作为原料，通过直燃或气化发电技术进行的生物质发电，该发电形式在增加清洁能源比重、改善环境的同时，还有利于增加农民收入，推动乡村振兴。

2.2 研究综述

2.2.1 生物质及生物质能源概念

生物质作为学术专业名词是1934年在俄国研究者Bogorov的生态学应用研究中被首次提出的。Bogorov 将生物量（即生物质）称作为 Biomass，之后逐渐被学术界广泛采纳。现在普遍认为生物质是各类生物有机体的统称，不仅包括不同生长环境中的动植物和微生物，还包括基于以上生物所派生（新陈代谢、排出）出的各类有机质，典型代表有农林作物、水生植物、人畜粪便、城乡固体废物以及可被生物降解的废物等（罗宝华 等，2016）。

关于生物质能源概念的界定，国内外虽没有统一规定，但现有概念基本含义大致相似，指利用生物质可再生资源以及太阳能共同作用产生的能源（孙凤莲 等，2010），本质上来源于绿色植物的光合作用，属于可再生能源类型（孙凤莲，2010）。因其节能减排的环保特性，加之分布广、适合分布式发展等原因，生物质能源在整个能源体系中地位仅次于煤炭、石油、天然气三大传统能源，是许多国家正在使用并大力开发的可再生能源类型之一（Bertrand et al.，2014）。许多研究者根据不同分类依据对生物质能源进行了分类，根据能源类型分为生物质发电、生物质固体燃料、生物质液体燃料（帕克，1992）；根据能源是否可直接利用分为初级、次级生物质能源，其中无需加工可直接用作燃料的即为初级生物质，需要进一步加工制作再使用的为次级生物质（周健驹 等，2016）；根据利用方式的不同又将生物质分为传统生物质能源和现代生物质能源，前者是指薪柴、农作物秸秆、动物粪便等资源的简单直接燃烧，该方式是许多发展中国家农村地区目前利用生物质的最主要形式，后者则指通过现代技术，如气化发电、沼气发酵、热裂解、压缩成型等技术进行热—化学转化或者生物—化学转化，从而提升生物质能源转化效率的新型能源开发利用形式（张兰，2010）。

2.2.2　生物质发电成本价值计量研究

1. 生物质发电的经济成本价值计量研究

生物质发电经济成本价值计量更多关注的是其经济成本计量（Kamimura et al.，2012；Molayudego et al.，2008；张谦，2014；章铮，1996）与价格探讨（Finn et al.，2014；Havlíčková et al.，2011；Nickerson et al.，2015；Thomas，2015；李钢，2009；李国平 等，2008；刘华军 等，2011），成本的高低直接决定了生物质发电与其他电力产业在市场中的竞争性以及消费者对生物质发电的消费偏好，价格又是成本的体现及政策优化的基础。

目前，生物质发电经济成本相关研究多集中于原材料供应链（Bai et al.，2012）、运输环节、生产工艺等角度。国外研究者如 Abbas 等（2013）对林木生物质能源产品的供应链做出探讨，Shabani 等（2014）进一步研究认为生物质供应链的不确定性增加了电厂发电成本，并利用供应链规划模型提出改进和稳定解决方案以降低成本。Zhang 等（2016）提出新的多智能体模型原料收集模式以降低生物质供应链运作成本。Saunders 等（2012）从运输环节角度分析了林木生物质能源原料收集成本构成情况，对不同种类原材料单位产品单位距离的运输成本做出了具体测算。Akhtari 等（2014）运用发电实际案例经济可行性研究证明生物量输送成本直接影响供应链设计以及生物量总交付成本，是生物质发电可行性的决定因素之一。Roni 等（2014）探讨了各类生物质能源产品在不同运输方式下具体成本变化情况，发现较之于固态能源，液态能源单位成本较高，同时，公路运输成本大于铁路运输。供应链研究中运用的方法与模型运用也愈加广泛，如仿真模型（Zhang et al.，2012）、对策论（Nasiri et al.，2009）、线性混合整数模型（Dyken et al.，2010）、随机限制参数模型（Altman et al.，2015）、生物量元素生命周期分析（Chunhsion et al.，2016）等。

由于生物质发电成本过高一直以来都是生物质发电企业经营不利的重要原因之一（Liu et al.，2015），而其中原料收集成本又是发电成本的重要构成部分（檀勤良 等，2014），国内关于生物质能源经济成本价值的计量分析也主要集中于生物质供应环节（孔令丞 等，2012）。在早期研究阶段，徐剑琦等（2006）、张兰（2010）开始从原材料供应系统合理优化方向对生物质能源供应问题做出探讨；林永明（2009）指出生物质能源产业中原料收储运等各环节科学分配管理是供应系统长期优化发展的重要保证。之后，对供应链的研究也越发深入，王燕（2010）基于生物质电厂、经纪人、农户的三方动态价格博弈模型，运用典型秸秆发电，探讨电厂收购价格对经纪人行为的激励作用；翟明岭等（2016）总结秸秆供给人工搜集输送模式、机械化搜集输送模式、人工搜集收购模式以及机械搜集收购模式四种供应模式，对各类供应模式构成成本和敏感性因素作出比较；高建伟等（2017）基于成本估算模型以及典型案例计算，对秸秆收集环节和储存运输环节等新方案下的成本进行预测和变化探讨，从合理性角度对生物质原料收购提供估算方案。

从经济理论角度分析，生物质能源使用时，边际收益应不小于其边际成本才能推动生物质开发利用（尹天佑，2005），因此一些学者从成本角度探讨了生物质能源的供应潜力。张巍（2008）对生物质发电成本与燃煤发电成本进行比较，发现从经济角度讲生物质发电上网电价较低，导致发电市场竞争力较弱。赵浩亮等（2015）通过生物质发电动态成本模型测算不同秸秆收购价格下发电成本的最大值及最小值。翟明岭等（2016）通过构建供应成本数学模型，分析不同场景秸秆供应成本，得出 186～250 元/t 供应成本作为秸秆收价格参考依据。此外，Murphy 等（2014）对生物质能源成本变化受客观空气污染控制条件变化的影响作出分析，发现考虑空气污染控制不同成本的情景下，生物质能源成本仅仅高出并未考虑相应情景约 1%。除以上研究外，也有学者从社会成本和私人成本的角度对生物质能源成本进行研究（Owen，2006）。

2．生物质发电的环境成本价值计量研究

1993 年联合国统计司在“环境与经济综合核算体系”（System of Integrated

Environmental and Economic Accounting，SEEA）中，对于环境成本作出如下解释：① 由于自然资源数量减少和质量下降而导致的经济减损；② 因环保需求引起的实际花费，即为了避免或降低环境污染而付出的各类费用以及为了优化环境、使降低的自然资源数量质量得以恢复而产生的各类花费（杨冬，2011）。

环境成本价值计量研究在可再生能源发电领域占据重要位置。生物质等可再生能源无论是政策还是定价研究都离不开其外部环境成本评价。目前，环境成本内部化已成为该产业关键研究问题之一（张卫东，2015）。Owen（2006）提出传统化石能源利用导致的燃烧排放环境污染成本，如果可以被内部化附加于其电价之上，会使部分清洁能源，尤其是生物质能与风能的经济竞争力高于化石能源，具有明显的社会成本优势。Melissa 等（2009）也认为曾经单从经济角度计算严重低估了传统化石能源发电产生的成本，并基于此提出调整评估方法，在此方法基础上测算的可再生能源电力成本的竞争力被大大提高。Kusiima 等（2010）运用生命周期评价方法研究了生物乙醇生产所具有的环境外部性、健康外部性及其货币化价值；Gorter 等（2010）在前者研究的基础上，指出该方法存在的不足，并建议将二氧化碳价格、折现等影响因素加以考虑，探讨生物质能源碳减排效应的成本—效益评价。

国内学者对包括生物质能源在内的可再生能源所具有的外部环境成本或经济性探讨主要集中在二氧化碳等排放物的减排潜力、环境成本内部化等问题。李钢等（2009）将环境成本划分成环境已支付成本、环境虚拟成本以及环境总成本三类，对传统燃煤发电与风力发电的综合成本和收益作出评价，综合来看风力发电所获收益大于其成本。张群洪（2012）运用数学模型证明我国可再生能源发展对国家 GDP 有明显负向影响，但其所带来的环境效益显著为正。许骏等（2013）探讨分析吉林省农村能源消费数量以及生态成本，发现激励当地村民增加对清洁能源的利用不仅可以有效降低环境成本还可以降低经济成本。

研究生物质能源环境成本内部化重要内容之一是对其进行环境效益分析，也有越来越多的相关学者关注生物质能源减排和节约资源带来的环境效益（Murphy et al.，2014；李泓泽 等，2012），其中主要集中于评价生物质能源利用对温室气体排放物减少以及改善气候变化等方面的效果（Wang et al.，2015；蔡火娣，2015；刘明磊 等，2011）。早在 1998 年就有学者运用可计算的一般均衡模型探讨了多种税收情景状态下生物质能源对减少温室气体排放的经济效益，结果发现在既定排放指标下，随着生物质能源供给数量提高，可增强生物质能源经济体系的可行性（Breuss et al.，1998）。许多研究者利用影子价格等方法测算各类排放物环境成本（Lee et al.，2002），其中二氧化碳成本文献最为翔实（Lee et al.，2012；陈诗一，2010；涂正革，2010；王思斯，2012；叶斌 等，2012）。

生物质能源环境价值研究中方法类型较为多样，包括基于宏观经济评价的 CGE 一般均衡模型（Jaccard et al.，2003）、生命周期评价法（Valle et al.，2015；白伟荣 等，2013；沈建 等，2014）、探讨能源效率的 MARKAL 优化模型（Frei et al.，2003）以及与现实紧密结合的能源—经济综合平衡模型等（Hofmann et al.，2012）。在国内外研究中，该领域最为普遍使用的是生命周期评价法。霍丽丽等（2011）利用该方法，以北京地区为例，对以玉米秸秆所制生物质为成型燃料的各产业环节进行探讨分析，测算其能源效率及造成的温室气体排放量。发现种植环境、原料加工环节以及运输环节能耗最大。李晓平等（2010）运用 LCA 方法对以农作物秸秆所制人造板的完整生命周期中表现的环境特性作出定性分析，并将其与传统木质人造板具有的环境特性进行比较，发现前者的使用对于保护土地资源以及林地资源有着重要意义，同时还有着碳固定、碳减排的作用。黄思维等（2014）综合考虑环境和经济两个维度，运用 LCA 方法对 MDF 企业木质废料固体燃料以及煤炭为能源同时进行定性和定量分析，证明木质废料固体燃料可以作为煤炭的可替代能源品。Thornley 等（2015）运用 LCA 方法比较多种规模生物质发电效率和减排效果，发现大规模锅炉能够降低单位能源最大量的温室气体排放，中等规模锅炉能够减少单位生物质燃烧最多的温室气体。

2.2.3 补贴政策研究

1．公共产业补贴政策研究

政府补贴政策在许多公共领域与新兴领域都得到了广泛应用。王镜（2008）提出运用博弈论方法探讨城市公共交通施行应采取的票价制定和财政补贴测算的合理性，同时采用博弈方法研究不同种类公共交通方式之间价格竞争，分析各类方式间的定价策略对于本身和其他博弈方效益的影响，建立相应的非合作定价博弈模型，并以深圳市地铁和公共电车作为案例，在构建博弈模型基础上求解均衡票价。佟琼等（2011）构建公共轨道交通外部性效应模型计算补贴额度，并与实际获得财政补贴相比，得出项目投资补贴欠缺、运营补贴冗余的结论。王海啸等（2013）研究了新能源汽车行业中政企双方的补贴博弈，得出政府应对不同发展阶段企业实施不同补贴策略。

2．可再生能源发电补贴政策研究

对于可再生能源补贴，国内外专家学者均开展过大量研究（Menanteau et al.，2003；Muñoz et al.，2007；白鹏，2012；高小琼，2010；何寅昊，赵媛，2008；李越，2007；刘健 等，2014；刘喜梅，2003；马国庆，2010），且多集中于上网电价补贴政策领域（李嘉龙 等，2006）。赵子健等（2012）提出当前政策设计缺乏对电网中非线性投入产出关系的评价，导致激励政策效果不明显，科学合理的政府补贴政策与价格政策相互配合，不仅能够促进可再生能源发电，同时能够让电网企业更多接纳可再生能源电力。刘卓等（2012）参考德国可再生能源补贴政策经验，建议我国应改善当前单一上网电价的现状，应根据不同地区和不同年限区别对待。刘岩等（2011）提出在现行能源市场中，可再生能源所具有的外部效益并不能合理内部化，政府应当适当运用行政手段干预。时璟丽（2010）总结我国可再生能源上网电价所具有的特点及定价机理，提出相适应的政策建议。戴玉才等（2009）指出我国上网电价具有单项不全面的特点，无法统筹全局进行全面考虑，只有制定相配套政策建议才能促进可再生能源产业的可持续发展。李星光、武春友（2008）运用经济学理论研究了可再生能源领域中的各类政策，并讨论不同上网电价对产业和整体社会福利的影响程度。曾绍伦等（2006）探讨了可再生能源电力与传统电力博弈模型，证明环境成本的纳入可以增强可再生能源电厂的竞争力。任东明（2005）认为我国可再生能源上网电价政策的制定应在总结国外经验的基础上展开，并选取典型地区进行示范，从而进一步推广。

3．生物质发电补贴政策研究

可再生能源产业的发展离不开政策支持、技术研发以及资金投资，而其中，政策因素常常发挥最关键作用（Peri et al.，2010；陈娟，2012；杨继波，孔令丞，2014；叶泽 等，2010；赵珊珊 等，2011），优惠政策的实施，能够推动社会各界力量促进可再生能源产业发展（冯之浚 等，2009）。政府补贴政策的本质特性是政府对各产业中经济活动的影响干预（王海啸 等，2013）。

部分学者指出在物质能源领域中，补贴起着关键性的作用（Resnier et al.，2007；史丹，2015）。Eker 等（2015）研究了荷兰生产生物质甲烷的系统动力模型应用中不确定条件下生物质甲烷的生产、补贴成本以及减排效果，强调了补贴政策的效力，并发现长期且相对较低的补贴价格是政策杠杆的稳健价值，补贴政策是影响相关厂商投资的最关键因素。

一些学者采用实证方法探讨补贴是如何对生物质能源产生影响的（Khoshnevis et al.，2010；莫凡，2017）。Moiseyev 等（2014）研究了补贴是如何对木质燃料燃烧发电厂、生物质煤混燃电厂中木质生物质的使用产生近期和中期影响的。结果显示，如果没有补贴，木质燃料发电仅仅因为低成本伐木剩余物的可获性只会占据市场份额的小部分，在较高 CO_2 价格（100 €/t）且没有补贴情形下，只会有 3 000 m^3 伐木剩余物木材用作能源产品；如果有 30 €/（MW·h）补贴，将会使该值增加到 15 800 m^3。对木质生物质以及煤与生物质混燃进行补贴，可以增加木质原料尤其是工业木材在能源中的应用。Cotti 等（2010）采用美国乙醇行业面板数据评价财政补贴和税收优惠两者对产业的影响程度，结果显示财政补贴的促进作用更为明显。Hutchinson 等（2010）研究表明生产补贴可转变清洁能源的生产结构。

曹俐（2016）建立生产函数模型，利用生物质企业面板数据讨论了财政补贴以及税收政策对于产业中企业绩效的影响。这些文献是生物质能源补贴政策效应研究中实证研究方面的进一步拓展。高建刚（2016）认为实践中政府普遍依据生物质能源产业的总产量进行补贴，然而其虽然具有环境友好性，但在生产过程中一般也要消耗传统能源并对环境产生一定影响，若将生物质能源生产过程中的环境污染纳入考虑，经研究发现：最优污染治理税率均应等于污染边际损害，即最优污染治理税为庇古税。张国兴等（2008）构建了生物质发电行业中政府与企业的委托代理双方博弈模型，探讨了政府制定补贴决策时需考虑的重要影响因素。

也有相关学者在分析补贴对生物质能源的影响基础上，进一步测度出较为科学合理的补贴额度。黄珺仪（2016）提出可再生能源在我国能源市场中竞争程度低，政府补贴对产业有着关键作用，并借鉴发达国家经验构建理论测算模型。许洁等（2016）构建了学习曲线模型，基于生物质颗粒燃料各年产量和产品价格，测算政府应付出的补贴成本。李娅楠、林军（2015）构建了涉及生物质收集厂商以及加工厂商的供应链模型，通过均衡定价等测算加工环节补贴和运输环节补贴。时璟丽（2013）提出，确定可再生能源产业补贴数额时，不仅要考虑可再生能源产业收益水平，还要重视产业成本变动的实际情况及影响成本的内因和外因。但是，由于政府相对缺乏关于可再生能源收益和成本的准确信息，因此，补贴政策和补贴方式较难商定，补贴额度需要探索调整。

从补贴方式角度来看，主要用两种方法确定可再生能源产业补贴数额。其一是基于可再生能源所具有的平均成本，并提高一定收益回报，有助于提高企业积极性，促进产业发展（Kleinet，2008）；其二是依据可再生能源所具有的外部性价值测算补贴额度，但这种方式促进可再生能源产业快速发展的能力较前一种方式弱（Grace，2008）。根据补贴所针对的环节不同，政府补贴政策可分类为产业前期投入环节补贴、生产发电环节补贴、消费售电环节补贴、研发技术环节补贴等类型（曹俐，2016）。Tyner 等（2011）针对固定额度补贴和弹性变化补贴进行对比分析，发现在指定参数情境中，前者获得的生产者利润要不小于后者。Tyner 等（2007）分析了美国生物乙醇产业不同补贴方式情况下所产生的不同成本和效应，并选取对产业促进效果最大的方式。

关于补贴政策下企业与政府关系的协调，目前涉及的学术研究数量众多，内容也较为丰富，其中，多方博弈模型运用较多（高红贵，2012；高洁 等，2003；黄彬彬 等，2011；姜洋，2011；王晓天 等，2012；赵麦换 等，2005；邹伟进 等，2009）。Girma 等（2008）通过研究证实了政府补贴政策对于企业市场竞争力和技术水平提升有着正向作用。张保银等（2006）提出对于环境效益明显大于经济效益的低碳产业，政府补贴应该向其倾斜以推动产业发展。生延超（2008）运用多阶段博弈对创新领域补贴进行探讨，得出了对创新产品的补贴政策效果要好于对创新投入补贴的结论。方海燕等（2009）建立复杂三阶段双寡头策略分析博弈模型，对多种博弈情境下政府补贴根据产品、技术差异等变化特性作出探讨。卢至燕（2010）提出对财政支出政策中家电下乡补贴进行分析有重要意义，因此从消费者效用的角度比较了价格补贴和现金补贴两种不同方式的经济效率成果。孟卫东等（2011）通过构建合作与技术研发博弈模型，得出了技术难度水平低时建议使用投入补贴，技术要求严格时建议使用产品补贴的结论。张国兴等（2013）建立政府企业相互信号博弈模型，以分析各主体策略选择。

2.2.4　文献评述

1. 现有研究主要进展

重点关注生物质发电具有的环境正外部性和传统化石能源环境负外部性。生物质发电因其低排放、永续利用等特点，与高污染、不可再生的传统化石能源存在显著差异，将环境价值经济化，则生物质发电有明显环境正外部性。反之，化石能源表现为显著负外部性。因此，许多学者针对外部性计量方法、测量数额、内部化标准等作出大量研究，广泛认为环境外部性内部化是弥补生物质发电较之于传统化石能源经济成本不具竞争力劣势的关键途径。

聚焦政府之于生物质发电产业的重要作用。对于生物质发电产业，无论是西方资本主义市场经济，还是我国社会主义市场经济均认为政府在产业中，尤其是产业前期应发挥引导支持作用。离开政府的参与，产业在与传统火力发电竞争市场中没有优势且难以为继。前期学者研究内容主要集中于政府在生物质发电产业是否应过多参与、参与模式如何选择，普遍对于政府的引导支持作用有着较高期望。

通常运用典型案例探讨和解决问题。由于生物质发电产业发展尚不成熟，时间也较短，行业系统大数据较为缺乏。又由于生物质发电产业是以技术创新推动其发展的，因此实践是其典型特点之一。国内外已有大量基于本国生物质发电产业现状和面临困境的研究，而不是理论模式探讨。“摸着石头过河”的探索以及不断更新的改革是各国生物质发电产业发展前期的必经路径，而学者研究建议的提出也往往基于案例的经验总结，并不是以理论研究作为指导。

2. 现有研究的不足

从生物质发电产业政策角度来看，我国生物质发电补贴政策的研究大多集中于宏观定性角度解读，探讨补贴意义较多，而运用微观定量手段深层次具体化探讨补贴政策的研究较少。具体来讲，由于生物质发电产业形成时间较短，缺乏经验，目前针对国家宏观政策解读、产业发展、面临的困难、产业化政策等方面的研究成果较多，政策建议大多是从宏观的层面给出，如加大补贴力度、支持生物质技术研发、调整生物质上网电价等。但关于补贴政策的具体影响，如是否能够显著促进生物质产业发展？对生物质相关厂商又会造成何种影响？最优的补贴额度如何设置？在产业链哪些环节设置补贴？随产业发展补贴该如何调整？这些问题都较少有针对性的量化研究。

我国生物质发电产业补贴政策设计研究尚未形成综合理论架构，同时缺乏可以协调多方利益平衡的理论架构，现有研究大多仅从某一角度展开分析，欠缺综合公众、企业、政府多方利益协调的补贴体系。同时，现有生物质发电补贴产业不同发展阶段动态研究尚未开启，不同区域、不同发展阶段的项目还没有建立动态补贴政策研究。

2.3 本章小结

本章首先对能源、生物质能源、生物质发电、农林生物质概念及分类作出总结，界定本书研究对象农林生物质发电范围，即以农作物（如棉花、小麦、玉米）秸秆、林业生长作业剩余物等农林废物以及能源作物作为原料，通过直燃或气化发电技术进行生物质发电。同时，从生物质能源概念、生物质发电经济成本价值计量、环境成本价值计量、可再生能源发电补贴政策、生物质发电补贴政策等方面对国内外文献研究进行综述，总结现有文献研究焦点集中在生物质发电正外部性与传统能源负外部性的对比、聚焦于政府在产业中重要作用、由于产业发展的局限主要通过典型案例分析提出和解决问题。同时指出我国生物质电力补贴机制研究更多的是从宏观的政策层面进行定性探讨，缺乏深入定量微观层面的研究，欠缺综合公众、企业、政府多方利益协调的补贴体系和针对不同区域不同发展阶段项目的动态补贴政策。

第 3 章

生物质发电补贴政策效应分析

3.1 生物质发电补贴政策效应理论分析

3.1.1 成本补偿效应

与传统火力发电相比，生物质发电成本较高，且成本回收期也较长，因此生物质发电补贴政策的施行可实现成本补偿，相对提高生物质发电行业的竞争力，为其发展提供更多可能性。

假设图 3-1 代表一段时间内某地区的电力市场，该电力市场同时包括传统火力发电厂和生物质发电厂，假设该地区生物质发电享受优先并网的特殊权利，且对其发电量需求无弹性。

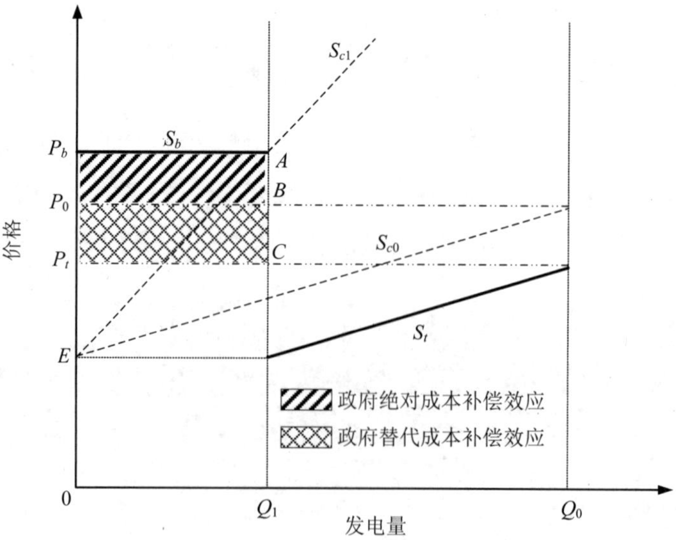

图 3-1 生物质发电成本补偿效应

当假设该地区所有电力供给全部由火力发电厂提供时，由供给曲线 S_{c0} 表示其供给，同时 S_{c0} 也表示其成本函数，在 S_{c0} 与需求曲线 Q_0（固定需求）共同作用下，得到市场价格 P_0。该价格 P_0 低于生物质发电成本，导致如果生物质发电以该价格上网，会出现亏损。因此，目前许多国家（包括我国）生物质发电依然无法与传统火力发电实现平价上网。

如果要实现生物质发电与传统火力发电的成本补偿，则依靠补贴是必行之路，补贴所取得成本效应主要分为绝对成本补偿效应和替代成本补偿效应，也在图 3-1 中表示。

1．绝对成本补偿效应

对生物质发电的绝对成本补贴是指在当前产业技术能力的基础上，即使生物质发电已达到最优生产效率，与传统火力发电相比，成本仍有很大差距，处于绝对成本劣势状态。用 P_b 表示生物质发电可收回所有成本的价格水平，即生物质发电的平均成本，相比于所有电力供给全部由火力发电提供时的价格 P_0 差值为 $P_b - P_0$，此差值可以表示生物质发电成本和普通电力行业市场价格的差异。同时，随着生物质发电量的入网，传统火力发电供给曲线 S_{c0} 绕固定点 E 左移变化至 S_{c1}，形成新的供给平衡量 Q_1，因此，价格差与发电量的乘积，即图中四边形 $P_b P_0BA$ 的面积即为政府绝对成本补偿效应。

2．替代成本补偿效应

对生物质发电的替代补贴是指由可再生能源发电部分取代原有传统高污染高排放的火力发电，带来了减少硫排放、碳排放等大气环境污染的外部环境收益，该外部效益无法在市场交易中得到补偿，需要政府给予补贴。在图中，由于生物质发电的加入，电力市场价格从原有 P_0 向下变动到 P_t，相比于所有电力供给全部由火力发电提供时的价格 P_0 差值为 P_0-P_t，原供给曲线 S_{c0} 平行移动至 S_t。因此，替代补贴下，价格差与发电量的乘积，即图中四边形 $P_t P_0BC$ 的面积即为政府替代补偿效应。

3.1.2　产量效应

1．财政补贴产量效应

企业所获得的财政补贴通常作为营业外收入的重要部分直接计入企业当期收入，该收入可能直接影响企业随后的生产经营决策，造成产量的改变。

在图 3-2 中，横轴 X 轴表示生物质发电企业的发电量，纵轴 Y 轴表示电力市场其他发电企业的发电量，S 代表生物质发电企业的供给曲线，D 代表其需求曲线。当政府对生物质发电行业施行财政补贴政策之前，市场均衡发电量为 X_1 和 Y_1，均衡点为点 E_1；当政府开始对生物质发电行业进行财政补贴，随着资金的充足，生物质发电企业原供给曲线向右平移至 S_1，市场进入新的平衡发电量 X_2 和 Y_2，也达到新均衡点 E_2。比较补贴前后的各项变化，生物质发电的供给随补贴增加而增加，生物质发电量也随之增加，补贴前后产量的差别 X_2-X_1 即为财政补贴对生物质发电产生的产量效应。

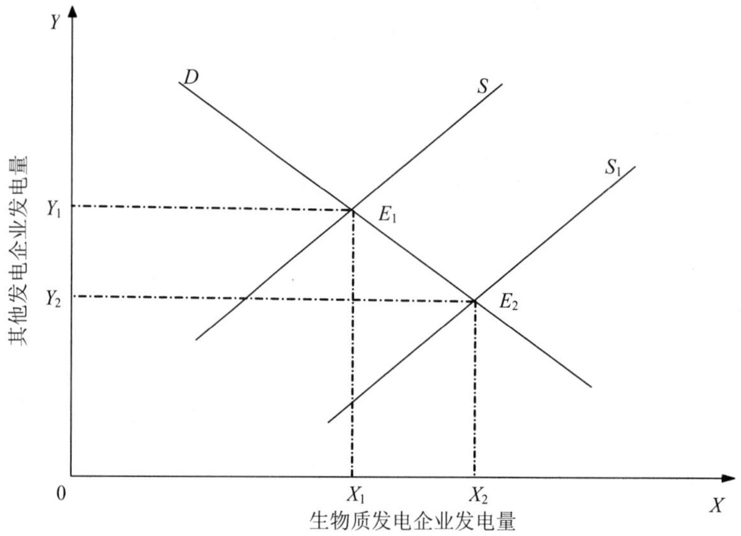

图 3-2　生物质发电财政补贴产量效应

2. 税收优惠产量效应

税收优惠政策对生物质发电企业生产的影响，主要通过“替代效应”来解释。不同于财政补贴政策。税收优惠下，政府对各类发电企业施行有差异的税收政策，导致火力发电、可再生能源发电等企业生产成本差异增加。生产成本的降低，可以提升企业提高发电量的意愿，相反而言，生产成本的增加，导致企业面临更多负担而倾向于减少发电量，产量效应具体如图 3-3 所示。

在图 3-3 中，假定某地区电力市场中只存在生物质发电 X 以及传统火力发电 Y，AB 为税收优惠政策前的生产可能性边界，此时两者所交税费政策相同，AB 表示在现有生产技术水平下，生物质发电量与传统火力发电最大发电量的产量组合；T_1 代表生产可能性曲线 AB 的切线，代表消费者效益的无差异曲线 U_1 与生产可能性曲线 AB 相切，切点 E_1 即为生物质发电量与传统火力发电量数量的最优组合，此时生物质发电量为 X_1。当政府开始对生物质发电产业施行税收优惠政策时，直接降低了相关企业的生产成本，生产能力提高，生产可能性曲线由原来 AB 变化至 AB_1，其切线 T_2 较之于 T_1 较为平缓，新的无差异曲线 U_2 高于原无差异曲线 U_1，表示消费者效益得到了提高。切点 E_2 比 E_1 向右方移动，此时生物质发电量增加至 X_2，税收优惠政策前后产量的差别 X_2-X_1 即为税收优惠对生物质发电产生的产量效应。

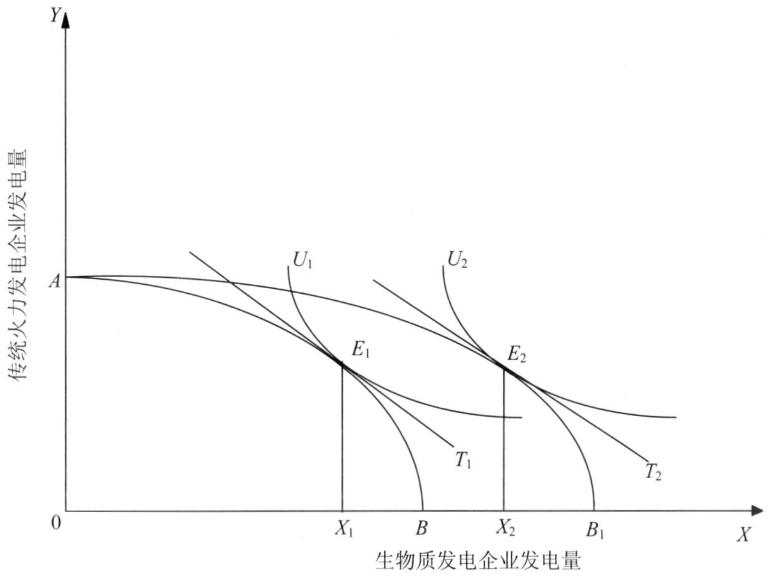

图 3-3　生物质发电税收优惠产量效应

对尚处于产业初期的生物质发电企业来讲，由于市场需求不稳定、企业投入不足、设备技术不完善等因素，生物质发电量难以迅速达到较大规模。政府财政补贴以及税收优惠等政策对企业的实际影响还有待进一步研究。但不可否认的是，一定时期内持续稳定的补贴政策会引导生物质发电企业的进一步投入和更多企业的转型，为生物质发电产业带来产量效应。

3.1.3　福利效应

生物质发电产业领域政策的出台与调整，会对不同参与主体的利益水平都产生影响。我国生物质发电产业补贴政策所引起的福利效应通常为帕累托改进效应或卡尔多改进效应。

1. 帕累托改进效应

在帕累托改进情形下，政府某项政策的施行在提高一部分人群利益的同时，并不会损害其余主体的利益，图 3-4 对生物质发电产业补贴政策效应的帕累托改进作出简单阐述。图中，横轴 X 表示生物质发电企业的利益水平，纵轴 Y 表示其他发电企业的利益水平，点 E 为政府生物质发电补贴政策实施前各方利益水平的组合点。当相应产业补贴政策颁布后，X 轴与 Y 轴相关主体的利益水平均会发生变化，若由 E 点向右平移至 A 点，表示该政策的施行仅仅提高了生物质发电企业的利益水平，并未对其他企业造成影响；若由 E 点向上平移至 B 点，则说明该政策对生物质发电企业并无明显效果，反而增加了其他企业的利益水平；若由点 E 向右上方移至 C 点，则说明生物质发电企业及其他发电企业的利益水平都得到了提高。

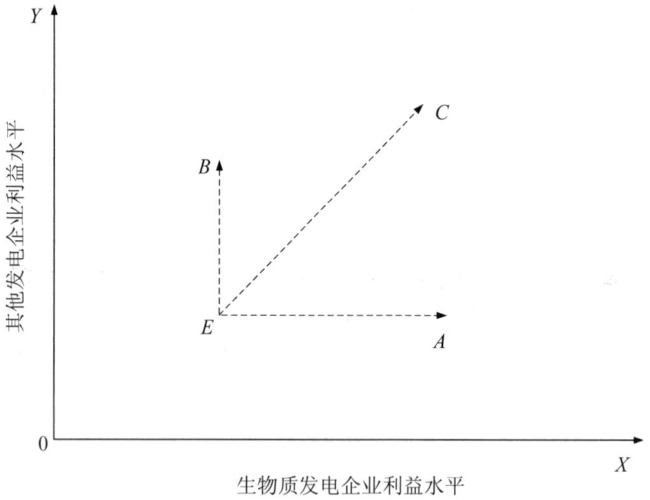

图 3-4　生物质发电产业补贴政策帕累托改进效应

2．卡尔多改进效应

在现实生活中，在对一方进行补贴政策倾向时，往往会出现部分其他主体利益受损的情形，帕累托改进效应并不总适用于所有评价。

卡尔多改进效应是指在政府实施生物质发电产业政策之后，利益获得方所增加的效应大于利益损失方所减少的效应。该效应涵盖了虚拟补偿原则，随着政策的实行，福利状况发生改变，一部分主体利益会减少，另一部分主体利益增加，但总体来讲仍然是获利高于损失，那么认为整个社会的福利效应是增加的。

如图 3-5 所示，横轴 X 表示生物质发电企业的利益水平，纵轴 Y 表示其他发电企业的利益水平，点 B 为政府生物质发电补贴政策实施前各方利益水平的组合点。当组合点由 B 点移至 E 点时，生物质发电企业的利益得到了提高，其他发电企业的利益却得到了损害，在现实中可能为原有高污染火力发电企业的利益减少。这种情形并不符合帕累托改进效应，由 *C* 点、*D* 点、*E* 点处于同一利益曲线上可知三点效用水平相同，均大于 *B* 点，即说明即使 *B* 点移至 *E* 点时，生物质发电企业利益增加而其他发电企业利益减少，但增加的利益一定大于减少的利益，使得社会整体利益水平得到了提高。假设经过 *B* 点有一条等利益曲线，只要任何生物质发电补贴政策的实施，可以让发电企业利益组合点移至该曲线之外（如图 3-5 中的 *C*、*D*、*E* 点），社会的整体福利水平即是提高的，证明该政策是有意义的；相反地，如果伴随着政策的实施，新的组合点移至该曲线内侧（如图 3-5 中 *A* 点），则代表社会整体福利水平有所减少，并没有实现卡尔多改进，该补贴政策可能存在不合理性，因此不应被实施。

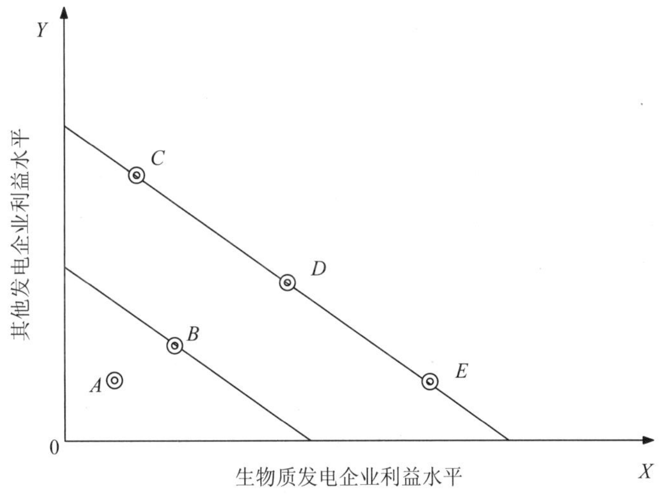

图 3-5　生物质发电产业补贴政策卡尔多改进效应

从我国实施的现有生物质发电产业补贴政策来看，大多为卡尔多改进，例如我国《可再生能源法》规定，包括生物质发电在内的可再生能源要求强制上网（电网被要求收购其所有发电量）、费用分摊以及电价补贴等，这些政策更符合卡尔多改进而不是帕累托改进。

3．生物质发电补贴政策卡尔多效应

对于生物质发电产业社会福利的具体变化，进行进一步分析。自 2006 年可再生能源法等法律法规的颁布，其中的补贴政策对生物质发电产业的生产者、消费者以及社会整体福利形成了或多或少的影响。如图 3-6 所示，假设在政府补贴政策干预前，生物质发电企业处于完全竞争市场中，供给曲线如 *S*、需求曲线如 *D*，形成了均衡点 *E*、均衡

价格 P 以及均衡产量 Q。补贴政策实施后，提高了生物质发电产业的发电积极性，也有更多企业进入该产业，使得生物质发电供给增加，供给曲线向右移至 S'，与需求曲线形成新的较多的均衡产量 Q' 和较低的均衡价格 P'。

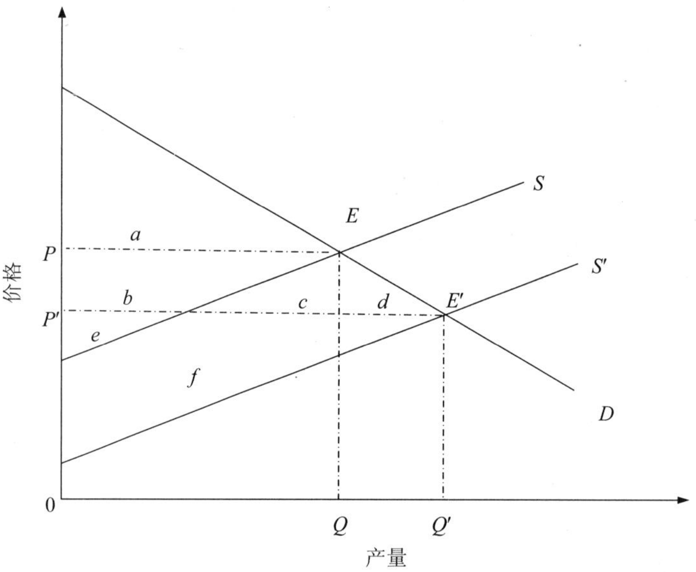

图 3-6　生物质发电补贴政策福利效应

消费者剩余的变化。随着生物质发电价格下降到 P'，以新支付价格 P' 购买原消费计划数量的消费者增加福利为面积 $b+c$，因价格降低而增加消费数量带来的福利为面积 d，因此生物质产业政策的实施带来的消费者剩余的改变为面积 $b+c+d$。

生产者剩余的变化。政策实施前，生物质发电企业生产者剩余为 $b+e$，补贴政策后随着价格的下降和产量的增加，生产者剩余变为 $e+f+g$，则生产者剩余变化量为 $g+f-b$。同时，生产者获得了补贴 S 作为奖励，若 $f-b+S$ 为正数，则生物质产业生产者因政策施行而收益增加；若 $f-b+S$ 为负数，则生产者福利并未得到提高。

对社会整体福利而言。政策实施前福利水平为 $a+b+e$，政策实施后的福利水平要将原本由政府提供的补贴成本 S 考虑在内，即 $a+b+c+d+e+f-S$，因此，社会整体福利水平变化为 $e+d+f-S$，当 $e+d+f-S$ 为正数时，社会总福利有所提升。

经过以上生物质发电福利效应分析可推断，生物质发电产业补贴政策造成的影响应属于卡尔多改进。如果某项政策带来的福利效应符合卡尔多改进，则认为该政策应该被提倡和实施。

3.2　我国生物质发电补贴政策效应实证分析

3.2.1　我国生物质发电补贴政策效应现实状况描述

1. 生物质发电规模分析

截至 2005 年，以生物质原料发展规模化发电且并入电网的生物质发电企业及项目还未普及。自 2006 年《可再生能源法》正式纳入国家法律体系并实施以来，相关政策文件陆续出台，尤其是优惠上网电价补贴、可再生能源基金设立等补贴政策的出台，有力推动了生物质发电产业的不断发展。

如图 3-7 所示，2006—2017 年，无论是生物质发电并网装机容量还是核准装机容量，都有明显增长，分别为 638%和 679%。具体来讲，2006—2012 年，生物质发电并网装机容量虽有明显增长但增长幅度波动较大。产业发展初期，政策尚不稳定、许多地方政府对产业发展信心不足、可再生能源并网壁垒等原因可能是造成历年并网装机容量增速不稳定的主要原因。自 2012 年以后，产业发展逐步稳定，并网装机容量基本保持 22%左右的增长率。

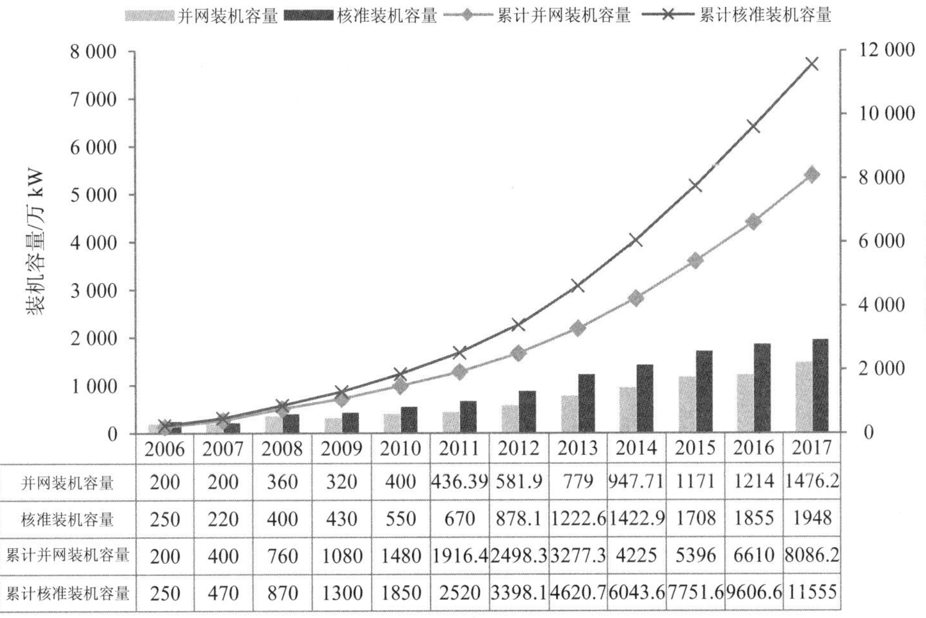

	2006	2007	2008	2009	2010	2011	2012	2013	2014	2015	2016	2017
并网装机容量	200	200	360	320	400	436.39	581.9	779	947.71	1171	1214	1476.2
核准装机容量	250	220	400	430	550	670	878.1	1222.6	1422.9	1708	1855	1948
累计并网装机容量	200	400	760	1080	1480	1916.4	2498.3	3277.3	4225	5396	6610	8086.2
累计核准装机容量	250	470	870	1300	1850	2520	3398.1	4620.7	6043.6	7751.6	9606.6	11555

图 3-7　2006—2017 年生物质发电并网装机容量与核准装机容量

相较于生物质发电并网装机容量，核准装机容量在此期间同样持续扩大，但增长率总体呈现出较大的不稳定性，其中，2011—2013 年保持较高增长速度，但在 2013 年之后则出现明显增速下降的趋势，但从侧面可能反映出产业发展逐步恢复理性客观，而不再盲目跟风扩大投资。截至 2017 年，全国生物质产业发电并网装机容量总计达 1 476.2 万 kW，其中以农林生物质发电为原料的并网装机容量达 700.9 万 kW，以生活垃圾为原料的发电并网装机容量达 725.3 万 kW，以沼气为原料发电并网装机容量达 50.0 万 kW，总计比上一年同期增长 22.6%。总体来看，生物质发电产业自出现以来，反映产业规模的装机容量一直呈现增长趋势，这与推动其发展的相关激励政策有着深远影响。

图 3-8 展示了我国生物质发电产业 2006—2017 年的年发电量，趋势线展示了其持续稳定的增长状态。对于生物质发电量在全国总发电中所占比重，除 2013 年有所下降外，其余年份皆呈现上升趋势，从 2006 年仅仅占比 0.25%上升到了 2017 年的 1.20%。在产业发展初期的 2006—2009 年，由于基数较小，利好政策的出台引导，生物质年发电量均保持 38%以上增长率，发展迅猛。之后发电量虽持续增加但增幅有所回落，直到 2014 年后又出现了稳定高速（20%以上）增长，这与 2015 年后如《可再生能源发展专项资金管理暂行办法》、“推进秸秆综合利用和禁烧工作”“十三五”规划等政策的出台息息相关。2017 年，生物质年发电量达 795 亿 kW·h，其中农林生物质发电量达 397.3 亿 kW·h，生活垃圾焚烧发电量达 375.2 亿 kW·h，沼气年发电量达 22.0 亿 kW·h，总计约占三峡工程全年发电量总量的 81.35%，占整个可再生能源发电量的 4.67%，占全国年总发电量的 1.23%。至此，我国生物质发电产业规模已逐步形成，农林生物质发电与垃圾焚烧发电规模都处于世界第一的状态。

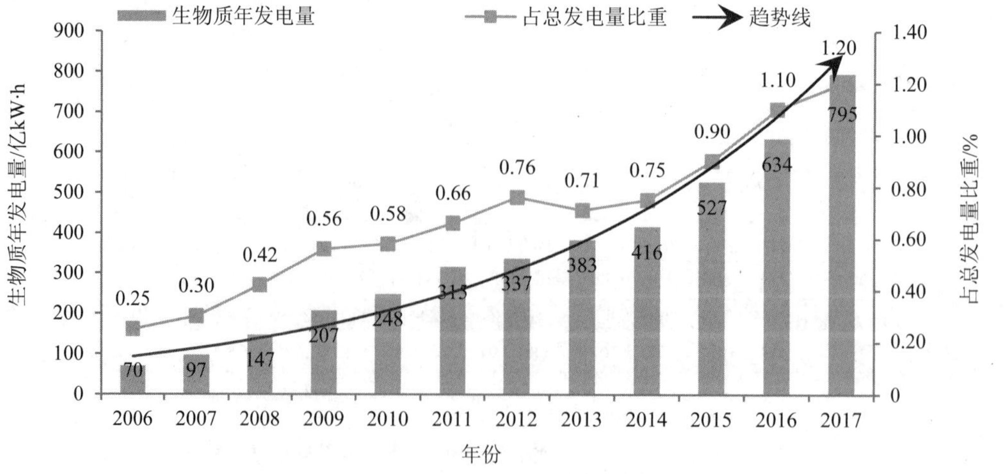

图 3-8 2006—2017 年生物质发电量

2. 生物质发电补贴项目分析

生物质发电补贴政策的施行对相关项目有着直接影响，近年来，电价附加补贴专项资金就涉及数百个生物质发电项目，补贴资金的提供对缓解项目资金压力、推动产业发展有着重要意义。

国家发展改革委在 2011 年首次集中对生物质发电项目作出集中补贴，依据 2006 年开始执行的《可再生能源发电价格和费用分摊管理试行办法》以及 2007 年印发的《可再生能源电价附加收入调配暂行办法》，对 2010 年 10 月—2011 年 4 月可再生能源领域中电价附加补贴与配额交易进行调配补偿，其中共对 26 个省（市、区）的 170 个生物质发电项目进行补贴（图 3-9），涉及项目总装机容量 2 934.13 MW（图 3-10）。之后，2012 年 6 月—2018 年 6 月国家发展改革委会同国家能源局等部门，陆续公布七批可再生能源电价附加资金补助目录，其中包含众多符合条件的生物质发电项目。为贯彻《可再生能源电价附加补助资金管理暂行办法》（财建〔2012〕102 号），相关部门于 2012 年 6 月、10 月、12 月分别公布了可再生能源电价附加资金补助目录的第一批至第三批，共涉及生物质发电项目 191 项，装机容量 3 204.207 MW，覆盖范围较大，集中改善大量生物质发电企业现金流难题，缓解财务压力。此后，2013 年与 2014 年相关部门又公布了第四批和第五批可再生能源电价附加资金补助目录，其中生物质发电项目分别达 140 项和 84 项。随项目覆盖面的扩大，新增补贴目录出台时间间隔增长，时隔两年

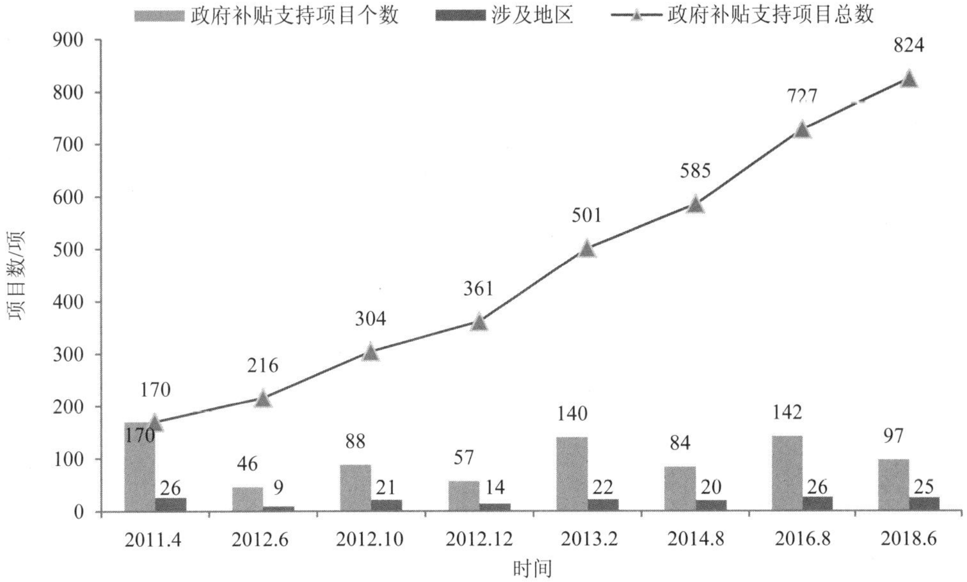

图 3-9　政府补贴生物质发电项目

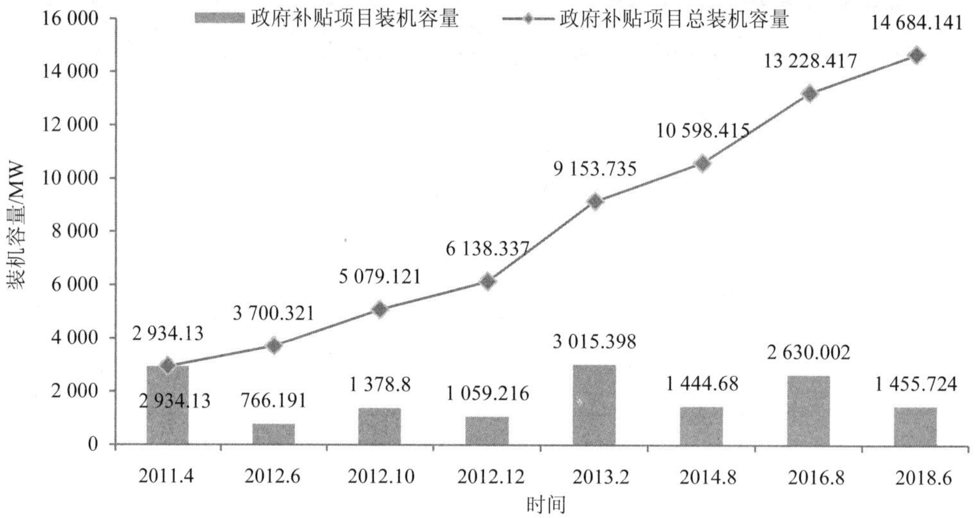

图 3-10　政府补贴生物质发电项目装机容量

分别于 2016 年和 2018 年公布第六批与第七批补贴目录，补贴依据文件除财建〔2012〕102 号之外，还参考《财政部关于分布式光伏发电实行按照电量补贴政策等有关问题的通知》（财建〔2013〕390 号），涉及 26 个省（市、区）的 239 个生物质发电项目，装机容量共计 4 085.726MW，其中 2016 年补贴项目数量达到 2012 年以来七批电价附加资金补助项目的高值，涉及地区也最为广泛。截至 2018 年 6 月，我国已有 30 个省（市、区）发展了生物质发电项目，其中在案获得政府补贴的项目累计 824 项。

3.2.2　我国生物质发电补贴政策效应实证检验

自 2006 年以来，国家发展改革委开始施行《可再生能源发电有关管理规定》等一系列包含生物质能源在内的可再生能源发电条例及办法，其中对生物质发电的上网电价、费用机制、补贴方式都作了相应规定。

由于生物质发电产业尚不成熟，行业宏观数据较少，企业项目也多为示范项目，发展有限，数据可获得性低。生物质发电上市公司在一定程度上代表了行业较高水平，且披露数据更为可靠，因此本节尝试评价政府财政补贴对于生物质发电上市公司的影响，旨在为政府今后制定产业补贴政策提供一定借鉴。

基于前人对农业、新能源等领域补贴政策效应的研究，可以推测，政府对生物质发电产业施行财政补贴政策对产业发展具有积极推动作用。然而其他行业的研究结果仅供参考，具体到生物质发电产业的补贴政策应进行个别分析。

1．研究假设

对产业中微观个体公司的补贴支持，是政府对该产业进行政策倾斜的具体体现。因此本书以生物质发电上市公司为样本，意图测度 2010 年以来政府实施的财政政策对该产业的效益有无影响，以及影响水平。根据本章实证分析目的，提出如下研究假设。

假设：财政补贴政策有助于促进生物质发电上市公司的经营绩效。生物质发电企业作为新兴产业发展的产物，存在着资金较为短缺、企业规模有待拓展、产业技术及相关人才较为缺失等问题。政府的财政补贴可以在产业初期引导和帮助企业的发展，走出资金、技术等的瓶颈，提高其经营能力。

2．评价模型与变量选择

（1）样本选择与数据来源

本章样本的选择来源于《我国生物质发电企业及相关上市公司（全名录）》中的上市公司以及一家发行过债券的非上市公司。由于我国主营业务为农林生物质发电的上市公司数量极少，因此将样本量拓展到广义生物质发电公司，即包含垃圾发电上市公司，共计 16 家企业。其中沪深两市 11 家，具体为凯迪生态（000939）、长青集团（002616）、丰源股份（832236）、韶能股份（000601）、民和股份（002234）、伟明环保（603568）、瀚蓝环境（600323）、富春环保（002479）、上海环境（601200）、中国天楹（000035）、盛运环保（300090）；港股 3 家：中国光大绿色环保（HK1257）、粤丰环保（HK1381）、绿色动力环保（HK1330）；新加坡股市 1 家：中国锦江环境控股（以下简称“锦江环境”）（BWM.SG）；以及发行过债券的国能生物发电集团。

样本以 2010—2017 年的数据作为样本区间，其中部分企业部分年份数据由于公司上市时间较短、年报披露年份有限导致数据缺失，在计算中自动剔除。

本章使用数据来自上海、深圳、中国香港、新加坡证券交易所公开披露的上市公司年报以及 Wind 资讯数据库，运用 Stata 13.0 对收集的数据进行数据处理和分析。

（2）检验模型

本章意在探讨生物质发电相关财政补贴政策是否能够促进企业经营绩效的提高，从而带动行业发展，因此，本章借鉴传统柯布—道格拉斯生产函数，并将财政补贴（SF）作为重要指标引入其中，则生物质发电生产函数模型用如式（3-1）表示：

$$Q = f(\mathrm{SF}, K, I, L, T) \tag{3-1}$$

式中：SF —— 财政补贴数额；

Q —— 生物质发电企业的产出量；

K —— 企业的资本投入；

I —— 企业无形资产投入；

L —— 劳动力投入；

T —— 税收优惠数额。

$$Q_{mt}=a_0+a_1\mathrm{SF}_{mt}+a_2K_{mt}+a_3I_{mt}+a_4L_{mt}+a_5T_{mt}+\varepsilon \tag{3-2}$$

式中：Q_{mt} —— 生产函数的解释变量即生物质发电企业的产出水平，解释变量含义同前；

a_0 —— 常数项；

ε —— 随机干扰项；

a_1、a_2、a_3、a_4、a_5 —— 各解释变量的弹性系数；

m —— 各生物质发电企业；

t —— 样本选择时间。

在计量经济学中，由于所选择的样本在一定时序中常常存在着自相关或异方差等问题，直接影响对样本及变量进行合理评价。而面板数据较之于时间序列以及截面数据，是扩展所得二维数据结构的综合，不仅可以表达各样本在不同时间的变化规律，而且还可以描述在单个时间节点各个样本的规律表现，从而有效控制样本量之间的差异，使回归分析更为合理可信。

具体来讲，面板数据模型也称为截面时间序列数据模型，具有如下优点：① 因其所特有的复杂结构模型特点，面板数据会与现实问题更加匹配，能够更加全面、客观地阐述需要解释的经济现象；② 面板数据模型能够测算出时序或截面模型无法测度的效应；③ 面板数据模型不仅可以探讨待研究问题的动态变化，还可以研究在某一时间节点各研究主体的异质性和关联性；④ 面板数据模型可以提供更丰富的样本数据，有效地减少其共线性以及控制 OLS 估计偏差，使回归评价更加有效。

（3）变量选择

依据以上模型的选择、样本特点以及数据可获得性，本章选择如下指标作为研究内容：① 因变量：营业总收入。该指标可以反映生物质发电企业经营成果及发展状况，是企业提高利润水平的重要前提。通常情况下，该指标值越大，企业产出水平越高，经营也越好。② 解释变量：财政补贴。选择企业年报附录中“营业外收入”项目下“政府补助”金额，个别企业该项目中包含一些税收返还金额，将相应金额删减。政府财政补贴通常包括政府“秸秆收购补贴”“垃圾处理补贴”“环境污染治理费”“地方财政补贴”“财政贴息”等。③ 控制变量：a. 资本投入。生物质发电企业大多为新兴企业，其发电流程有别于传统火电，这就要求企业发展不仅需要资金投入，还需要购置或改造大量专有设备。本章选取“资产负债表”中企业每年“固定资产”数值作为其资本要素投入值。b. 无形资产投入。我国生物质发电生产水平仍较低，技术和专业人才都有待进一步开发。“资产负债表”中的“无形资产”包括企业的专利权、非专利技术等，集中表现出企业所拥有的法定权利及专利技术，较普遍认为可视为企业的技术投入。c. 劳动力投入。选取“资产负债表”中“应付职工薪酬”作为企业劳动力投入的指标。d. 税收优惠。选择企业年报附录中“营业外收入”项目下 “税收返还”等指标计算税收优惠总额。

由于财政补贴和税收优惠是政府基于企业前一年度的发电量及缴税情况对企业进行的物质奖励，以激励企业在当期进一步提高经营水平，而且财政拨款及返还税款通常并不能即时到账，因此对此两项补贴指标进行滞后一期处理。

3. 样本描述性统计分析结果

对 16 家生物质发电样本企业 2010—2017 年各项指标的数据进行归纳整理，其描述性统计分析如下（表 3-1）：

表 3-1　生物质发电 16 家企业各指标描述性统计　单位：万元

统计指标	营业总收入	固定资产	无形资产	应付职工薪酬	税收优惠	财政补贴
均值	167 577.482 6	214 942.05	116 042.16	3 180.153 2	4 331.306 8	1 591.013 7
标准差	127 657.22	297 877.65	138 707.08	3 759.544 7	9 690.112 9	2 233.974 2
最大值	544 574.33	1 405 662.3	602 700	16 007	66 976	15 900.275
最小值	528.47	39	491.42	7.24	0	0

数据来源：根据 16 家企业年报数据及 Wind 资讯数据库数据整理所得。

由表 3-1 中数据观察可知：① 营业总收入、固定资产、无形资产标准差值极高，最大值与最小值也有显著差距，显示出各生物质发电上市公司资产状况差异很大，企业规模大小不等，有资产较大的规模成熟企业，也有新兴发展尚处于起步阶段的小规模企业，规模的差异在很大程度上影响了企业的营业收入差距。② 财政补贴均值明显小于税收优惠均值，标准差也较小，说明当前政府财政方式大多倾向于增值税即征即退、营业税所得税减免等税收优惠政策，财政补贴虽然存在但数额相对较小。这两个指标最小值均为 0，说明部分企业在某些年份存在未获得政府补贴的情况。

为进一步探讨生物质发电 16 家企业的各项研究指标的情况，对相应指标在 2010—2017 年的动态变化进行了具体描述分析。

从图 3-11 可以看出，生物质发电 16 家企业的营业收入状况基本呈逐年增长趋势，尤其是国能生物发电、光大绿色环保、长青集团、韶能股份、伟明环保、瀚蓝环境、粤丰环保、绿色动力环保、上海环境、中国天楹、盛运环保、锦江环境增长明显，意味着有 75%的生物质发电企业在 2010—2017 年收入不断递增，产出水平不断提高。但值得注意的是，生物质发电 16 家企业的营业总收入并不与图 3-12 中公司资产成明显正比例关系，一些规模较小的企业营业总收入并不比规模较大的企业低，这可能意味着这些企业有先进的技术以及运营方式。

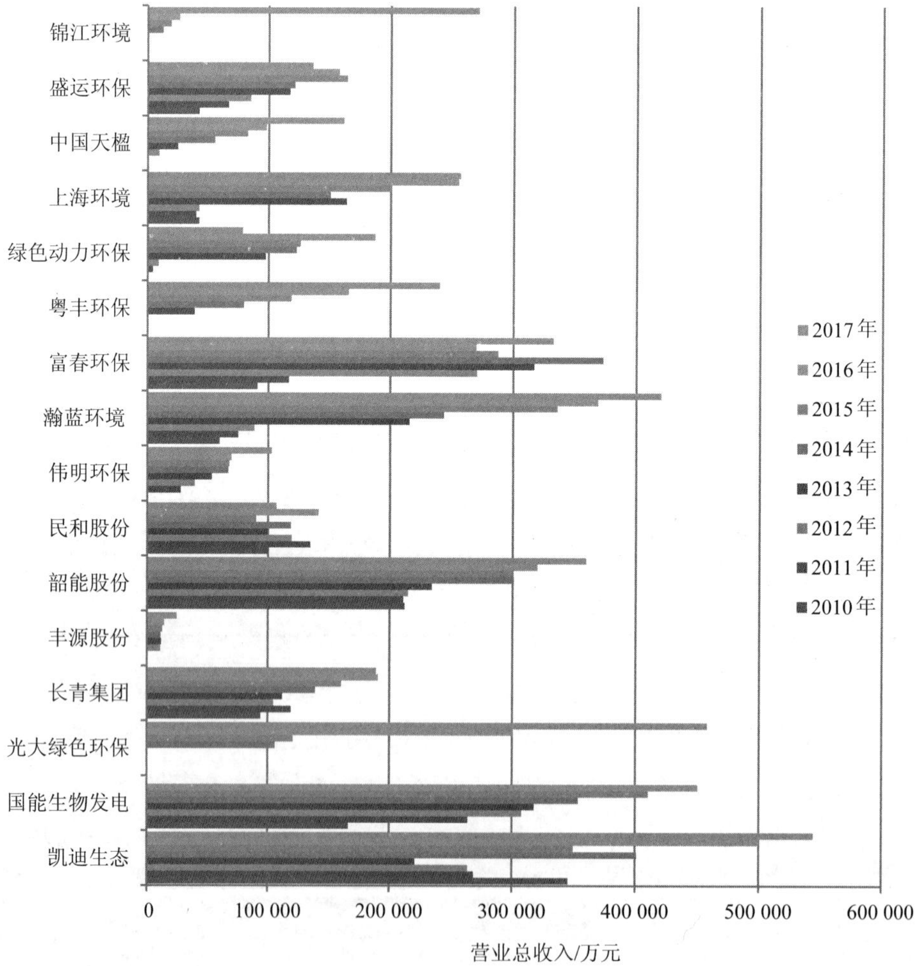

图 3-11 生物质发电 16 家企业营业总收入

图 3-12 描绘出生物质发电 16 家企业固定资产的变动情况。可以看出，16 家企业固定资产差异较大，其中固定资产规模在 20 亿元以下的企业有 10 家，分别为长青集团、丰源股份、民和股份、伟明环保、粤丰环保、绿色动力环保、上海环境、中国天楹、盛运环保、锦江环境，占样本总量的 62.5%；固定资产规模在 20 亿～40 亿元的有瀚蓝环境与富春环保，占样本总量的 12.50%，且两家均为 2014 年以后固定资产明显提高，由 15 亿元以下增至 20 亿元以上；固定资产规模较高，40 亿元以上的企业有 3 家，凯迪生态、国能生物发电以及韶能股份，占样本总量的 18.75%。总体来看，大部分生物质发电企业固定资产规模均在 20 亿元以下，说明该产业起步较晚，企业规模都有待进一步扩大，提高生物质发电的市场占有率。

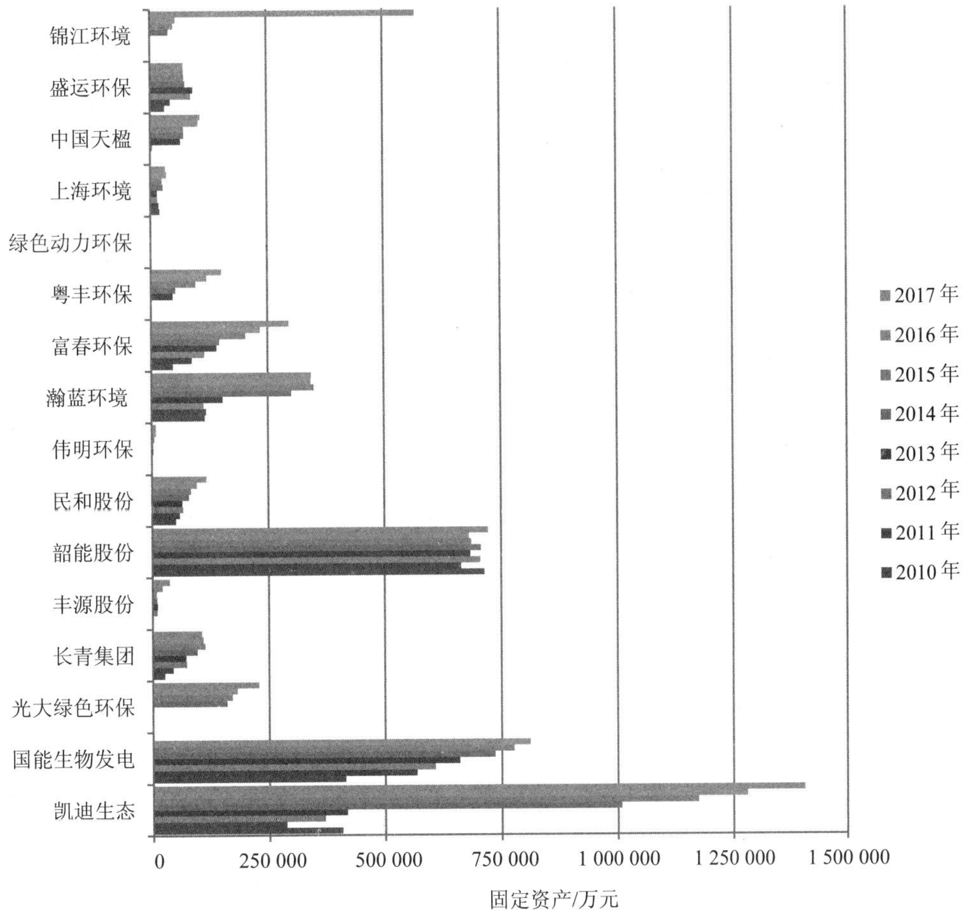

图 3-12　生物质发电 16 家企业固定资产

同时，还可观察出生物质发电企业的固定资产规模基本呈逐年递增状态。尤其是凯迪生态、国能生物发电、长青集团、瀚蓝环境、富春环保、粤丰环保固定资产都有明显增幅。随着生物质发电项目和试点的增多，公司所投入的固定资产呈增长状态，说明产业属于上升期，有较大发展空间。

比较同一生物质发电企业无形资产与固定资产，发现差异较大，成立且上市年份较久的企业如凯迪生态、国能生物发电、韶能股份等企业固定资产价值额较高，而较新的上市企业如光大绿色环保、伟明环保、粤丰环保、绿色动力环保、上海环境等虽固定资产规模较小，但却有较雄厚的无形资产，表现出新兴企业往往具备的技术先进、拥有更多专利的优势。2010—2017 年，大部分生物质发电企业的无形资产具有明显提升，表明各企业一直不断地在研发新技术以推动产业发展。但 16 家企业中，仅有瀚海环境 2017 年无形资产超过 60 亿元，其余全部在 40 亿元以下，更有国能生物发电、丰源股份等企业无形资产不达 10 亿元，可见技术投资与改进仍是生物质发电产业的重要任务之一（图 3-13）。

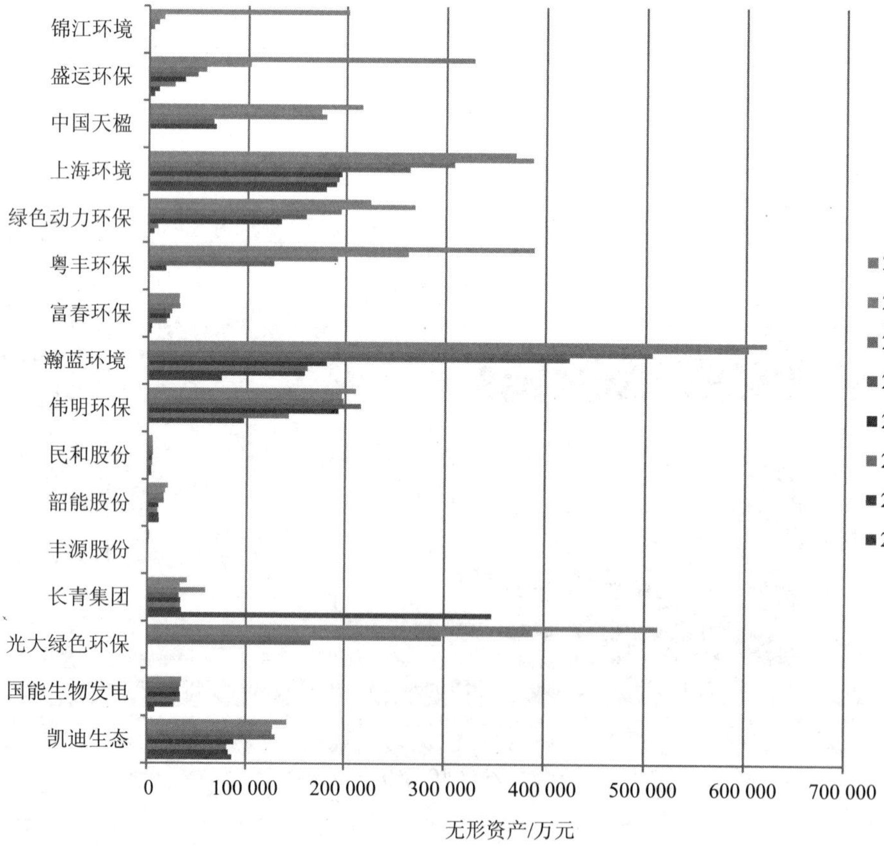

图 3-13　生物质发电企业无形资产

生物质发电企业税收优惠主要包括增值税即征即退以及减免企业所得税等，税收优惠与营业额有关，因此各企业享受的税收优惠也有很大差异。凯迪生态以及国能生物发电享受的税收优惠明显大于其他企业，个别年份达到 2 亿元以上，而 56.25%的企业只享受到低于 5 000 万元的税收优惠。从年份变化来看，凯迪生态、国能生物发电、长青集团、民和股份、伟明环保、瀚蓝环境、绿色动力环保、中国天楹，占总数 50%的上市公司 2010—2017 年享受的税收优惠都有明显的逐年增长趋势（图 3-14）。

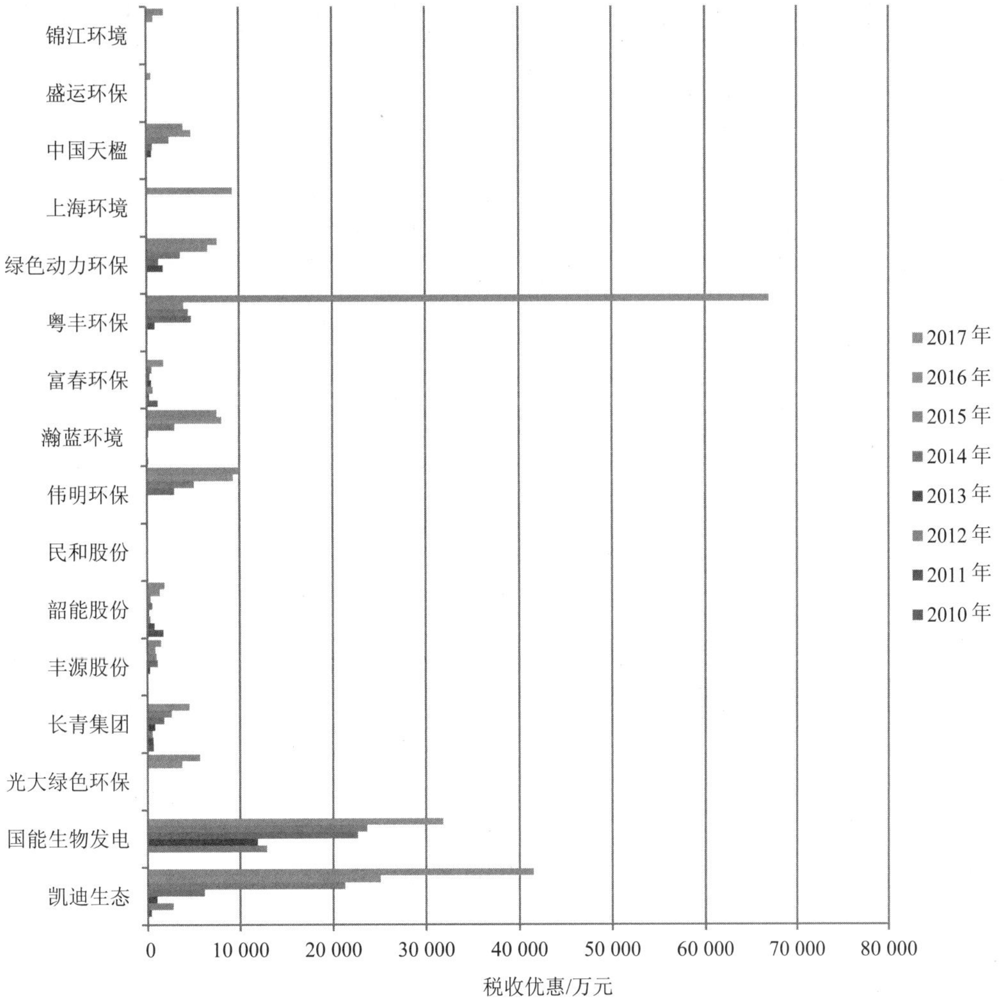

图 3-14　生物质发电企业税收优惠

生物质发电企业财政补贴除 2017 年长青集团、瀚蓝环境，2016 年上海环境和 2015 年国能生物发电得到较高补贴外，这些企业其余年份财政补贴额以及其余企业的补贴额均在 4 000 万元以下。上海环境 2016 年大多补贴主要来自 BOT 项目财政专项扶持款，国能生物发电 2015 年补贴主要来自财政贴息以及小麦秸秆奖励。总体来讲，该产业企业得到的补贴较低且没有明显的逐年上升趋势（图 3-15）。

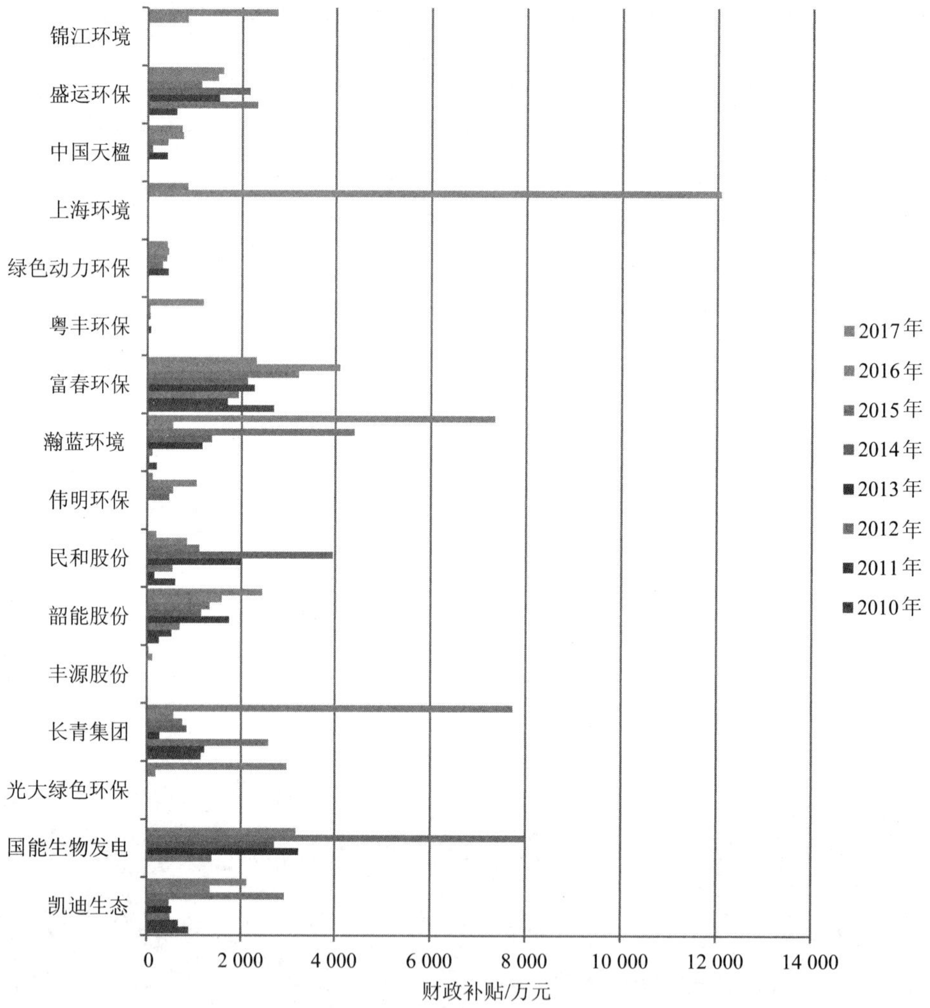

图 3-15 生物质发电企业财政补贴

4．实证分析与结果

（1）模型选择检验

① 混合回归模型：作为基本参照系，首先把所有数据放在一起进行混合回归，结果如表 3-2 所示。

表 3-2　混合回归结果

营业总收入	系数		统计检验	
财政补贴	31.029 2	（4.640 0）***	F（5，55）	37.700 0
税收优惠	−1.242 6	（−0.610 0）	Prob＞F	0.000 0
固定资产	0.272 2	（9.120 0）***	R^2	0.774 1
无形资产	0.127 6	（1.450 0）	R^2-Adj	0.753 6
应付职工薪酬	2.456 9	（0.840 0）	RootMSE	59 259
常数项	64 419	（4.710 0）***	样本量	61

注：括号内为 t 值；***、**、*分别表示 99%、95%、90%显著性水平。

② 固定效应模型：混合回归是将所有数据以截面数据的方式进入完全相同的回归方程，遗漏了不同公司间不易观测或难以测度的异质性，这里使用固定效应模型进行修正，即允许每组公司样本拥有自己的截距项。从表 3-3 的固定效应模型回归结果中可以获得以下信息：F 检验 P 值为 0，强烈拒绝原假设“可接受混合回归”，即认为固定效应模型显著优于混合回归模型。

表 3-3　固定效应模型回归结果

营业总收入	系数		统计检验		F 检验	
财政补贴	4.961 3	（0.850 0）	F（5，43）	20.11	H_0：混合回归可接受	
税收优惠	2.570 1	（1.030 0）	Prob＞F	0.000 0	F（12，43）	7.42
固定资产	0.107 0	（2.080 0）**	$\sum\mu$	107 641	Prob ＞ F	0.000 0
无形资产	0.244 4	（1.970 0）*	$\sum\varepsilon$	38 243	—	
应付职工薪酬	13.369 5	（2.740 0）***	ρ	0.887 9		
常数项	86 664	（6.980 0）***	R^2：组内	0.700 5		
个体固定效应	是		R^2：组间	0.140 0		
时间固定效应	否		R^2：总体	0.303 0		
—			样本量	61		

注：括号内为 t 值；***、**、*分别表示 99%、95%、90%显著性水平。

除了考虑公司个体异质性，还可以进一步使用双向固定效应模型考虑时间效应。如表 3-4 所示，对所有年份的联合显著性结果显示 P 值等于 0.322 4，无法拒绝“无时间效应”原假设，故可以忽略时间效应，即舍弃此双向固定效应模型。

表 3-4 双向固定效应模型回归结果

营业总收入	系数		统计检验		F 检验	
财政补贴	0.099 4	（0.010 0）	F（5，43）	41 540.51	H_0：无时间效应	
税收优惠	5.487 8	（2.600 0）**	Prob＞F	0.000 0	F（5，12）	1.31
固定资产	0.038 7	（1.300 0）	$\sum\mu$	120 547	Prob ＞ F	0.322 4
无形资产	0.277 1	（3.150 0）***	$\sum\varepsilon$	36 565	—	
应付职工薪酬	10.734 9	（2.380 0）**	ρ	0.915 7		
常数项	69 109	（3.370 0）***	R^2：组内	0.758 0		
个体固定效应	是		R^2：组间	0.035 9		
时间固定效应	是		R^2：总体	0.195 0		
—			样本量	61		

注：括号内为 t 值；***、**、*分别表示 99%、95%、90%显著性水平。

③ 随机效应模型：根据以上结果，基本可以确认个体效应的存在，但个体效应也可能以随机效应形式存在，还需要通过随机效应模型进行检验。以随机效应 FGLS 模型进行拟合并进行 LM 检验与似然比检验（表 3-5），以检验个体随机效应。LM 检验的 P 值为 0.000 5，拒绝“不存在个体随机效应”的原假设，即认为在“随机效应”和“混合回归”二者之间，应该选择“随机效应”。

表 3-5 随机效应模型回归结果

营业总收入	系数		统计检验		LM 检验	
财政补贴	19.725 7	（3.120 0）***	Wald chi2（5）	126.98	H_0：无个体随机效应	
税收优惠	−0.088 6	（−0.040 0）	Prob＞F	0.000 0	$\bar{\chi}^2$（01）	11.000 0
固定资产	0.258 9	（6.910 0）***	$\sum\mu$	25 919	Prob ＞ $\bar{\chi}^2$	0.000 5
无形资产	0.156 6	（1.490 0）	$\sum\varepsilon$	38 243	—	
应付职工薪酬	3.118 6	（0.930 0）	R^2：组内	0.588 1		
常数项	69535	（4.390 0）***	R^2：组间	0.859 7		
—			R^2：总体	0.759 8		
			样本量	61		

注：括号内为 t 值；***、**、*分别表示 99%、95%、90%显著性水平。

④ Hausman 检验：以上结果表明，较之于混合回归模型，面板模型更加适用于本实证分析，为进一步确定固定效应模型与随机效应模型的优劣，将使用 Hausman 检验。Hausman 检验的原假设为“H_0：u_i 与 X_{it}，Z_i 不相关”。

从表 3-6 的检验结果来看，检验 P 值为 0.152 8，无法拒绝原假设，认为应该使用随机效应模型，而非固定效应模型。

表 3-6　Hausman 检验结果

	（b） 固定效应	（B） 随机效应	（$b-B$） 差分	$\sqrt{\text{diag}(V_b-V_B)}$ 标准误
财政补贴	4.961 3	19.725 7	−14.764 4	3.702 2
税收优惠	2.570 1	−0.088 6	2.658 7	2.182 3
固定资产	0.107 0	0.258 9	−0.151 9	0.052 5
无形资产	0.244 4	0.156 6	0.087 8	0.114 9
应付职工薪酬	13.369 5	3.118 6	10.250 9	5.152 5
常数项	86 664	69535	17 128	—
Hausman 检验	H_0：u_i 与 X_{it}，Z_i 不相关		χ^2（4）	6.700 0
—			Prob＞χ^2	0.152 8

（2）面板数据模型分析

根据以上模型选择和分析结果，通过以上检验步骤，可以对模型优劣性进行排序："随机效应模型"优于"固定效应模型"优于"混合回归"，因此，最终选择以随机效应模型回归结果进行解释。

① 解释变量分析：财政补贴显著促进企业收入的增长。

财政补贴指标弹性系数较大，且对生物质发电企业的营业总收入有极好正效应，与预期结果相一致。上一年度政府给予的财政补贴能够显著提高当期生物质能源发电企业的营业收入水平，财政补贴每增加 1 元，可以提高营业收入水平 19.72 元。该结果表明，自 2010 年以来生物质发电企业经营过程中，各级政府所颁布的相关财政补贴政策，对该行业产生了积极促进作用。由此可见，在未来一定时间以内，继续为生物质发电企业提供财政补贴对行业发展有重要意义。

早在 2006 年，《可再生能源发电有关管理规定》《可再生能源发电价格和费用分摊管理试行办法》等规定，对我国生物质发电上网电价的费用分摊制定了原则。即生物质发电项目上网电价制定标准由统一标杆价格以及补贴电价 0.25 元/（kW·h）共同构成；自项目运行 15 年内有资格享受补贴，15 年后不再享受此优惠；为鼓励行业进行技术革新，规定从 2010 年起，每新投入建设和审核批准的生物质发电项目均比前一年投产的项目补贴减少 2%。同年，颁布了《财政部　发展改革委　农业部　国家税务总局　国家林业局关于发展生物能源和生物化工财税扶持政策的实施意见》，其中对生物质原料基地的建设、示范试点项目的实施以及弹性亏损补贴等都作了规定，这些规定促进了生物质发电产业的兴起。国家发展改革委于2015年底颁布《关于进一步加快推进农作物秸秆综合利用和禁烧工作的通知》，其中明确规定加强禁烧管控，并鼓励秸秆燃料化等应用途径，各个省市纷纷响应号召。其中，南京市对于本市符合要求的农机专业组织，提供一次性财政补贴10万元；对已建设的专业秸秆转运中心，提供一次性财政补贴20万元；对本市秸秆规模化使用主营个体，若符合每年可消耗1 000～2 000 t秸秆，则奖励财政补贴5万元，若每年可消耗2 000～5 000 t秸秆，则奖励财政补贴10万元，若每年可消耗5 000～10 000 t秸秆，则奖励财政补贴20万元，若每年可消耗10 000 t以上秸秆，则奖励财政补贴30万元。

据研究样本的年报统计，企业除获得秸秆收购补贴、电价补贴外，还获得了相应的生态补偿款、环境污染治理费、二氧化硫减排指标配套补助、新能源发展资金、稳定就业补贴等补贴款，不仅提高了企业的营业收入，还促进了生物质发电行业发展。同时，对于许多地方政府，生物质发电产业被认为是遵循可持续理念的一项经济发展机遇，经由政府财政补贴政策的引导，可以将更多的社会资本、专业人才、普通劳动力、燃料原料吸引至生物质发电产业之中。自2010年以来，我国生物质发电装机容量不断攀升，财政补贴的支持与引导在其中具有十分重要的作用。

② 因变量分析。

一是税收优惠并未显著影响企业营业总收入。

较之于财政补贴，政府给予的税收优惠不仅无法显著提高生物质发电企业的营业收入水平，甚至还会产生负面影响。此结论虽然在统计上并不显著，但也从侧面反映出企业税费对生物质发电企业的不利影响。

政府向生物质发电企业提供的税收优惠主要包括增值税即征即退以及企业所得税减免。税收优惠政策并未能够促进生物质发电企业营业收入的提高，可能原因如下：首先，生物质发电产业属于尚处于发展初期阶段的产业，在众多税收优惠政策出台之前，由于资本、技术、市场需求等诸多因素的影响，导致行业准入门槛较高。生物质发电企业，尤其是达到上市水平的企业数量极少，可视为不完全竞争市场。随着政府对符合要求的企业施行增值税即征即退、所得税减免等利好政策，相当于为企业减少了资金压力与成本，降低了行业进入壁垒，引导更多新兴企业和相关企业进入或转型至生物质发电行业之中，企业数量攀升，装机容量和发电量提高。若市场需求量并未发生改变，市场内企业数量的增多必然会导致单个企业收入和利润的较少。所以出现了本章结论。其次，上市公司集团中一些符合要求的分公司享受税收优惠的同时，仍有许多分公司依然承担较多赋税。而且在公司享受部分税收优惠的同时，依然要缴纳一定比例的税费，这可能表明我国企业的税收负担依然较重。最后，现行税收优惠可能并不是很合理，需要对税收优惠政策的实施对象以及方式方法进行改进。另外，生物质发电上市公司样本数据的局限性以及差异性也会导致该结果的产生。

值得注意的是，虽然税收优惠对生物质发电样本上市公司的影响并不显著，但并不意味着税收优惠对整个生物质发电产业来讲没有意义。

二是固定资产对企业营业收入有正向影响。

回归结果显示生物质发电企业固定资产规模对其营业总收入有一定程度的正向影响，但其影响力较弱，弹性系数仅为 0.258 9。生物质发电产业属于新兴产业，具有自己的独特生产流程，而且对于第二产业来讲，固定资产就像企业发展的支柱，是企业进行生物质发电生产经营活动的关键因素。只有充足的固定资产投入才能使相关上市公司扩大企业规模及市场占有份额，并提高营业收入和盈利水平，也只有固定资产的投入才能推动整个行业的前进。但生物质发电产业在其生产经营过程中，若最初一次性固定资产投入较多，后期固定资产投入大大降低，并不能对企业收入造成持续影响，因此影响较小。从行业总体来看，当前我国生物质发电产业的固定资产状态，如生产发电设备、工艺流程等都与发达国家水平相差甚远，制约着企业的进一步发展。因此，国家进一步引导企业固定资产的投入、生产设备技术更新以及优化股东资产结构对企业提高产出水平、营业收入有巨大意义。

三是无形资产对企业营业收入影响并不显著。

研究结果显示，代表企业专利技术水平的无形资产对生物质发电上市公司的营业总收入并没有显著影响，其原因可能是因为我国生物质发电产业投入虽呈现逐年增加趋势，但整体水平仍然较低，与生物质发电产业较为发达的地区相比存在巨大差距。我国生物质发电企业在研发与专业技术水平的不足，直接导致了该行业技术水平的落后，产业发展缺少核心竞争力，制约着产业的长期可持续发展。具体来说，在生物质发电产业链的原料收集、原料预处理以及生产发电等产业链环节，都存在着技术不完善的问题。生物质发电原材料收集时，农林剩余物收集较困难，如缺少技术合理的收集及运输设备、机械化水平较低、收集效率也不高，直接影响了原材料质量和加工生产。在预处理环节，当前农业废物预处理水平已相对较为成熟，而林木生物质原材料预处理的各项技术以及配套设备都远低于平均水平。生产发电流程中，缺少科学完善的配套生产线，大多为单机机组发电，且设备缺乏耐用性，在使用过程中还存在易结焦、易结渣、易磨损的缺陷，大大缩短了生产发电设备的可使用期限，同时也影响原材料的燃烧效率。

3.3 本章小结

本章从理论与实证两个角度探讨了我国现有生物质发电补贴政策对企业乃至整个行业的影响。经济理论方面，分析了生物质发电补贴政策对企业生产形成的成本补偿效应、产量效应以及对社会整体福利效应影响，呈现显著效应提升效果。实证方面，在对生物质发电补贴政策影响下装机容量、发电量的规模变化以及补贴项目趋势进行概括的基础上，选取生物质发电企业 2010—2017 年数据，运用面板模型探讨了补贴政策及其他控制变量对企业收入的影响，结果显示补贴政策显著提高了企业收入的增长，其他控制变量如税收优惠并未对企业收入造成明显影响，固定资产对收入有正向影响，无形资产及劳动力影响都不显著。通过以上分析，证明了生物质发电产业的补贴政策对个体企业和整体产业发展都有着明显的促进作用。

第4章

生物质发电补贴政策梳理

4.1 基于政策工具方法的生物质发电政策梳理

4.1.1 政策工具理论概述

1. 政策工具的内涵

政策工具，即通常所指的政府工具，简单概括就是为实现特定目标或解决某些困境所采用的措施或方法。对于其具体定义，学术界见仁见智并未统一，现对主要相关观点进行总结。

陈振明（2003）的《公共政策分析导论》和陈庆云（2011）的《公共政策分析》都将政策工具视为政府处理某些社会问题时采取的管理措施。外国学者 Salamon（2002）也同样认为政策工具是某种明确的行为方法，政府可以通过其解决很多社会公众问题。Hood（2007）在其著作《政府工具》中指出政府通常会尽其所能地通过多种工具来调整改变公民的生活，以实现政府目的。

更深层的观点，如休斯（2001）在其专著《公共管理导论》中提出政策工具作为政府的一种行为手段，可以被认为是用以调节政府所作所为的机制。张成福（2003）也认为政策工具应被视为改变调节政府行动的路径。张成福等（2007）指出，政策工具是政府得以将目标向行为成功转化的实现路径，是政府发挥治理功能的核心环节，若没有政策工具，其目标也就无法顺利实现。

综上所述，结合本章研究意图，将生物质发电政策工具定义为：政府作为主要参与主体，为实现促进生物质发电可持续发展这一特定目标，针对某些特定主体，所采取的多种手段和措施。

2. 政策工具的分类

政策工具种类多样且复杂，学术界对于如何对其划分归类有着多种的标准和依据。目前根据政策对象、针对环节、作用领域、实施强度等差异都有着相应的分类方法。

最早对政策工具进行分类的是 20 世纪 60 年代的荷兰经济学家科臣，但其只简单罗列出 64 种常用政策工具，没有进行更深层次的归纳和分类。

随后，英国学者胡德（Hood，1983）将政策工具按照影响性工具和探索性工具两个角度对劝诫、法规、补贴及借贷、服务供给、调查、登记、咨询、统计八种工具进行了划分，如表 4-1 所示。

表 4-1 胡德政策工具分类

	节点	权威	财政	组织
影响性工具	劝诫	法规	补贴及借贷	服务供给
探索性工具	调查	登记	咨询	统计

Linder 等（1989）以合法性强度的差异性为基准对政策工具进行分类，依次为私人行为、规劝、支出、管制、公共所有权五个类别，如图 4-1 所示。

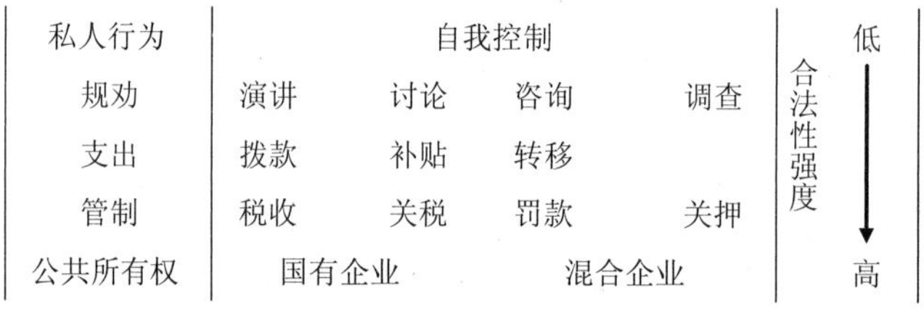

图 4-1 Linder 和 Peters 的政策工具分类

加拿大学者豪利特等（2006）根据政策工具被政府权力操控的程度进行划分，形成目前被较为广泛采用的强制性政策工具、混合性政策工具以及自愿性政策工具分类，如图 4-2 所示。

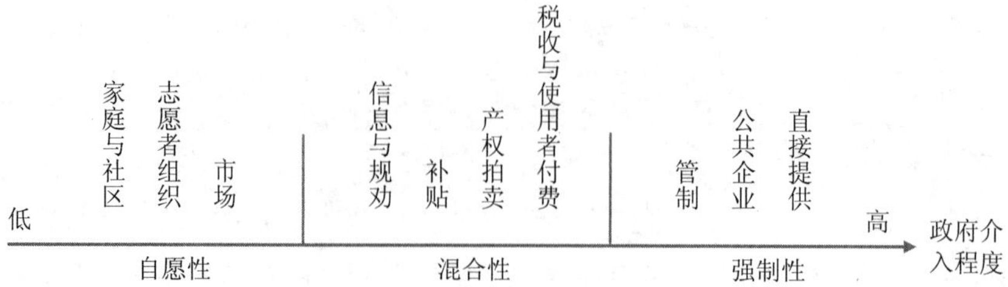

图 4-2 豪利特和拉米什政策工具分类

与西方国家相比，国内关于政策工具的相关研究开展较晚，但也有一定进展，其研究重点多关注于政府实施管理的措施上。其中比较有代表性的有：陈振明等（2007）将典型的 18 种政策工具按照市场化工具、工商管理技术、社会化手段三大类进行了划分。陶学荣（2006）将政策工具划分为行政性工具、经济性工具、管理性工具、政治性工具和社会性工具五大类。邱霈恩（2004）在其专著《国家公务员公共服务能力》中将政策工具划分为公共服务主体能力建设工具、公共服务机制工具和具体的服务工具。王满船（2004）按照强制性维度将政策工具划分为规制工具、经济工具和宣传教育工具。

对于以上种种分类，任何单一的划分方法都并不完善，也无法对所有领域或研究对象适用。本章综合分析以上各类政策工具分类规律，结合生物质发电领域所具备的特点，选取基本政策工具维度、生物质发电产业活动维度和强制性程度三个维度搭建生物质发电政策分析框架，以对生物质发电现行政策情况进行梳理。

4.1.2　政策分析架构建立

1. X 维度：基本政策工具维度

首先，借鉴政策工具理论中极具代表性的是 Rothwell 等（1985）提出的分类方法，基于政策工具对产业所造成的不同角度的影响，将生物质发电政策工具分为供给型、环境型和需求型三种类别（图 4-3）。

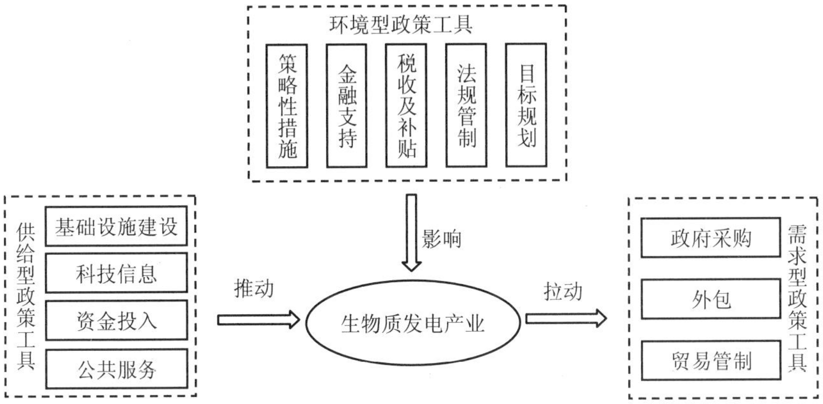

图 4-3　基本政策工具作用方式

（1）供给型政策工具

供给型政策工具，主要指政府通过向生物质发电产业供给如货币资金、人力资源、信息技术等直接要素的支持，从而扩大供给，属于可对产业发展产生推动力的相关政策。具体到生物质发电产业，供给型政策工具具体分类如表 4-2 所示。

表 4-2 供给型政策工具分类

政策工具名称	政策工具含义
基础设施建设	在政府支持下设立相关研发机构，推广示范项目的建设及运行，推进产业标准体系的构建，完善生物质发电检测认证等
科技信息	由政府主持收集归纳目前国内外生物质发电产业发展信息，构建该产业数据资料库并随时更新，及时向公共公布最新生物质发电产业资源市场信息，向产业提供科技信息支持等
资金投入	政府直接以资金投入为手段对生物质发电产业各个生命周期环节提供支持，例如各类政府专项资金等
公共服务	政府机构为配合生物质发电产业的发展而颁布相关配套法律法规、行业规划；积极开发人力资源，注重相关专业人才的培养；建设服务于生物质行业的专属机构等

（2）环境型政策工具

环境型政策工具通常通过间接形式作用于产业发展，它由政府运用政策工具作用于生物质发电产业的整体环境，改善产业发展所处的政策背景、优化市场环境、缓解发展风险与障碍，进而间接影响产业并促进其发展。环境型政策工具具体分类如表 4-3 所示。

表 4-3 环境型政策工具分类

政策工具名称	政策工具含义
目标规划	政府基于生物质发电产业现状及需求，制定产业发展目标及远景规划
法规管制	政府颁布相关法律、法规，用法律和行政手段规范产业内各参与主体行为，营造公平有序的发展环境
税收及补贴	政府给予生物质发电产业链条中相关企业纳税上的优惠减免
金融支持	政府提高放贷率、丰富融资手段、拓宽金融限制、优化融资条件、完善财务分配制度等
策略性措施	为协助促进产业发展、促进企业实现技术创新等目的采取的措施，如鼓励国产设备在产业中的应用，吸引更多企业涉足生物质发电领域等

（3）需求型政策工具

需求型政策工具指各级政府运用各种政策工具扩大生物质发电产业市场需求，降低市场不确定性，减少企业经营性壁垒，进而拉动产业的发展。需求型政策工具具体分类如表 4-4 所示。

表4-4　需求型政策工具分类

政策工具名称	政策工具含义
政府采购	各级政府提高对生物质发电设备或发电量的采购能力和特许招标，如政府采购、公营事业采购、合约研究
外包	政府将技术研发、创新项目外包给企业或科研机构
贸易管制	管制、优化进出口贸易各项措施

2. *Y*维度：产业活动维度

*X*维度中基本政策工具的分类主要基于政府的角度探讨相关政策对生物质发电产业的影响，并不能完整描述该产业政策工具的情况。为了更好地促进产业进步，还应当从产业运营活动和内在规律的角度来分析，这是制定生物质发电产业政策工具时应当纳入衡量的关键角度。

依据生物质发电产业的生命周期与产业价值链规律，可以将其产业活动分为研发、投资、原料资源、生产并网、消费五个环节。对于以上每一个环节，所施行的政策工具的着重点都不尽相同。而且，不同环节也都有着不同的参与主体，决定了政策工具作用主体也存在较大差异。在研发环节，参与主体主要为高校、科研机构以及企业中的研发设计团队；生物质发电投资方主要为各大电力公司、金融机构；原料资源环节不仅涉及发电企业，还有众多农户、林户和原料收集公司参与其中；消费主体为电网公司以及电力使用者。

3. *Z*维度：强制性程度

生物质发电产业中政策工具的作用方式以及实施效果根据其强制性程度的强弱而存在差异。由于该产业处于发展初期阶段、对于各类激励政策需求较大，因而如果不同强制性程度的政策工具可以有效结合并搭配发挥效力，对于产业发展将有重要的意义。

在政策工具的强制性程度研究领域，上节提到的加拿大学者豪利特和拉米什提出的分类最被广泛应用，他们根据政府对政策工具介入的程度，将其归类为强制性工具（包括直接提供、公共事业、管制）、混合性工具（包括税收和使用费、产权拍卖、补贴、信息和劝诫）和自愿性工具（包括私人市场、自愿性组织、家庭和社区）三大类。

（1）强制性工具

强制性工具，有时也被称为指导性工具，往往依靠各级政府的强制力，干预或直接控制政策作用对象必须或不允许采取某种行为。这种政策工具形式直接有力，只存在很小的不确定性，可以有效地应对市场失灵的风险，然而也可能存在经济无效率或各类资源无法得到有效配置的弊端。

生物质发电领域的强制性工具通常包括计划执行、相关法律法规的制定、监督监管、核准审批、颁发许可证、设立各项标准、排污处罚和制裁、政府购买、财政支出、直接服务、政策试点等。

（2）混合性工具

混合性工具的强制性力度介于其他两种工具之间，政府引入其他非政府参与主体，间接管理产业，将最终决策权交由私人部门，措施较为灵活。但往往存在决策所需信息量庞大、花费财政成本较高等弊端。

生物质发电领域的混合性工具主要有政府减免税费、资金补贴、专项基金设立、政府贷款拨款等经济利益诱导手段；运用奖励惩罚、警告劝诫、示范项目、信息公布、教育学习等信息类诱导手段；引入竞标拍卖等竞争型激励措施。

（3）自愿性工具

自愿性工具在实施中政府参与程度极少，几乎不干预，多由企业或个人在自愿的基础上自发实施，往往形成较高的资源配置效率和高于政府行政的服务质量，耗费较少的公共成本。但是存在政策不够有力或市场失灵的弊端。

生物质发电领域中自愿性工具主要有鼓励农户、林户或村集体资源作为生物质发电产业的参与者，参与原料资源的开发与管理；吸收社会资本和自愿型组织，吸引更多民营企业涉足该产业；加强相关参与主体的自我管理和服务；完善市场手段使产业合理发展等。

4. 三维分析框架建立

本节基于 *X* 维度基本政策工具维度、*Y* 维度产业活动维度以及 *Z* 维度强制性程度，构建生物质发电产业政策工具三维分析框架如图 4-4 所示。

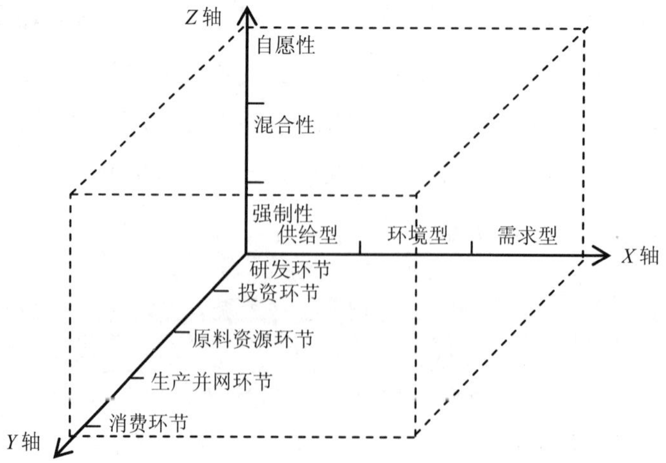

图 4-4 生物质发电产业政策工具三维分析框架

4.1.3 政策文本选择

1. 样本选择

生物质发电产业政策的采集以及筛选决定了本章分析是否合理有效，因此所选取的生物质发电相关政策是否准确且在行业中是否具有权威性有着至关重要的意义。于 2005 年通过，并于 2006 年开始施行的《中华人民共和国可再生能源法》，是我国第一部生物质能源相关的法律。该法自施行以来，生物质能源逐步受到重视，相关政策法规出台频率增快，形成了较为丰富的政策体系。

由于涉及生物质发电产业的政策文本数量众多，本章为保证所选取政策具有代表性，仅仅将国家层面的政策纳入考虑。中央政府及各部委（如国务院办公厅、国家发展改革委、财政部、环境保护部、农业部、林业局、能源局等）公开门户网站，以及生物质发电专业领域网站（如中国能源网、中国电力网、北极星电力网、生物质能源网等）查找相关政策，检索关键词为“生物质”“可再生能源”“新能源”“电力”“节能减排”等。对门户网站中政策缺失的部分，借助“北大法宝”数据库、百度搜索查缺补漏不断完善。各省（区、市）的政策通常依据中央下达文件制定，且依据生物质能源资源情况及经济发展水平不同，不具有广泛的适用性和权威性，因此本章不予纳入。

所选政策文本均与生物质发电密切相关，或在条例中明确指出生物质发电，或重点突出主要涵盖生物质发电的新能源/可再生能源，如果仅仅对所有可再生能源或清洁能源总体进行管制指导的政策文本不在本章研究范围内。

在以上选择原则的基础上，本章最终筛选出 2005—2017 年发布的生物质发电相关政策文本 52 份，详细文本见表 4-5。

表 4-5　我国国家层面生物质发电产业政策文本统计

序号	政策名称	政策文号	发文单位
1	《中华人民共和国可再生能源法》	—	全国人大
2	《中国应对气候变化国家方案》	—	国家发展改革委
3	《可再生能源中长期发展规划》	—	国家发展改革委
4	《电网企业全额收购可再生能源电量监管办法》	国家电力监管委员会令第 25 号	国家电力监管委员会
5	《财政部　国家税务总局关于执行资源综合利用企业所得税优惠目录有关问题的通知》	财税〔2008〕47 号	财政部
6	《关于进一步加强生物质发电项目环境影响评价管理工作的通知》	环发〔2008〕82 号	环境保护部

序号	政策名称	政策文号	发文单位
7	《国家发展改革委关于完善农林生物质发电价格政策的通知》	发改价格〔2010〕1579号	国家发展改革委
8	《国家发展改革委关于生物质发电项目建设管理的通知》	发改能源〔2010〕1803号	国家发展改革委
9	《能源林可持续培育指南》	林造发〔2011〕33号	国家林业局
10	《关于进一步加强城市生活垃圾处理工作的意见》	国发〔2011〕9号	国家发展改革委，财政部，环境保护部，农业部
11	《国家林业局关于印发〈林业生物能源原料基地检查验收办法〉的通知》	林造发〔2011〕114号	国家林业局
12	《国家发展改革委关于完善垃圾焚烧发电价格政策的通知》	发改价格〔2012〕801号	国家发展改革委
13	《国务院关于印发生物产业发展规划的通知》	国发〔2012〕65号	国务院办公厅
14	《全国林业生物质能发展规划（2011—2020年）》	—	国家林业局
15	《关于加强农作物秸秆综合利用和禁烧工作的通知》	发改环资〔2013〕930号	国家发展改革委，环境保护部，农业部
16	《国家发展改革委关于印发〈分布式发电管理暂行办法〉的通知》	发改能源〔2013〕1381号	国家发展改革委，国家能源局
17	《国家发展改革委办公厅　农业部办公厅关于印发〈秸秆综合利用技术目录（2014）〉的通知》	发改办环资〔2014〕2802号	国家发展改革委，农业部
18	《国家发展改革委办公厅关于加强和规范生物质发电项目管理有关要求的要求》	发改办能源〔2014〕3003号	国家发展改革委，国家能源局
19	《财政部关于印发〈可再生能源发展专项资金管理暂行办法〉的通知》	财建〔2015〕87号	财政部
20	《中共中央　国务院关于加快推进生态文明建设的意见》	—	国务院办公厅
21	《财政部　国家税务总局关于印发〈资源综合利用产品和劳务增值税优惠目录〉的通知》	财税〔2015〕78号	财政部，国家税务总局
22	《中华人民共和国大气污染防治法》（第二次修订）	—	全国人大
23	《关于实行可再生能源发电项目信息化管理的通知》	—	国家发展改革委，国家能源局
24	《关于进一步加快推进农作物秸秆综合利用和禁烧工作的通知》	发改环资〔2015〕2651号	国家发展改革委，财政部，环境保护部，农业部
25	《关于加快发展农业循环经济的指导意见》	发改环资〔2016〕203号	国家发展改革委，农业部，国家林业局
26	《国家发展改革委关于印发〈可再生能源发电全额保障性收购管理办法〉的通知》	发改能源〔2016〕625号	国家发展改革委，国家能源局
27	《国家林业局关于印发〈林业发展“十三五”规划〉的通知》	林规发〔2016〕22号	国家林业局
28	《关于开展农作物秸秆综合利用试点　促进耕地质量提升工作的通知》	农办财〔2016〕39号	财政部，农业部

序号	政策名称	政策文号	发文单位
29	《关于推介发布秸秆“五料化”利用技术的通知》	农科（能生）函〔2016〕第213号	农业部
30	《国家发展改革委　国家能源局关于印发〈能源技术革命创新行动计划（2016—2030年）〉的通知》	发改能源〔2016〕513号	国家发展改革委，国家能源局
31	《国家林业局办公室关于印发〈林业应对气候变化“十三五”行动要点〉的通知》	办造字〔2016〕102号	国家林业局
32	《国家发展改革委　国家能源局关于推进多能互补集成优化示范工程建设的实施意见》	发改能源〔2016〕1430号	国家发展改革委，国家能源局
33	《国务院关于印发“十三五”国家科技创新规划的通知》	国发〔2016〕43号	国务院办公厅
34	《关于印发〈关于推进农业废物资源化利用试点的方案〉的通知》	农计发〔2016〕90号	国家发展改革委，财政部，环境保护部，农业部
35	《“十三五”控制温室气体排放工作方案》	—	国务院办公厅
36	《国家能源局关于印发〈生物质能发展“十三五”规划〉的通知》	国能新源〔2016〕291号	国家能源局
37	《电力发展“十三五”规划（2016—2020年）》	—	国家发展改革委，国家能源局
38	《国家发展改革委办公厅　农业部办公厅关于印发“十三五”秸秆综合利用实施方案的指导意见的通知》	发改办环资〔2016〕2504号	国家发展改革委，农业部
39	《国务院关于印发“十三五”国家战略性新兴产业发展规划的通知》	国发〔2016〕67号	国务院办公厅
40	《国家发展改革委关于印发〈可再生能源发展“十三五”规划〉的通知》	发改能源〔2016〕2619号	国家发展改革委，国家能源局
41	《国家发展改革委　国家能源局关于印发〈能源生产和消费革命战略（2016—2030）〉的通知》	发改基础〔2016〕2795号	国家发展改革委，国家能源局
42	《国家能源局关于印发〈能源技术创新“十三五”规划〉的通知》	国能科技〔2016〕397号	国家能源局
43	《农业部关于印发〈“十三五”农业科技发展规划〉的通知》	农科教发〔2017〕4号	农业部
44	《国家能源局关于印发2017年能源工作指导意见的通知》	国能规划〔2017〕46号	国家能源局
45	《国家重点节能低碳技术推广目录》（2017年本，低碳部分）	—	国家发展改革委
46	《国家能源局综合司关于印发〈2017年能源领域行业标准化工作要点〉的通知》	国能综科技〔2017〕216号	国家能源局
47	《关于促进可再生能源供热的意见（征求意见稿）》	—	国家能源局
48	《关于印发〈循环发展引领行动〉的通知》	发改环资〔2017〕751号	国家发展改革委，财政部，环境保护部，农业部，国家林业局
49	《农业部办公厅关于推介发布秸秆农用十大模式的通知》	农办科〔2017〕24号	农业部

序号	政策名称	政策文号	发文单位
50	《关于开展中央财政支持北方地区冬季清洁取暖试点工作的通知》	财建〔2017〕238号	国家发展改革委，财政部，环境保护部，国家能源局
51	《关于印发〈林业产业发展“十三五”规划〉的通知》	林规发〔2017〕43号	国家发展改革委，财政部，国家林业局
52	《国家能源局综合司关于开展北方地区可再生能源清洁取暖实施方案编制有关工作的通知》	国能综通新能〔2017〕36号	国家能源局

总结以上52份政策文本的发布部门，主要涉及8个部门，其中法律法规由全国人民代表大会制定。政策规划方面，发文部门包括国家发展改革委（48.08%）、国家能源局（30.77%）、农业部（23.08%）、财政部（19.23%）、国家林业局（15.38%）以及环境保护部（13.46%）。生物质发电产业的发展涉及技术支持、项目示范、财政优惠、市场拓展等众多方面，相关政策需要各部门协同合作综合出台。因此，实际情况中多部门联合发文数量也往往多于单一部门独立发文数量。在以上发文单位中，除生物质能源产业所主要所属的国家发展改革委、国家能源局、农业部以及林业部以外，财政部出台文件也占了较大比重，其原因与生物质发电产业所具有的特殊环境价值、价值实现面临阻碍以及产业发展阶段需要较多的财政优惠有着密不可分的联系。

表4-6 生物质发电政策文本发布部门分布

部门	单一部门独立发文	多部门联合发文	样本占比/%
全国人大	2	0	3.85
国务院办公厅	5	0	9.62
国家发展改革委	6	19	48.08
财政部	2	8	19.23
环境保护部	1	6	13.46
农业部	3	9	23.08
国家林业局	5	3	15.38
国家能源局	6	10	30.77

2. 文本编码

对以上52份政策文本具体涉及生物质发电的内容进行进一步编码，编码规则可概括为“政策编号-章节-具体条款”，具体根据每项文本不同而存在一些差异。例如，20-6-22表示在上节中序号为20的政策文本中第6章，第22条的条款。最终形成基于政策工具的生物质发电产业政策文本内容分析单元编码表（表4-7），由于本表篇幅较长，仅在此列出简表，完整内容见附录。

表 4-7　生物质发电政策文本内容分析单元编码（详见附录）

序号	政策文号	政策名称	内容分析单元	编码
1	—	《中华人民共和国可再生能源法》	编制可再生能源开发利用规划，应当遵循因地制宜、统筹兼顾、合理布局、有序发展的原则，对风能、太阳能、水能、生物质能、地热能、海洋能等可再生能源的开发利用作出统筹安排	1-2-9
2	—	《中华人民共和国可再生能源法》	国务院标准化行政主管部门应当制定、公布国家可再生能源电力的并网技术标准和其他需要在全国范围内统一技术要求的有关可再生能源技术和产品的国家标准	1-3-10
…	…	…	…	…
13	环发〔2008〕82 号	《关于进一步加强生物质发电项目环境影响评价管理工作的通知》	（一）切实做好生物质发电项目的选址和论证工作。（二）做好污染预防、厂址周边环境保护和规划控制工作。（三）结合生物质发电项目的发展现状，明确严格的污染物治理措施，确保污染物排放符合国家和地方规定的排放标准。（四）采用农林生物质、生活垃圾等作为原燃料的生物质发电项目，在环境影响评价中必须考虑原燃料收集、运输、贮存环节的环境影响。（五）加强环境风险防范工作	6-5
14	发改价格〔2010〕1579 号	《国家发展改革委关于完善农林生物质发电价格政策的通知》	对农林生物质发电项目实行标杆上网电价政策。未采用招标确定投资人的新建农林生物质发电项目，统一执行标杆上网电价每千瓦时 0.75 元（含税，下同）	7-1
…	…	…	…	…
81	发改能源〔2016〕2619 号	《国家发展改革委关于印发〈可再生能源发展"十三五"规划〉的通知》	稳步发展生物质发电。在做好选址和落实环保措施的前提下，结合新型城镇化建设进程，重点在具备资源条件的地级市及部分县城，稳步发展城镇生活垃圾焚烧发电，到 2020 年，城镇生活垃圾焚烧发电装机达到 750 万千瓦。根据生物质资源条件，有序发展农林生物质直燃发电和沼气发电，到 2020 年，农林生物质直燃发电装机达到 700 万千瓦，沼气发电达到 50 万千瓦。到 2020 年，生物质发电总装机达到 1 500 万千瓦，年发电量超过 900 亿千瓦时	40-4-4
82	发改能源〔2016〕2619 号	《国家发展改革委关于印发〈可再生能源发展"十三五"规划〉的通知》	因地制宜推进农林废物、城市垃圾等生物质能综合开发，扩大生物质热电联产比重，提高生物质利用效率，替代城镇化石燃料消费。	40-6-1
…	…	…	…	…
109	林规发〔2017〕43 号	《关于印发〈林业产业发展"十二五"规划〉的通知》	充分挖掘我国现有180亿吨林木生物质资源开发潜力，开发生物柴油、生物酒精、生物质热电联产和固体成型燃料等能源产品，依托关联企业，建立林业新能源产业化示范区	51-5-3
110	国能综通新能〔2017〕36 号	《国家能源局综合司关于开展北方地区可再生能源清洁取暖实施方案编制有关工作的通知》	发展生物质热电联产	52-5-2

4.1.4 频数统计分析

1. 生物质发电政策总体分析

2006 年 1 月 1 日起施行的《中华人民共和国可再生能源法》，是最早指导生物质发电相关产业的法律文件，是包括生物质发电在内的可再生能源相关工作法制化的开始，它为之后法律、法规、政策的制定提供了依据。该法案对生物质能源的开发规划、技术要求、标准制定、监督管理、优先调度、全额收购、上网电价、基金设立等内容都作了原则性规定。随后，国家陆续出台了一系列专门针对生物质发电的政策。具体有 2008 年公布的《国家发展改革委关于进一步加强生物质发电项目环境影响评价管理工作的通知》，对生物质发电项目的选址论证、规划控制、排放标准、原料收储运、环境风险等都作出了明确规定。2010 年发布的《国务院关于完善农林生物质发电价格政策的通知》，对于我国所有农林生物质发电项目全部执行 0.75 元/（kW·h）标杆上网电价。2012 年《国务院关于印发生物产业发展规划的通知》建议因地制宜，以适应不同原料产地和适应不同区域特点，从而加快生物质发电产业发展。2014 年发布的《国家发展改革委办公厅关于加强和规范生物质发电项目管理有关要求的通知》鼓励发展生物质热电联产，严禁生物质发电项目将化石能源混烧其中。2016 年国家能源局制定《生物质能发展“十三五”规划》，对生物质发电的发展目标和发展布局做出明确指示。

2. 基本政策工具维度与产业活动维度分析

依据 4.1.2 节中政策文本分析框架的内容，将 110 条生物质发电政策文本分类梳理和整合到相应类目。为便于了解生物质发电产业的不同环节政策的具体现状，将基本政策工具与产业活动相结合，可以得到生物质发电基本政策工具（*X* 维度）和产业活动（*Y* 维度）二维分析表（表 4-8）以及分布统计表（表 4-9）。需特别指出的是，存在同一编码涉及多种工具或多个环节的情形，因此编码在二维分析表总数大于编码个数。

从基本政策工具维度来看，我国生物质发电政策工具只有环境型（64.12%）和供给型（35.88%），表明我国政府较多使用了间接影响生物质发电产业的环境型政策工具，以期通过改变产业环境条件来减少生物质发电产业发展的阻碍。然而，需求型政策的严重欠缺致使政策工具对生物质发电产业的拉动力极其不足，直接导致了生物质发电市场欠缺稳定性。

表 4-8　生物质发电基本政策工具和产业活动二维分析

		研发	投资	原料资源	生产并网	消费
供给型	基础设施建设	—	8-1，8-2，14-3-2，16-3，19-6-2，19-8，32-2-1，44-2-2	9-1-1，11-1-2，30-10-3，31-4-2，43-4-3	13-3-5，16-4，40-7-3，41-4-3，47-2-15	—
	科技信息	1-3-10，16-4，16-5，17-4-18，23-1，24-4-9，33-5-1，33-5-5，40-7-2，42-3-1，42-3-2-S21，45-1-4，46-2-6，49-8	—	24-4-9，34-2-1，43-4-3	29-4-3，37-3-16，40-7-3	—
	资金投入	—	1-6-24	28-3-1，34-5-1	7-3，47-2-15	—
	公共服务	—	—	9-1-1，22-4-76	—	40-8-3，41-4-3
环境型	目标规划	13-3-5，20-3-10，39-4-6，41-5-2	1-2-9，2-4-1，18-2，20-3-10，32-2-1，41-4-2，41-5-2，44-2-2，51-5-3	9-1-1，13-3-5，25-2-3，25-2-4，30-10-3，36-3-3，38-4-3，40-7-1，41-9-7，48-4-10	18-1，35-4-3，37-3-13，37-3-14，39-4-6，40-6-1，41-9-7，47-2-6，47-2-9，48-7-27	—
	法规管制	6-5	1-4-14，6-5，8-1，8-2，19-5-1，19-5-3，19-7，27-3-2	8-3，10-3-6，24-2-6，28-3-1	4-2-8，4-3-16，6-5，7-1，7-2，12-1，12-3，16-5，18-3，22-2-13，22-4-42，26-2，26-4，34-5-1，40-8-2，47-2-18，50-3，52-5-2	1-5-19，1-7-29
	税收及补贴	—	—	5-1，15-3，20-6-22，21-4-1，22-4-76，24-5-11，28-3-1	4-2-11，12-2，16-6，47-2-15，48-8-36	—
	金融支持	—	19-5-2，20-6-22，48-8-37	15-3，24-5-11	34-5-1	—
需求型	政府采购	—	—	—	—	—
	外包	—	—	—	—	—
	贸易管制	—	—	—	—	—

表 4-9 基本政策工具和产业活动二维分布

工具类型	具体分类	研发	投资	原料资源	生产并网	消费	小计	占比/%	占比/%
供给型	基础设施建设	0	8	5	5	0	18	13.74	35.88
	科技信息	14	0	3	3	0	20	15.27	
	资金投入	0	1	2	2	0	5	3.82	
	公共服务	0	0	2	0	2	4	3.05	
环境型	目标规划	4	9	10	10	0	33	25.19	64.12
	法规管制	1	8	4	18	2	33	25.19	
	税收及补贴	0	0	7	5	0	12	9.16	
	金融支持	0	3	2	1	0	6	4.58	
需求型	政府采购	0	0	0	0	0	0	0.00	0.00
	外包	0	0	0	0	0	0	0.00	
	贸易管制	0	0	0	0	0	0	0.00	
小计		19	29	35	44	4	131	100.00	
占比/%		14.50	22.14	26.72	33.59	3.05	100.00	100.00	

如图 4-5 所示，对三大类基本政策工具进行详细分析可知，环境型政策工具中法规管制（25.19%）以及目标规划（25.19%）占据了全部类型的主导地位（50.38%）。税收及补贴（9.16%）以及金融支持（4.58%）是政府运用资金优惠政策来保障、扶持生物质发电产业的发展。生物质发电产业作为新兴产业需要大量资金投入，政府提供相应的金融支持就必不可少，但从目前情况来看，力度有待大幅提升。在供给型政策工具构成中，科技信息（15.27%）以及基础设施建设（13.74%）占比较大。然而，对于生物质发电产业这种具有较明显环境优势，但经济成本较高的新兴产业，当前的资金投入（3.82%）

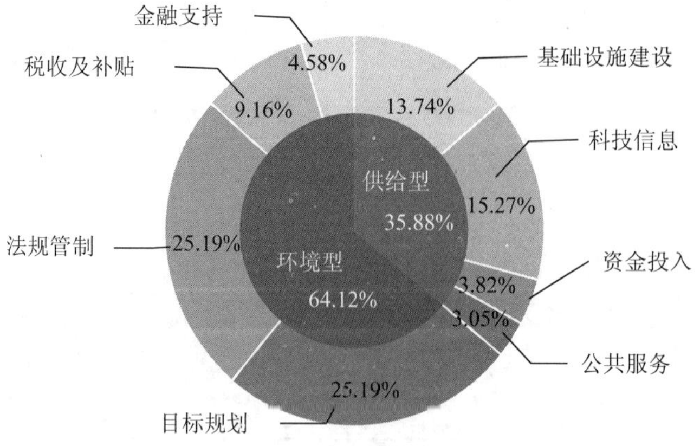

图 4-5 基本政策工具使用占比

的优惠政策较少，制约了企业创业之初投资电厂建设的可行性。同时，较少的公共服务（3.05%）政策也不利于推动产业的发展。需求工具在生物质发电政策中严重缺失，在现已出台的政策中并未涉及。

在基本政策工具的维度上引入产业活动，统计结果显示（表4-9），生物质发电政策文本对产业发展的各个环节都实现了政策干预，各环节具体政策占比为：技术环节（14.5%）、投资环节（22.14%）、原料资源环节（26.72%）、生产并网环节（33.59%）以及消费环节（3.05%）。

进一步研究发现，研发、投资、原料资源环节虽政策总数较为可观，但其政策文本中，目标规划占了较大比例，相对而言，资金投入、税收及补贴优惠、金融支持方面的政策文本涉及较少。同样，生产并网环节，占主要地位的政策类型为法规管制，资金类支持也较少。

由图4-6可以直观地看出供给型政策中，对研发、原料资源、生产并网、投资环节涉及数量差异不大，较为均衡，只有消费环节政策参与极少。环境型政策对各环节政策涉及差异较大，最多在生物质发电的生产并网环节，其次原料资源和投资环节也较多，而在产业链的一头一尾的研发和消费两个环节的相关政策文本极少。

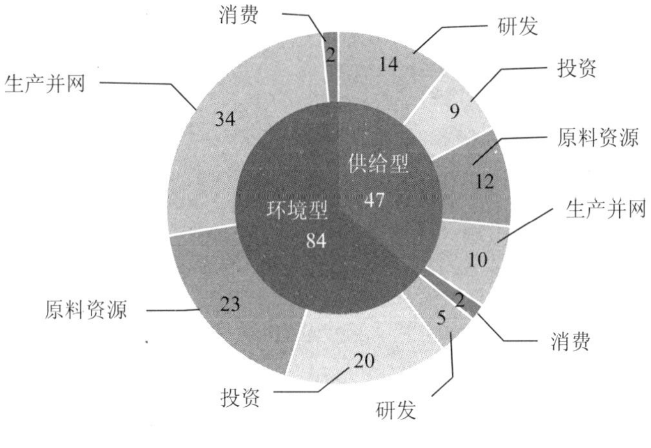

图4-6 基本政策工具与产业活动环节比例关系

3. 强制性程度与产业活动维度分析

同样地，将政策文本强制性程度与产业活动相结合，可以得到生物质发电强制性维度（*Z*维度）和产业活动维度（*Y*维度）二维分析表（表4-10）以及分布统计表（表4-11），编码在二维分析表的总数依然可能大于编码个数。

表 4-10 生物质发电强制性程度和产业活动二维分析

		研发	投资	原料资源	生产并网	消费
强制性工具	直接提供	16-4，16-5	19-6-2	—	16-4，16-5，41-4-3	
	公共事业	13-3-5	32-2-1	9-1-1，10-3-6，11-1-2，22-4-76，25-2-3，31-4-2，40-7-1	—	—
	管制	1-3-10，6-5，40-7-5	1-2-9，1-4-14，2-4-1，6-5，8-1，8-2，16-3，18-2，19-7，27-3-2，41-4-2，44-2-2，51-5-3	6-5，8-3，9-1-1，13-3-5，24-2-6，28-3-1，36-3-3，38-4-3，41-9-7，48-4-10	4-3-16，7-1，7-2，12-1，12-3，18-2，22-2-13，22-4-42，26-2，26-4，34-5-2，35-4-3，37-3-13，37-3-14，40-6-1，40-7-3，40-8-2，41-9-7，47-2-6，47-2-9，47-2-18，48-7-27，50-3，52-5-2	1-5-19，1-7-29
混合性工具	税收和使用费	—	20-6-22	5-1，15-3，21-4-1，24-5-11	48-8-36	—
	补贴	—	20-6-22，39-5-2，48-8-37	15-3，22-4-76，24-5-11，28-3-2	4-2-11，7-3，12-2，16-6，47-2-15，48-8-36	—
	基金/专项资金	—	1-6-24，19-5-1，19-5-2，19-5-3	24-5-11，28-3-2	47-2-15	—
	示范项目	—	13-3-5，14-3-2，16-3，19-8	43-4-3	30-10-3	—
	信息和劝诫	17-4-18，20-3-10，23-1，24-4-9，33-5-1，33-5-5，40-7-2，41-5-2，42-3-1，42-3-2-S21，43-4-3，45-1-4，46-2-6，49-8	20-3-10，39-5-2，41-5-2	24-4-9，34-2-1	4-2-8，18-1，25-2-4，29-4-3，30-10-3，37-3-16，39-4-6，40-7-3	—
自愿性工具	私人市场	39-4-6	20-6-22，48-8-37	34-5-1	34-5-1	40-8-3，41-4-3
	自愿性组织	—	—	—	—	—
	家庭和社区	—	—	—	—	—

表 4-11　生物质发电政策强制性程度和产业活动二维分布

工具类型	具体分类	研发	投资	原料资源	生产并网	消费	小计	占比/%	占比/%
强制性工具	直接提供	2	1	0	3	0	6	4.51	50.38
	公共事业	1	1	7	0	0	9	6.77	
	管制	3	13	10	24	2	52	39.10	
混合性工具	税收和使用费	0	1	4	1	0	6	4.51	44.36
	补贴	0	3	4	6	0	13	9.77	
	基金/专项资金	0	4	2	1	0	7	5.26	
	示范项目	0	4	1	1	0	6	4.51	
	信息和劝诫	14	3	2	8	0	27	20.30	
自愿性工具	私人市场	1	2	1	1	2	7	5.26	5.26
	自愿性组织	0	0	0	0	0	0	0.00	
	家庭和社区	0	0	0	0	0	0	0.00	
小计		21	32	31	45	4	133	100.00	
占比/%		15.79	24.06	23.31	33.83	3.01	100.00	100.00	

综合来看，不同强制性程度的政策文本工具在生物质发电产业中均有涉及，其中，强制性工具占据半壁江山（50.38%），混合性工具也占据近半比例（44.36%），自愿性工具占比较少（5.26%）。而在强制性工具中，管制类工具又占了绝大部分，约为整体的 39.1%，直接提供与公共事业支持不相上下。混合性工具中，信息和劝诫类占比较高，约为混合类的一半，总体的 20.3%；其次为补贴（9.77%），其余税费优惠、基金及专项资金、示范项目均约占比 5%。自愿性工具整体占比极少，且其中只涉及私人市场一项，自愿性组织以及家庭社区并未涉及。

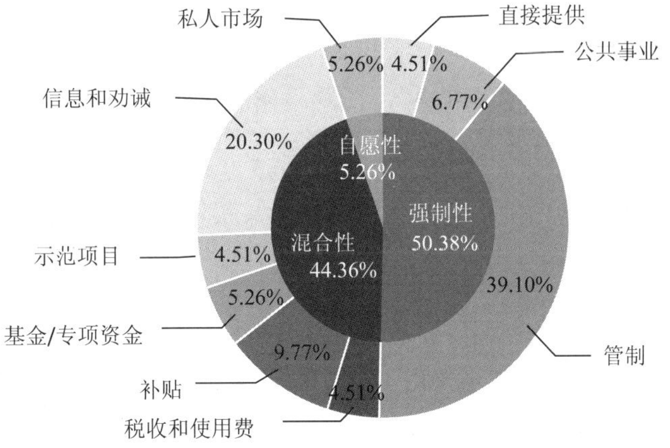

图 4-7　强制性政策使用占比

将生物质发电的强制性维度分类与产业活动综合考虑，可看出各类政策同样涉及产业的不同环节，技术环节（15.79%）、投资环节（24.06%）、原料资源环节（23.31%）、生产并网环节（33.83%）以及消费环节（3.01%），总体分布基本政策工具和产业活动二维分布类似，均在生产并网环节实施政策最多，消费环节涉及政策极少。值得注意的是，除研发环节以外，其他各环节政策工具均以“管制”为主，其他类型多少有涉及，但占比较小。

4.1.5 政策存在的问题

基于以上政策文本内容的分析，可以看出，就总体而言，生物质发电政策涉及供给型和环境型全部 8 种政策工具，实现了对研发环节、投资环节、原料资源环节、生产并网环节以及消费环节的各个生物质产业活动环节的政策干预。同时也综合运用了强制性、混合性、自愿性三种不同强制性的政策手段。这些政策均对生物质发电产业的发展有着长足影响。然而，仔细分析以上政策构成不难发现，生物质发电政策体系仍存在许多结构性问题。

1．基本政策工具维度：环境型与供给型政策工具冗余，需求型政策缺失

从基本政策工具运用分类来看政策文本全部为环境型和供给型，其中环境型超半数，需求型工具并未涉及。

在环境型政策工具中，目标规划类与法规管制类占比极高，已占全部政策工具的半壁江山。目标规划的大量使用，一定程度上反映出政府对生物质发电产业发展的大力支持与宏观引导，《可再生能源中长期发展规划》《可再生能源发展“十三五”规划》《生物质能发展“十三五”规划》等目标规划的颁布，是推进行业有序、系统进步的重要保障。但过多的目标规划只能对产业发挥“指引方向”的功能，对于指导如何具体执行相对欠缺。法规管制类政策数目较多可能是由于不断出台后续新政策对前期极其重要但未被充分执行、践行中未达预期目的政策进行修补改善，从而造成了管制类政策过多。尽管法规管制是对生物质发电产业最为直接简单且效果最明显的政策手段，是政府通过行政权力这只“看得见的手”对行业的直接干预，它有利于政府直接对特定参与主体、特定事项进行明确干预和处理，在生物质发电产业的初期形成有利于其发展的产业背景环境。如为保障生物质发电产业电量全额上网，消除发电企业的后顾之忧，2005—2016 年，国家先后运用了 7 次（表 4-12）法规管制类政策工具以约束生物质发电产业参与者的行为。不仅出台了多种管理办法、法律法规，还列入了“十三五”规划。在政府政策文件中多次出现此类内容，一方面表现出全额收购等内容对生物质发电产业有着至关重要的意义，另一方面则反映出当前相应政策目标一直未实现，使政府不得不反复出台法规管制类政策加以约束。然而随着产业的不断发展，法规管制类手段可能会带来负作用，从而制约产业的发展。

表 4-12　全额收购生物质电力的法规管制政策

政策文号	政策名称	内容分析单元	编码
—	《中华人民共和国可再生能源法》	按照全国可再生能源开发利用规划，确定在规划期内应当达到的可再生能源发电量占全部发电量的比重，制定电网企业优先调度和全额收购可再生能源发电的具体办法，并由国务院能源主管部门会同国家电力监管机构在年度中督促落实	1-4-14
—	《中华人民共和国可再生能源法》	电网企业未按照规定完成收购可再生能源电量，造成可再生能源发电企业经济损失的，应当承担赔偿责任，并由国家电力监管机构责令限期改正；拒不改正的，处以可再生能源发电企业经济损失额一倍以下的罚款	1-7-29
国家电力监管委员会令第 25 号	《电网企业全额收购可再生能源电量监管办法》	电力调度机构应当按照国家有关规定和保证可再生能源发电全额上网的要求，编制发电调度计划并组织实施	4-2-8
发改能源〔2013〕1381 号	《国家发展改革委关于印发〈分布式发电管理暂行办法〉的通知》	运行管理：优先上网、全额收购；建立信息交换和信息公开等体系	16-5
发改能源〔2016〕625 号	《国家发展改革委关于印发〈可再生能源发电全额保障性收购管理办法〉的通知》	可再生能源发电全额保障性收购是指电网企业（含电力调度机构）根据国家确定的上网标杆电价和保障性收购利用小时数，结合市场竞争机制，通过落实优先发电制度，在确保供电安全的前提下，全额收购规划范围内的可再生能源发电项目的上网电量	26-2
发改能源〔2016〕625 号	《国家发展改革委关于印发〈可再生能源发电全额保障性收购管理办法〉的通知》	国务院能源主管部门及派出机构履行可再生能源发电全额保障性收购的监管责任	26-4
发改能源〔2016〕2619 号	《国家发展改革委关于印发〈可再生能源发展“十三五”规划〉的通知》	贯彻落实可再生能源发电全额保障性收购制度	40-8-2

供给型政策工具中科技信息以及基础设施建设占比较多。由于生物质发电产业发展尚不成熟，研发水平较为落后，随着产业的不断发展，相关企业对科技信息技术的提升需求也会相应增加。因此科技信息类政策的出台有着关键意义。生物质发电产业仍然较为落后，包括推广示范项目、推进标准体系等在内的基础设施建设政策，有利

于推动产业发展。以上产业平台的搭建和发展，单靠企业自身力量无法达到，相应政策的扶持必不可少。

政策工具的结构性缺失出现在各类政策中，但其中需求型政策工具表现为全面缺失。开发拓展生物质发电行业市场，不仅可以提高企业以及市场中其他机构参与生物质发电产业的积极性，同时也能相应减轻政府对行业提供人力、财力、物力等方面支持的压力，对生物质发电产业化、市场化都有着重要意义。因此在今后相关政策出台或优化更新时，应相应着重考虑降低生物质发电设备整机和零部件进口的贸易管制并给予优惠、发挥政府采购功能对生物质电力进行特许招标等需求型政策以扩大消费市场，拉动产业发展。

2．产业活动维度：政策工具重中间、轻两头

虽然政策工具涉及生物质发电产业的各个环节，但其政策结构仍然存在明显的不平衡，需要进一步优化和改进。现有政策工具多集中于生物质原料资源、生物质发电产业生产并网等产业中间环节，主要目的是推进生物质发电的生产运行。

其中，生物质发电原料资源环节政策文本约占全部生产活动的25%。代表政策主要有：财政部及国家税务总局等部门出台的《资源综合利用企业所得税优惠目录（2008年版）》对农林废物为原料进行生物质发电的企业进行所得税优惠。国家发展改革委发布的《关于生物质发电项目建设管理的通知》（已废止），要求生物质发电项目开发前期应“开展详细的资源分析评价，全面掌握各类生物质资源的分布和特点，并制定切实可行的生物质资源收集、运输、储存体系，确保生物质资源的安全可靠供应”。国家发展改革委、环保部、农业部联合出台的《关于加强农作物秸秆综合利用和禁烧工作的通知》规定“充分利用现有秸秆综合利用财政、税收、价格优惠激励政策，提高秸秆能源化利用等综合利用的支持规模”。《关于编制“十三五”秸秆综合利用实施方案的指导意见》提出，“秸秆能源化利用：立足于各地秸秆资源分布，结合乡村环境整治和节能减排措施，积极推广秸秆直燃发电等技术，推进生物质能利用，改善农村能源结构”。以上政策对生物质发电原料的开发评价、补贴设计、税收优惠、收储运体系建立等都有较完整涉及。

生物质发电产业生产并网环节占据了整个产业周期最多的政策文本，约占33%。政策涵盖了生产发电流程规范、上网电价的制定、上网电价费用具体分摊、补贴资金要求、电力入网规范等。具体有《国家发展改革委办公厅关于加强和规范生物质发电项目管理有关要求的通知》对生物质发电的生产方式作出要求，“鼓励发展热电联产”形式，提倡“提高生物质资源利用效率”。严禁“农林生物质发电项目掺烧化石能源”。《电网企业全额收购可再生能源电量监管办法》也对生物质发电过程的监管提出指导，“电力监管机构依法对电网企业、可再生能源发电企业、电力调度机构进行现场检查，被检查单位应当予以配合，提供与检查事项有关的文件、资料，并如实回答有关问题”。《国家发展改革委关于完善农林生物质发电价格政策的通知》，对农林生物质发电项目的上网电价进行了详细规定，要求实行标杆上网电价政策，统一执行标杆上网电价 0.75 元/（kW·h）（含税）。同时，还要求“农林生物质发电上网电价在当地脱硫燃煤机组标杆上网电价以内的部分，由当地省级电网企业负担；高出部分，通过全国征收的可再生能源电价附加分摊解决”。《分布式发电管理暂行办法》明确指出，对符合要求的生物质发电项目或企业“给予建设资金补贴或单位发电量补贴。建设资金补贴方式仅限于电力普遍服务范围。享受建设资金补贴的，不再给予单位发电量补贴”。

然而，不难发现，上游的研发环节与下游消费环节政策所占分量较少，尤其是后者涉及极少。

技术研发对生物质发电的长足发展有着重要意义，现有研发不足直接导致了生物质发电国产设备科学技术水平不高，核心技术及专利持有率低，技术设备严重依赖国外引进且技术消化吸收水平低，容易产生原材料预处理不合要求、锅炉易结焦、原料燃烧不充分、机组运行不稳定等问题。政府在该阶段应多聚焦于相应技术开发、行业标准制定、信息研究中心组建等领域，以帮助产业及企业可以获取和学习更多行业最新技术成果，降低企业因为信息流通不及时而增加不必要的研发成本，阻碍企业乃至整个产业的发展。消费环节所获得的政策支持严重少于其他环节，缺乏对于消费者接纳生物质发电等可再生能源的宣传教育，也缺少消费方用电环节购买生物质电力的补贴政策等。

因此，对于整个生物质发电产业环节，中间环节政策涉及较多，两头较少，并未形成包括规划、投资、研发、原料资源、发电并网、消费的完整政策支持系统，产业一头一尾两端拉动有限。

3．强制性程度维度：强制性混合性政策占主导，自愿性偏少

强制性政策工具是政府通过命令或控制手段对生物质发电产业参与主体及其行为实施监督和限制等强制性干预，往往实施成本较低、操作较容易，难度门槛不高，让政府更容易达到其目的，因此是政府在新兴产业领域中最常用的手段。生物质发电产业政策中强制性政策工具使用数量也较多，达到了 39.1%，反映出政府对该类工具的严重依赖。然而，该种工具具有明显的两面性，虽可以较快解决问题，但也缺乏灵活性，可能

会造成政策失灵。如此长期依托在政府强制管制基础上的产业发展，不仅不能持续促进产业的发展，更会导致市场调节功能无法正常发挥的障碍，根据生物质发电产业成熟国家的经验，管制类工具应起辅助作用，政府应降低管制类工具运用的比例，使决策更具有科学性和民主性。

混合性政策工具的强制性程度介于强制性和自愿性工具之间。其中信息和劝诫类约占据一半席位，该类政策往往操作性较低，并未提出具体的切实可行方案以解决产业中出现的问题，而且信息劝诫类政策又不具有很强的强制性，若无配套工具配合，很难达到其政策目标。政府应增加更多操作性较强的政策内容，指出具体的作用手段、措施监督、鼓励产业中的参与主体的行为。

生物质发电产业自愿性政策工具使用极少，仅占 5.26%，且全部为私人市场类。私人市场工具是对生物质发电产业进行资源配置的有效手段之一，也是激励企业技术革新、提高产业效率的重要途径之一。自愿性政策工具大多依靠社会各方力量，因环保意识增强等原因自愿达成相应目标。该工具涉及包括私人市场、社会机构、家庭社区等多元主体，社会参与广泛、成本较低，在生物质发电领域中有较广的发展空间。目前我国在生物质发电领域虽已应用合同能源管理、鼓励社会资金进入等政策，但效果仍不很明显。究其原因，可能是政府并未完全发挥其引导作用，相关主体功能未能完全发挥。自愿性政策工具的缺失，会抑制生物质发电产业竞争机制的形成，导致企业没有创新驱动力。

4.2 基于政策工具方法的生物质发电补贴政策梳理

4.2.1 补贴政策统计分析

从 4.1.3 节 110 条生物质发电政策文本中提取相关补贴政策进行了总结，如表 4-13 所示，共 17 条政策文本，占总政策文本 15.6%。

表 4-13 生物质发电补贴政策文本

年份	政策名称	补贴政策内容	编码
2005	《中华人民共和国可再生能源法》	国家财政设立可再生能源发展基金，资金来源包括国家财政年度安排的专项资金和依法征收的可再生能源电价附加收入等	1-6-24

年份	政策名称	补贴政策内容	编码
2007	《电网企业全额收购可再生能源电量监管办法》	电网企业应当严格按照国家核定的可再生能源发电上网电价、补贴标准和购售电合同，及时、足额结算电费和补贴。可再生能源发电机组上网电价、电费结算按照国家有关规定执行	4-2-11
2010	《国家发展改革委关于完善农林生物质发电价格政策的通知》	农林生物质发电上网电价在当地脱硫燃煤机组标杆上网电价以内的部分，由当地省级电网企业负担；高出部分，通过全国征收的可再生能源电价附加分摊解决	7-3
2012	《国家发展改革委关于完善垃圾焚烧发电价格政策的通知》	完善垃圾焚烧发电费用分摊制度：垃圾焚烧发电上网电价高出当地脱硫燃煤机组标杆上网电价的部分实行两级分摊。其中，当地省级电网负担每千瓦时 0.1 元，电网企业由此增加的购电成本通过销售电价予以疏导；其余部分纳入全国征收的可再生能源电价附加解决	12-2
2013	《关于加强农作物秸秆综合利用和禁烧工作的通知》	充分利用现有秸秆综合利用财政、税收、价格优惠激励政策，提高秸秆能源化利用等综合利用的支持规模	15-3
2013	《国家发展改革委关于印发〈分布式发电管理暂行办法〉的通知》	政策保障及措施：根据有关法律法规及政策规定，对符合条件的分布式发电给予建设资金补贴或单位发电量补贴。建设资金补贴方式仅限于电力普遍服务范围。享受建设资金补贴的，不再给予单位发电量补贴	16-6
2015	《财政部关于印发〈可再生能源发展专项资金管理暂行办法〉的通知》	会同相关部门制订可再生能源发展专项资金管理制度以及相关配套文件	19-5-1
2015	《财政部关于印发〈可再生能源发展专项资金管理暂行办法〉的通知》	负责可再生能源发展专项资金预算编制和下达	19-5-2
2015	《中共中央　国务院关于加快推进生态文明建设的意见》	加大财政资金投入，统筹有关资金，对资源节约和循环利用、新能源和可再生能源开发利用、环境基础设施建设、生态修复与建设、先进适用技术研发示范等给予支持	20-6-22
2015	《中华人民共和国大气污染防治法》（第二次修订）	加大对秸秆还田、收集一体化农业机械的财政补贴力度。采用财政补贴等措施支持农村集体经济组织、农民专业合作经济组织、企业等开展秸秆收集、贮存、运输和综合利用服务	22-4-76
2015	《关于进一步加快推进农作物秸秆综合利用和禁烧工作的通知》	完善落实有利于秸秆利用的经济政策。财政投入方面：统筹各方面资金加大对秸秆综合利用项目给予支持	24-5-11
2016	《关于开展农作物秸秆综合利用试点　促进耕地质量提升工作的通知》	农作物秸秆综合利用试点采取“以奖代补”方式，中央财政根据试点省秸秆综合利用情况予以适当补助，补助资金由试点省根据试点任务自主安排，用于支持秸秆综合利用的重点领域和关键环节	28-3-2

年份	政策名称	补贴政策内容	编码
2016	《关于印发〈关于推进农业废物资源化利用试点的方案〉的通知》	实行分类支持。针对不同建设内容，分别采取相应投资方式予以支持。对于农作物秸秆综合利用的试点，充分利用沼气工程、农业面源污染综合治理等现有投资渠道予以支持。对于沼气纯化等利用内容，积极探索市场化方式，引导和鼓励社会资本投资	34-5-1
2016	《国务院关于印发“十三五”国家战略性新兴产业发展规划的通知》	推动新能源产业发展。加快发展核电、风电、太阳能、生物质等新能源，2020 年，占能源消费总量比重达 8%以上，产业产值规模超过 1.5 万亿元。加快发展生物质供气供热、生物质与燃煤耦合发电。加快研发新技术。完善生物质能等国家标准和清洁能源定价机制。建立补贴政策动态调整机制和配套管理体系	39-5-2
2017	《关于促进可再生能源供热的意见（征求意见稿）》	优化生物质支持政策：鼓励和支持生物质发电企业改造为热电联产，政府对改造企业给予一定投资支持。将供热管网建设纳入中央预算内投资支持范围。对生物质热电联产企业的发电量补贴资金优先保障及时到位。研究建立专业化生物质原料收集体系和运营机制，集中堆放生物质原料占地按公益事业用地政策	47-2-15
2017	《关于印发〈循环发展引领行动〉的通知》	理顺价格税费政策：完善鼓励垃圾和沼气发电的价格政策。完善垃圾处理收费管理办法，提高收缴率	48-8-36
2017	《关于印发〈循环发展引领行动〉的通知》	优化财政金融政策：创新财政资金支持方式；创新融资方式	48-8-37

1. 生物质发电补贴政策变迁

2005 年《中华人民共和国可再生能源法》通过可再生能源基金的设立，首次以法律形式正式提出以财政支持作为资金来源形式之一的专项资金服务于可再生能源电价附加等领域。之后几年虽有较多政策出台，但补贴政策却一直较少，2015 年开始，由于雾霾、秸秆燃烧等社会难题的推动，政府出台多项关于针对大气污染防治、秸秆综合利用的补贴支持；在“十三五”规划指导和循环经济方向引领下，2016 年和 2017 年陆续颁布针对生物质发电财政补贴的政策指导意见。因此总体来看，近几年关于生物质发电补贴政策数量明显多于以往，体现了财政政策对生物质发电的倾斜和支持。

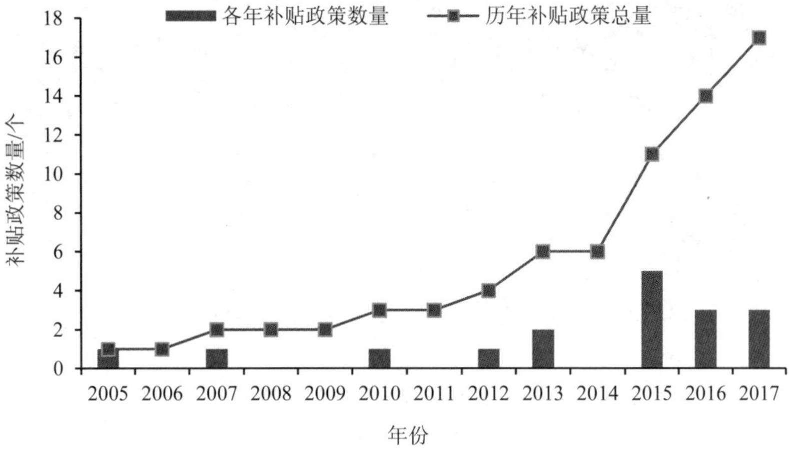

图 4-8　2005—2017 年生物质发电补贴政策数量

作为生物质发电补贴重要内容的上网电价补贴，国家对产业发展初期开始就有明确规定。2006 年国家发展改革委颁布多项规定，《可再生能源发电有关管理规定》《可再生能源发电价格和费用分摊管理试行办法》《可再生能源电价附加收入调配暂行办法》，都对生物质发电作出明确价格费用分摊机制设定，“生物质发电项目上网电价实行政府定价的，由国务院价格主管部门分地区制定标杆电价，电价标准由各省（区、市）2005 年脱硫燃煤机组标杆上网电价加补贴电价组成。补贴电价标准为 0.25 元/（kW·h）。发电项目自投产之日起，15 年内享受补贴定价，运行满 15 年后，取消补贴电价”。同时，还指出“自 2010 年起，每年新批准和核准建设的发电项目的补贴电价比上一年新批准和核准建设项目的补贴电价递减 2%”，以推动技术的不断进步。之后，在 2010 年，生物质发电定价补贴机制初步建立，国家发展改革委颁布《国家发展改革委关于完善农林生物质发电价格政策的通知》，指出“对农林生物质发电项目实行标杆上网电价政策，统一执行标杆上网电价 0.75 元/（kW·h）（含税），农林生物质发电上网电价在当地脱硫燃煤机组标杆上网电价以内的部分，由当地省级电网企业负担；高出部分，通过全国征收的可再生能源电价附加分摊解决”等。之后又出台了《可再生能源电价附加补助资金管理暂行办法》等规定，但没有对生物质发电电价补贴作出额度调整。Zhao 等（2014）研究表明，生物质发电产业初始期间上网电价补贴的浮动变化（图 4-9），体现了较大的不稳定性趋势，2006 年政策实施初始到 2007 年呈现上升趋势，截至 2009 年下半年电价补贴都是不断下降的，之后才又开始上升。生物质发电处于产业起步阶段，发电补贴受到能源政策环境与产业形势影响深刻，因此呈现出浮动变化的特征。

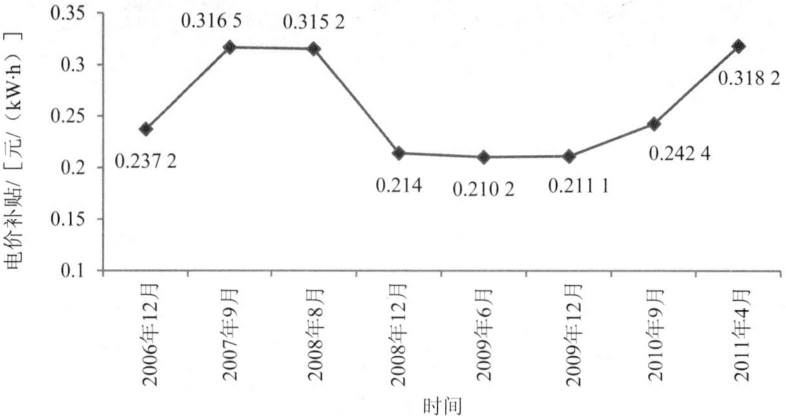

图 4-9　生物质发电单位上网电价补贴

2．各产业链环节补贴政策分布

生物质发电补贴政策文本在产业活动各个环节的分配如表 4-14 所示，可清晰看出补贴政策主要集中在产业的中间环节，研发环节和消费环节涉及极少。

表 4-14　生物质发电补贴政策在产业活动环节分布

	研发	投资	原料资源	生产并网	消费
补贴	20-6-22	1-6-24，16-6，19-5-1，19-5-2，20-6-22，48-8-37	15-3，20-6-22，22-4-76，24-5-11，28-3-2，34-5-1	4-2-11，7-3，12-2，16-6，47-2-15，48-8-36	—
占比/%	5.26	31.58	31.58	31.58	0

图 4-10 显示了 2005—2017 年，针对产业链不同环节的生物质发电补贴政策的数量变化，数据显示：① 从 2005 年开始，生产并网环节的补贴政策较为持续且分布均匀，上网电价补贴一直是产业发展的重中之重，也是政府进行补贴的最主要方式。2017 年出台意见鼓励支持生物质发电向热电联产方向改造，优先保障生物质热电联产企业发电补贴资金及时到位。② 原料资源环节的补贴政策在生物质发电产业发展早年间并未得到过多关注，随着产业示范项目的开展，技术的进步、上网电价的稳定，参与主体逐渐认识到生物质发电成本主要集中在原料环节，加之近几年秸秆等农林剩余物露天焚烧带来的环境污染，在 2013 年后，政府不断出台针对生物质发电原料收集、储存、运输以及资源综合利用的财政补贴支持政策，力图在缓解生物质发电原料收集困难的同时，改善环境大气污染并促进乡村振兴战略的实现。③ 投资环节中主要涉及的补贴政策为可再生能

源发展基金，它集中体现了政府补贴的指导方向。在 2005 年以法律形式设立可再生能源基金保障生物质发电等可再生能源资金来源之后，2015 年颁布特定文件《可再生能源发展专项资金管理暂行办法》对专项资金的预算、管理、配套文件和指令下达等都做了详细规定，对基金设置进一步完善。2017 年提出优化循环经济可再生能源财政金融政策、创新财政补贴资金产业支持模式，该模式为今后财政补贴提供新的实现方式。④ 对于研发环节，仅在 2015 年指出加大财政资金投入以支持先进适用技术的研发，在其余年份并没有特殊补贴政策。⑤ 在生物质发电终端消费环节，暂时没有涉及具体补贴政策。

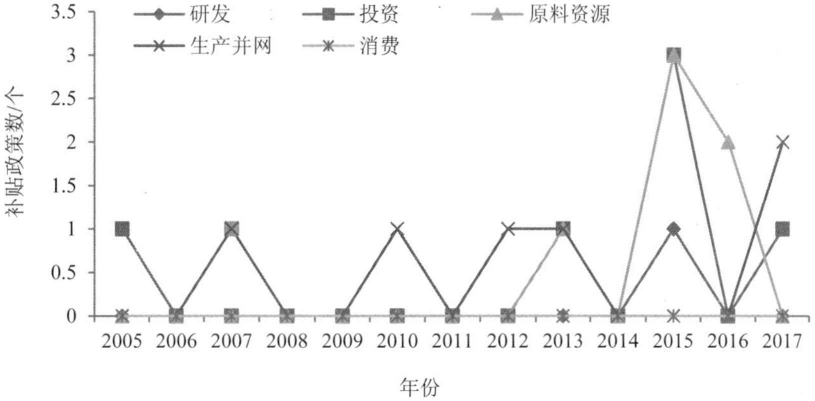

图 4-10　2005—2017 年生物质发电补贴政策在各产业环节分布

4.2.2　补贴政策存在的问题

1. 数量较少且可实施程度较低

无论在生物质发电产业的哪个环节，充足的资金保障都是产业发展与进步的必要因素，财政支出类政策工具以庇古理论为指导，对促进节能减排的正外部性行为进行财政补贴，对阻碍节能减排的负外部性行为进行收费，是支持生物质发电产业的重要经济类政策。

生物质发电补贴政策在总政策中占比较低，数量较少。从基本政策工具维度来看，虽然环境型与供给型政策工具数量可观，但仔细研究其结构主要是目标规划、法规管制类运用冗余，而其中财政补贴、金融支持以及资金投入总计尚未达到 20%；从强制性维度来看，补贴、基金设立以及专项资金扶持相加也不足 20%。

补贴类政策不仅数量不足，具体条例内容也相对空泛，多为宏观政策指导，真正给出切实可行的具体操作方案如具体涉及补贴方式方法、补贴数额的政策较少，可实施性不强。例如，《关于进一步加快推进农作物秸秆综合利用和禁烧工作的通知》涉及财税政策和金融投资等方面，如“财政投入方面：统筹各方面资金加大对秸秆综合利用项目给予支持。税收优惠方面：落实好秸秆综合利用税收优惠政策，切实促进秸秆资源化利用。金融信贷方面：鼓励银行业金融机构结合秸秆综合利用项目特点，创新金融产品和服务，按照风险可控、商业可持续原则，积极为秸秆收储和加工利用企业提供金融信贷支持”，虽有涉及但略显浅显。《可再生能源发展专项资金管理暂行办法》中要求各级政府“会同相关部门制订可再生能源发展专项资金管理制度以及相关配套文件”，“负责可再生能源发展专项资金预算编制和下达”，“监督检查资金使用情况，组织开展绩效评价”。《关于促进可再生能源供热的意见（征求意见稿）》对生物质支持政策进一步优化作出指示“政府对改造热电联产的生物质发电企业给予一定投资支持。将供热管网建设纳入中央预算内投资支持范围。对生物质热电联产企业的发电量补贴资金优先保障及时到位”。《中共中央　国务院关于加快推进生态文明建设的意见》建议完善各项经济政策，“加大财政资金投入，统筹有关资金，对资源节约和循环利用、新能源和可再生能源开发利用、环境基础设施建设、生态修复与建设、先进适用技术研发示范等给予支持。完善节能环保、新能源、生态建设的税收优惠政策。推广绿色信贷，支持符合条件的项目通过资本市场融资”。诸如以上政策，仅规定及提倡金融支持以及财政投入，但并未指出明确的支持方式，规定确切的资金额度、优惠方案以及资金使用限制，导致在现实中可操作性较低。

2. 补贴政策在产业链中分布不均

综合来看，政策文本中虽涉及资金支持、财政补贴、金融支持等资金类优惠政策，但政策在产业链中分布不够均衡，制约了企业，甚至整个产业的发展。

财政补贴类政策在电力生产并网环节政策最多，其次为原料资源环节和投资环节，其他环节并未涉及。上网电价补贴一直是产业发展的重中之重，也是政府进行补贴的最主要方式；原料资源环节补贴在早年并未涉及，近几年逐渐得到关注并陆续出台，但仍有待进一步完善；投资环节中主要涉及的补贴政策为可再生能源发展基金，它集中体现了政府补贴的指导方向。而推动产业发展的研发环节以及推动生物质发电市场化的消费环节政策都并未涉及。

具体来说，最早在 2007 年，国家电力监管委员会出台《电网企业全额收购可再生能源电量监管办法》，规定“电网企业应当严格按照国家核定的可再生能源发电上网电价、补贴标准和购售电合同，及时、足额结算电费和补贴。可再生能源发电机组上网电价、电费结算按照国家有关规定执行”。之后又有一些针对生物质发电的具体补贴政策，如《国家发展改革委关于完善垃圾焚烧发电价格政策的通知》指出“完善垃圾焚烧发电费用分摊制度：垃圾焚烧发电上网电价高出当地脱硫燃煤机组标杆上网电价的部分实行两级分摊。其中，当地省级电网负担 0.1 元/（kW·h），电网企业由此增加的购电成本通过销售电价予以疏导；其余部分纳入全国征收的可再生能源电价附加解决”。

在资金投入与金融支持政策方面，也依然集中在投资、原料资源和生产并网三个环节，但大部分仍停留在宏观指导角度，具体给出措施的政策较少。主要政策有《中华人民共和国可再生能源法》以法律形式规定“国家财政设立可再生能源发展基金”。《国家发展改革委关于完善农林生物质发电价格政策的通知》针对农林生物质上网电价指出“在当地脱硫燃煤机组标杆上网电价以内的部分，由当地省级电网企业负担；高出部分，通过全国征收的可再生能源电价附加分摊解决”。

生物质发电补贴政策在产业链各环节的合理分配直接影响产业各方主体积极性的调动，对产业有着深远影响，然而当前补贴政策并未合理渗透至产业各环节，有待进一步完善。

3. 缺乏不同发展阶段补贴政策

根据生物质产业发展所处阶段设计补贴政策是生物质发电补贴政策的一大核心内容。而目前可再生能源领域结合产业发展所处阶段设计补贴机制政策文件极少，针对生物质发电产业的研究更几乎是空白。纵观已有政策，只有 2016 年的《“十三五”国家战略性新兴产业发展规划》指出应“完善生物质能等国家标准和清洁能源定价机制。建立补贴政策动态调整机制和配套管理体系”。其他政策并未涉及。

然而，政府在生物质发电产业各动态阶段的补贴应发挥不同作用。产业发展前期，补贴作为一种政策指向引导社会资金、推动项目起步；随着产业发展，适量的补贴弥补项目运营之中的亏损，支持企业逐步踏入市场正轨；当产业逐步成熟，少量补贴利于对企业的奖励激励。通常来讲，在不同阶段所适用的补贴方式也不尽相同，应合理选择应用，上网电价补贴、研发补贴、原料补贴等专项补贴较适用于生物质发电产业发展前期阶段的保护性发展；竞价上网、电力配额制以及绿色证书等机制则更适用于已形成一定市场基础、有较为成熟经验的生物质发电成熟期阶段。

只有动态分阶段补贴政策的良好设计，才能推动生物质发电产业的可持续发展。如果补贴过早淡出产业，极大程度上会导致生物质发电产业无法维持，进入衰退期；如果补贴维持过久，则可能导致产业不健康发展。因此，补贴政策中对生物质发电补贴动态分阶段指导有着重要意义。

4.3 本章小结

本章运用政策文本工具对当前生物质发电现行政策总体分析，并对已有补贴政策进行评价，以期对生物质发电政策体系尤其是补贴政策制定提供参考。

在对政策工具理论简要介绍的基础上，结合产业特点构建基本政策工具维度、产业活动维度、强制性程度维度为一体的三维生物质发电政策分析框架，对 2005—2017 年发布的 52 份生物质发电政策文本进行内容分析和定量分析。总体来看，各类政策的全面运用，有利于构建生物质发电综合政策体系，缓解政策碎片化和政府部门不协调化的问题。然而，细观其结构，生物质发电政策尚存在许多不足。

针对生物质发电补贴政策进行专项分析，总结已有补贴政策整体及分类变迁发展，发现 2015 年及以后补贴政策数量有了明显提升。对产业链各环节中补贴政策分布进行频数分析，得出补贴政策主要集中在产业中间环节，研发环节和消费环节涉及极少；上网电价补贴自 2006 年开始以来一直较为持续。而原料资源环节补贴早年并未得到重视，直到 2013 年以后才不断出台。最后分析总结现有补贴政策中的数量少、可实施程度低、各环节分布不均、缺乏动态机制等问题。

第5章

生物质发电补贴政策优化基础：经济成本构成与价值分析

5.1 生物质发电价值流概况

5.1.1 生物质发电原理

根据生物质发电生产流程技术不同，通常将生物质发电分为如下三种主要形式，即直燃发电、混燃发电以及气化发电。

1. 直燃发电

直燃发电是目前大多生物质发电厂所采用的形式，通过生物质原料在特定锅炉中进行直接燃烧，可以产生大量蒸汽对汽轮发电机产生驱动力，从而将蒸汽的能量转换为电能，如图 5-1 所示。

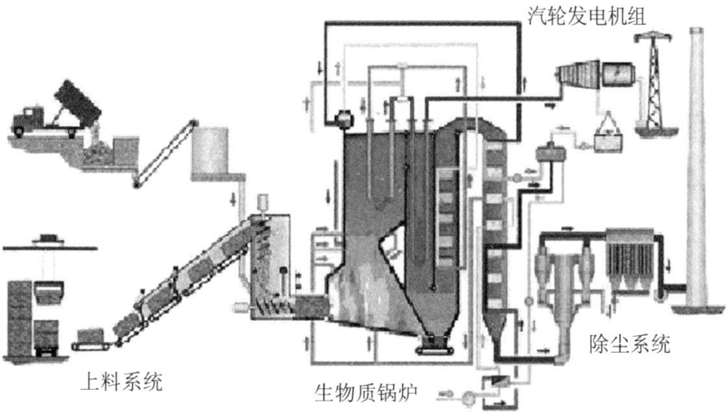

图 5-1　生物质直燃发电

在生物质直燃发电领域中，发达国家现多使用炉排炉。原料通常放置在固定或者移动变化的排炉上进行燃烧，下面的空气向上通过炉排对上面的原料进行加温燃烧，并且通过控制和改变炉内生物质原料的移动，调节其中的空气量，以控制原料燃烧进程，燃烧所产生的灰渣最终会落下炉排或者进入灰坑，该种锅炉可以使燃烧达到91%以上的热效率。

我国研制出一些相对规模较小的设备，其容量大多为数千千瓦。目前，我国自行研发的小容量锅炉市场占有量与需求量都很小，而现有生物质直燃发电项目装机容量都较大，通常为 10～50 MW，其技术和设备主要从发达国家引进。

6 MW 与 25 MW 生物质直燃发电技术指标比较如表 5-1 所示。

表 5-1　6 MW 与 25 MW 生物质直燃发电技术指标

指标	6 MW	25 MW
蒸汽气压/MPa	3.43	8.83
蒸汽温度/℃	435	535
长期运行负荷/%	95	95
年运行时间/h	7 500	7 500
锅炉燃烧效率/%	85	90
蒸汽轮机效率/%	22.9	28.5
系统发电效率/%	19.5	25.6
厂自用电率/%	10	10
燃烧用量（干）/［kg/（kW·h）］	1.48	1.04

注：25 MW 发电设备为进口设备。

目前我国生物质发电原料种类较多，收集运输也面临许多困境。同时，由于农林废物原料随着季节更替供应数量受到影响，因此生物质发电锅炉不同于传统燃煤发电单一原料的锅炉，要充分适应原料多元化的燃烧要求。生物质直燃发电主要采用的固定床以及流化床等燃烧模式，前者对生物质原材料是否进行充分的预处理没有太多要求，原料可仅通过简单预处理甚至不需要预处理即可进入锅炉内直接燃烧。后者则对原料预处理有较高要求，需将其进行切块粉碎到可以流化的大小，这种方法可以大大提高燃烧效率和燃烧强度。

2．混燃发电

混燃发电指传统火力电厂将生物质原料与煤炭等传统化石燃料一起混合燃烧，以降低二氧化碳、硫氧化物等温室气体及污染物的排放。然而此种燃烧方式对原料和设备系统都有着特殊要求，仅有一部分传统火力电厂可以应用。

生物质混合燃烧发电工艺主要分为以下两类：其一是生物质原料以固体形式与煤混合之后直接进入燃烧环节，进行蒸汽发电，此种方法对原料预处理以及设备都有着较高要求，而且直接混合燃烧会导致原发电效率降低，并不普遍适用；其二是先将生物质原料气化产生可燃气体，该气体温度可达 800℃，且不需要净化与冷却，之后与煤在一起燃烧，最后将燃烧所产生的蒸汽注入汽轮机发电机组，此种生物质混燃发电可以提高单纯生物质原料发电的效率，而且在生物质原料占比低于 20%时无需对原有火电厂设备进行更新改动，通用性较好。表 5-2 为 20 MW 和 40 MW 级生物质技术指标。

表 5-2　20 MW 与 40 MW 生物质气化混燃发电技术指标

指标	20 MW	40 MW
电站原发电效率/%	25	25
气化炉运行时间/（h/a）	6 000	6 000
气化效率/%	90	90
秸秆用量/（t/h）	5	10
总发电量/（万 kW·h/a）	2 700	5 400

资料来源：张彩虹，张兰，宋维明. 低碳经济与林木生物质能源发展[M]. 北京：中国林业出版社，2015.

3. 生物质气化发电

生物质气化发电相较于直燃发电更为清洁。气化炉相比于传统直燃锅炉对原料种类较多的生物质发电有着更强的适应性，其内燃机通常由原柴油机或者天然气机改造而成，以满足生物质原料热值较低的特点。

生物质气化发电流程通常分为三步，如图 5-2 所示。首先，将生物质原料气化，即将生物质从固态形式转化为气态形式；其次，由于气化后的气体通常含有灰渣、焦炭以及焦油等异物，需要将其经由过滤净化流程以消除杂质，从而不影响发电系统的正常有效运行；最后，燃气进入燃气轮机或者内燃机进行发电。

生物质气化发电的具体工艺程序以及系统内部构成根据气化方法、发电流程的不同和发电规模的大小不一而存在很大的差异。根据生物质发电气化方法的不同，可分为固定床和流化床；根据发电设备的差异，可分为内燃机发电、燃气轮机发电和燃气—蒸汽联合循环发电；根据发电规模的大小，可分为小型发电、中型发电和大型发电。

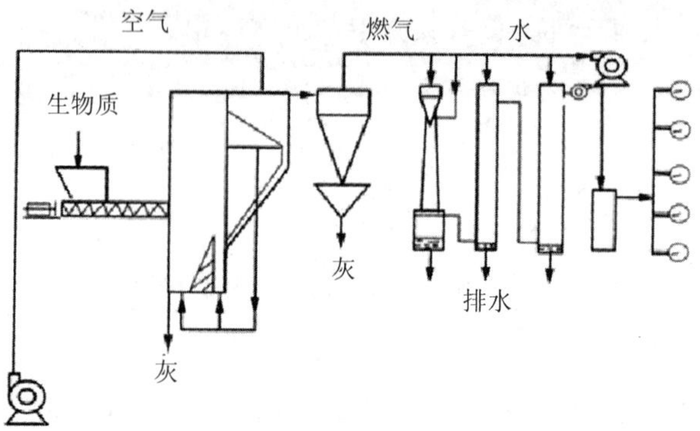

图 5-2　生物质气化发电工艺流程

固定床气化是指生物质原料干燥、热解、氧化等气化全过程全部在相对静止的床层之中发生，根据气流方向的差异，又可分为上吸式以及下吸式两种。如图 5-3 所示，上吸式气化又称为逆流式气化，其生物质原料与空气的流动方向相反，原料从气化器上方添加并受重力作用向下发生位移，空气由下方添加并不断向上，最后产生的燃气从上方流出。如图 5-4 所示，下吸式气化又被称为顺流式气化，其原料与空气流动方向一致，与上吸式气化相同的是原料仍从气化器上方添加，不同的是空气由氧化区炉壁侧面向其中喷入，并与原料发生燃烧反应。两者相比较，下吸式气化运行较为稳定，且反应顺序决定了 H_2 以及 CO 会被高温裂解而降低气化所产生的焦油含量，因此下吸式气化目前应用相对较为广泛。

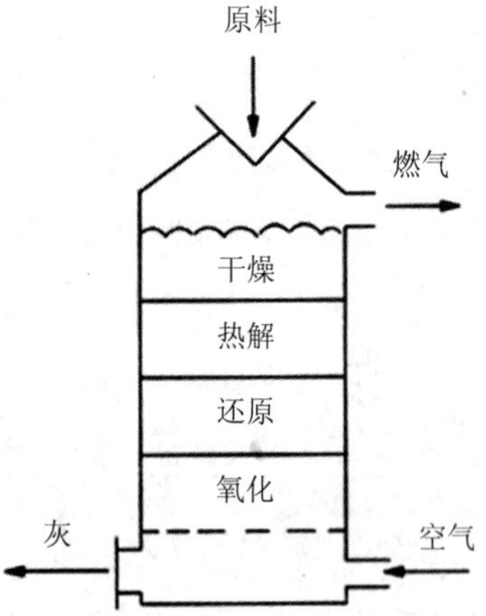

图 5-3　上吸式气化器原理

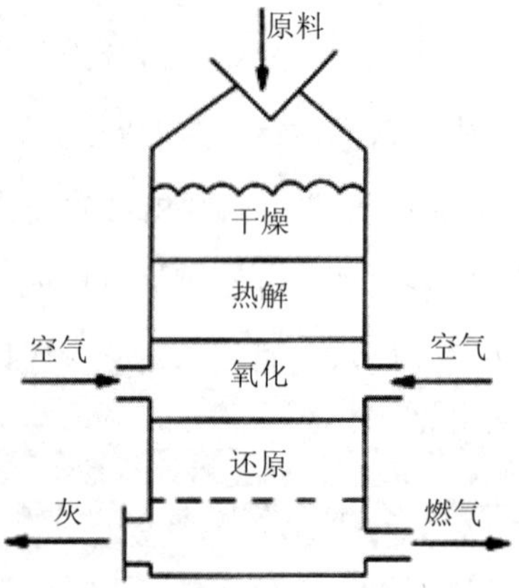

图 5-4　下吸式气化器原理

小型生物质气化规模通常低于 3 MW 级，属于较为简易的气化—内燃机工艺流程，发电效率低于 20%；中型生物质气化在小型气化工艺流程的基础上，同时采用余热回收以及发电设备，将发电效率提高到 25%～35%；大型生物质气化发电运用气化—燃气轮机联合循环发电设备系统，发电效率高到 40%以上，能源消耗率也低于常规系统，但目前技术水平仍有待完善，处于示范项目阶段尚未得到广泛应用。表 5-3 为我国已完成兆瓦级生物质气化发电技术的实际情况。

表 5-3　生物质气化发电技术指标

指标	1～3 MW	6 MW
气化效率/%	90	90
电站发电效率/%	17～20	28
年运行时间/h	6 000	6 500
生物质用量（干）/［kg/（kW·h）］	1.3～1.8	1.1
厂自用电率/%	10	10

资料来源：张兰. 中国林木生物质发电原料供应与产业化研究[D]. 北京：北京林业大学，2010.

4. 发电技术比较

生物质直燃发电与生物质气化发电是现阶段我国生物质发电最主要的两种形式，其主要对比如表 5-4 所示。生物质气化发电相对于直燃发电更加清洁，规模也更加灵活，可根据既定需求选择应用合适规模的设备，这一特性决定了对于小规模的生物质发电应用气化发电可以表现出更好的经济性。

表 5-4　生物质直燃、气化发电技术对比分析

发电方式	技术规模	转化系统	规模	净效率	优点	缺点
直燃	锅炉直接燃烧后产生蒸汽发电	CHP	100 kW～1 MW	60%～90%	技术成熟、适用于大规模发电、原料预处理简单、设备较可靠、运行成本较低	较不适用于小规模发电、效率低、原料较单一、投资较大
			1～10 MW	80%～100%		
		直立式系统	20～100 MW	20%～40%		
		共燃烧系统	5～20 MW	30%～40%		
气化	气化后燃气轮机或内燃机发电	CHP	—	—	污染排放较低、小规模效率较高、规模灵活、投资较少	设备较复杂、大规模的发电系统仍未成熟、设备维护成本较高
		柴油机	100 kW～1 MW	15%～25%		
		汽轮机	1～10 MW	25%～30%		
		直立式 BIG/CC	30～100 MW	40%～55%		

生物质和传统燃料混合燃烧发电技术与其他技术相比因其对原有设备改造较小，因此投资较少，原有发电厂设备的发电效率决定了现有效率。另外，气化混燃发电又比直接混燃发电需要更少的设备改造过程，对环境的影响较小，因此更具有通用性。

对于 10 MW 级以上生物质发电，其气化发电燃气轮机技术还不成熟，因此直燃发电应用较为广泛。而对于 10 MW 级以下生物质发电项目来讲，直燃发电和气化—余热发电设备投资规模相近，但前者发电效率不及后者，因此气化—余热发电形式在 10 MW 级以下项目更具优势，尤其适用于 5～6 MW 级项目。

5.1.2 生物质发电价值流

完整的生物质发电产业链包括上游原料获取环节、原料收集以及其中涉及的运输环节，还包括生物质发电即生物能向电能转化过程以及下游电网使用环节，图 5-5 描述了生物质发电完整产业链中各详尽环节。

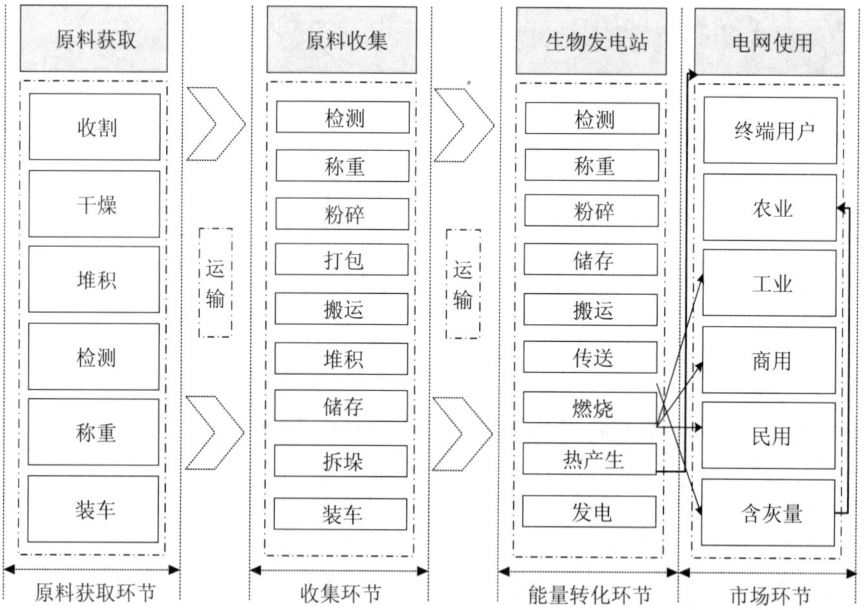

图 5-5 生物质发电产业链

考虑到现实数据获取情况，本章从价值流角度在具体探讨生物质发电企业生产流程中主要考虑原材料收购、预处理（筛分、干燥）、原材料运输、发电、除尘、废物处理等过程。具体划分为原料获取环节、运输环节以及生产使用环节进行计算；在各个环节均会有人力、财力、物力的投入以构成经济成本，经济价值主要体现在发电环节；生物质发电经济成本价值如图 5-6 所示。

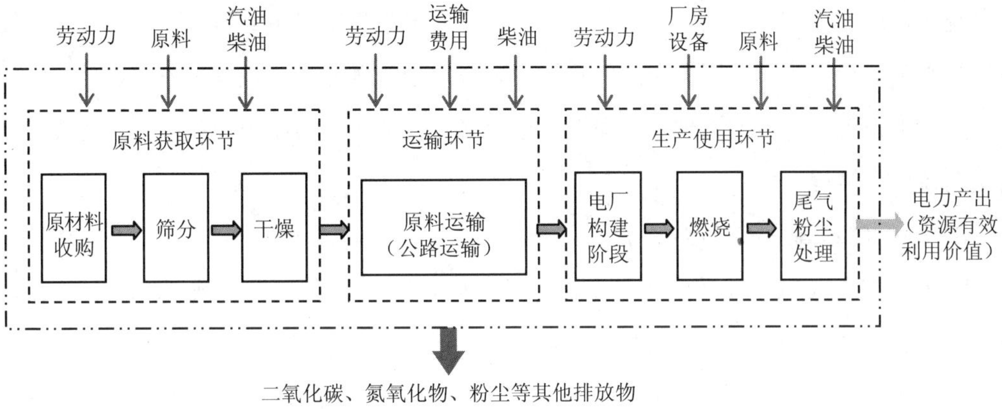

图 5-6　生物质发电企业价值流程

5.2　基于价值流的生物质发电经济成本构成

5.2.1　生物质发电成本特点

1. 固定投资大

我国现有生物质发电项目的单位固定投资约为 12 000 元/kW，远远高于传统火力发电项目的 4 000 元/kW，前者约为后者的 3 倍，2007 年我国部分生物质发电项目的投资情况如表 5-5 所示（张彩虹 等，2015）。

表 5-5　2007 年我国部分生物质发电项目投资情况

项目名称	机组/MW	装机/MW	总投资/亿元	单位投资/（元/kW）
国能山东垦利生物质能发电项目	1×25	25	2.7	10 800
国能河北威县生物质能发电项目	1×24	24	2.6	10 833
国能河北成安生物质能发电新项目	1×24	24	5	20 833
国能山东高弹生物质能发电项目	1×30	30	2.7	9 000
国能山东单县生物质能发电项目	1×25	25	3	12 000
国能江苏射阳生物质能发电项目	2×25	50	6	12 000
中节能江苏宿迁生物质能发电项目	2×12	24	2.48	10 416

资料来源：张彩虹，张兰，宋维明. 低碳经济与林木生物质能源发展[M]. 北京：中国林业出版社，2015.

2. 维护成本高

生物质发电较之于风电、核电等其他可再生能源发电，前期投资总额较低，但之后的系统维护成本却相对较高。究其原因，主要是由于生物质发电原料多元化，且各种原料的含水率等特性不尽相同，在同一锅炉中燃烧后会出现结焦、积累残渣等现象。即使有相关除尘设备等作定期清理，时间长了也会影响机器运行甚至出现故障，因此设备需要定期检修与维修。

3. 原料成本高且不稳定

由于生物质发电产业链中各环节的不稳定性，原材料在收集、预处理、仓储、运输中都面临许多困境，导致收购价格偏高。目前包括内蒙古自治区、湖南省、广东省等在内的全国大部分地区的秸秆、玉米芯、林业加工剩余物等农林生物质原料价格均在 300 元/t 以上，原料成本已经是影响生物质发电成本的最主要部分，大约为全部成本的 3/4。随着农林剩余物其他用途的发展和相关企业的不良竞争，原料收集难度加大，在同一区域可供原料的减少又增加了价格上涨的隐患。同时，农林生物质原料尤其是秸秆、玉米芯等具有明显的季节性，其供给量和质量会随季节变化而变化，导致原料供应的不稳定。

5.2.2 原料获取环节成本构成

1. 原料购买成本

农林生物质原料资源的购买成本通常由资源使用的机会成本以及资源提供方（农户或林户）的劳动力机会成本两方面影响决定。因为农林生物质原料除发电以外还有其他可用之处与之竞争，如秸秆还田、化工产品加工、饲料加工等。随着社会与技术的发展，当一些化工产品加工或其他用途可以赋予农林生物质原料以更高价值时，原料的机会成本就会相应增加，发电企业也不得不以更高价格购买原料。另外，随着城市化进程的加快和第二产业、第三产业提供更多就业机会，大量农村劳动力发生转移，当地可使用劳动力机会成本也相应提高。在两个因素的共同作用下，近年来农林生物质资源的购买成本一直在逐年提高，表 5-6 中为内蒙古地区生物质发电企业原料收购均价，其他各地区原料均价也约为 300 元/t。

表 5-6　各类原料在标准含水率下公司的收购价格

	秸秆打包料	秸秆粉碎料	玉米芯	木质燃料	伐根整料	林业三剩物
含水率/%	25	25	25	40	40	40
收购价格/（元/t）	300	300	300	300	160	250

农林生物质资源原料收购量 Q 用公式表示为：

$$Q=\pi\times R^2\times\rho_i \tag{5-1}$$

式中：R —— 收集半径；

ρ_i —— 该资源地区的资源密度。

对于各种农林生物质原料资源，其购买成本可表示为：

$$C_{\text{buy}}=\sum_{i=1}^{n}C_{\text{buy},i}=\sum_{i=1}^{n}Q\times P_i \tag{5-2}$$

式中：i —— 农林生物质资源种类；

P_i —— 第 i 种资源的购买价格。

2．原料预处理成本

生物质发电原料的预处理是按照发电项目中设备系统的要求，对原料的含水量、形状、大小等进行加工预处理，使之更好地适应锅炉特性。由于生物质直燃发电和气化发电等方式的流程、设备不同，所以对农林生物质原料的预处理也应相应采取如打捆打包、削片粉碎、压缩成型等方式。

（1）打捆打包

通常在农林生物质收集地，需要先对原料进行打捆打包整理以方便收集和运输。当前国内打捆打包设备较多针对秸秆收集，技术自发达国家引入后根据国情适当改进，但这些设备存在着效率低（约 1 t/h）、捆包不够密实（约 90 kg/m^3）的缺陷，而且加工所用的麻绳常出现断头现象导致打捆不结实。对于专门针对林木生物质打捆打包的设备目前国内尚未出现，在发达国家相关文献与介绍也较少，因此生产实践中往往需要充分发挥当地劳动力自身的经验，适当借鉴农业打捆技术，有的地方也会借鉴传统林业作业时原木捆绑所用链子将林木原料在收集处进行打捆打包。

（2）削片粉碎

为方便生物质原料的运输和使用，通常要先将其进行削片或者粉碎。该流程中所使用的设备已发展得较为完善。对于合适削片机的选择，要结合生成规模以及设备运行等综合考虑。以农户个人或小家庭为主体的小规模削片粉碎加工，宜采用效率约为 2 t/h 的小型设备，价格更为合适，有利于应用和推广；相反，以电厂或企业为主体的大规模加工，通常选用生产效率为 10 t/h 及以上的大中型设备。

（3）压缩成型

对生物质能源初级原料的进一步压缩成型，有利于提高燃烧效率并且延长燃烧时效。根据压缩成型的不同形状，可以将其分为颗粒状、棒状以及块状等形态各异的成型燃料。但此流程通常能源消耗量巨大、工艺复杂，大大提高了发电成本。所以，此项流程虽多用于生物质成型燃料，却很少用于生物质发电产业。

综上所述，原料预处理的成本 C_p 主要由加工过程中所使用设备的折旧费 F_{year}、设备使用成本 C_o 以及人工成本 C_l 构成。

假设预处理所用设备购买成本为 F，则每年的折旧额用公式表示为：

$$F_{\text{year}} = F \times (1 - \text{RV}) / n \tag{5-3}$$

式中：RV —— 预处理环节固定资产的净残值率；

n —— 折旧年限。

设备使用成本主要由燃料成本构成，用公式表示为：

$$C_o = \sum_{i=1}^{n} \pi \times (R^2 - r^2) \times \rho_i \times O \times P_o \tag{5-4}$$

式中：O —— 对原材料预处理所需要的单位燃料使用量；

P_o —— 燃料的单位价格；

r —— 经济人原料收集半径。

因此，预处理环节总成本表示为：

$$C_p = F_{\text{year}} + C_o + C_l = F \times \frac{1 - \text{RV}}{n} + \sum_{i=1}^{n} \pi \times (R^2 - r^2) \times \rho_i \times O \times P_o + C_l \tag{5-5}$$

3．原料供应模式

科学适当的生物质原材料供应模式可以在一定程度上缓解产业链上游原料供应的价格与数量缺乏稳定性的问题，具体来讲，当前国内主要采用以下三种供应模式。

（1）能源林模式

该模式指生物质发电厂或者专业燃料企业拥有或经营能源林基地，基地中林木及其果实等附属产品为生物质发电产业服务，形成种植、收集、预处理、运输等各流程统一管理经营。能源林基地的开展不仅可以使我国已有多林地区和适宜种植林木地区资源都得到有效利用，还可以实现林木生物质原料的统一管理，一次造林投入即可多年内持续利用，降低由于农业秸秆、林木枝丫收集的季节和价格上下浮动的风险，保证生物质林木原料得到稳定供应。生物质能源林选址应参考相应发电企业的地理位置从而综合设计，以求降低运输成本。能源林基地大多采用较为先进的规模化设备机械进行联合收割以及原料加工，可以大大降低劳动力数量的投入，提高工作效率，从而降低平均成本。

（2）直接收购模式

该模式指生产企业并不参与到生物质原料的获取、收集以及运输流程中，原料是靠电厂所在地区的林户和农户以个人形式或几家人共同合作的形式，自发到田间或林区收集生物质原料，并且运用小型机械设备进行初级加工，再用自有农用车等交通工具运输到所需原料的发电企业。企业与农（林）户双方交易价格以市场价格作为基准，并不签署合同或约定协议，没有固定的权利和义务。

在生物质能源发电产业的前期阶段，发电企业往往以示范项目的形式存在，生产通常不达满负荷，规模较小。因此，相对于投入成本较多且周期较长的能源林基地和收购点建设，此种采用直接收购原材料的方式不仅可以降低成本，施行也较为简单，是产业初期阶段较为经济可行的原料收集模式。

然而此种模式的缺点也较为明显，即具有高风险与不稳定特点。原料收购方与原料提供方两者之间并未签订协议，其交易由市场行为决定，所以交易数量常常会随着季节以及天气情况发生变化。另外，农户自行运输平均运费相对较高，如内蒙古地区使用家庭自有农用车运输生物质原料，运输半径小于 10 km 的情况下成本约为 1 元/（t·km），大于 10 km 的运输半径成本则会大于 2 元/（t·km）（调研数据）。

（3）收购点供应模式

在该模式之下，由生物质发电企业、第三方原料公司或者地方相关政府部门，根据地区农林生物质资源分布状况，选择合适地点建立农林生物质资源收购站，该收购站在合理半径之内辐射一定收集范围，在收集的基础上还对原料进行初步加工预处理和适时的存储。

此种模式不仅可以丰富生物质原料的收集渠道，扩大收集主体和收集范围，还可以更好地平衡原料供应与电厂需求之间的需求量和时间差，降低了原料供应的不稳定风险。然而，收集点的建立和运营也不可避免地增加了原料成本。因此，如何设计收集点的选址分布以及设置多少收集点，从而达到最优规划是收购点模式的关键所在。

实地调查中许多电厂采用经纪人（第三方）制度，由经纪人配送原料，个别原料由农户进行配送，结算金额=湿重×（1−含水率）×单价。

通过总结以上各模式的特点及适用性可知，后两者较适合农林原料资源分布不集中的地区；而能源林模式拥有较为成熟的原料收集和预处理系统，是产业成熟阶段应推广的模式。三种原料供应模式皆有其优点及劣势，现对比如表 5-7 所示。

表 5-7 原料供应模式比较

模式	优点	缺点	稳定程度	适用发展阶段
能源林模式	规模经济，成本较低	投资额大，回收期较长	稳定	产业成熟期
直接收购模式	投资少，采集成本低，管理工作少	远程运输成本高，燃料质量缺少保障	不稳定	示范阶段
收购点供应模式	供应量大，利用率高，远程运输成本较低	建设运营成本增加，储存风险大	较稳定	产业初期

5.2.3 运输存储环节成本构成

1. 运输成本

由于农林生物质原料资源蓬松发散、密度较低，体积较大，因此通常其运输装载量较小，运输效率低，无形之中增加了运输次数，导致成本升高。对于绝大多数农林生物质原料，通常会在收集处进行打捆打包、削片粉碎等预处理，减小原料体积提高运输效率，从而降低运输成本。

依据原料地地形状况、经济发展程度、运输半径等因素来决定选择何种运输工具。以内蒙古地区原料运输为例，生物质原料的运输，根据电厂 50 km 范围资源量和现有运力情况可采取三种方式：

① 15 km 范围内可以采取由农民自行把原料送至电厂收购站；

② 15～30 km 范围内，生物质原料经过收集、压缩等预处理后，由地区相关农民组织使用农用车、货车等运送到电厂；

③ 15～30 km 范围内，或 50 km 范围内，也可由经纪人（第三方）统一配送原料。经纪人从农户收购秸秆价格为 40 元/m^3（4 m^3 为 1 t），再以 t 为单位卖给企业。

生物质原料从集结点或农户收集处运往发电厂，每车约装载 10 t，运输成本如表 5-8 所示。

表 5-8　生物质原料运输成本　　单位：元/t

运输距离	60 km 之内	60～80 km	80 km 以上
单位平均运输成本	50	60～70	70

关于生物质原料运输成本的具体计算，其成本构成主要由运输半径、运输时间以及运输数量决定，运输半径的大小主要决定了交通工具所消耗燃料，运输时间则主要涵盖运输往返时间以及装卸时间。假设农林生物质原料运输期间以恒定速率开展工作。由于农林生物质资源所在地区大多道路状况不是很好，考虑到其现有道路的曲折性，因此运输距离引入曲折因子β且取值$\sqrt{2}$（檀勤良，2014）来对直线进行修正。对于直接收购模式及收购点/经纪人模式，运输成本构成存在差异，现分开讨论。

（1）直接收购模式

直接收购模式下，由农户或林户个体直接将收集好的原料运送至电厂，其运输过程中的费用 $C_{\text{trans1,1}}$ 用公式可表示为：

$$C_{\text{trans1,1}} = \sum_{i=1}^{n} \int\int \rho_i \times r \times \beta \times C_t \times r \mathrm{d}r \mathrm{d}\theta \tag{5-6}$$

式中：C_t —— 单个农户或林户的运输费用，由交通工具燃油消耗量以及基本人工费共同构成。

积分后得：

$$\sum_{i-1}^{n} \int_0^{2\pi} \int_0^{r} \sqrt{2} \times \rho_i \times r^2 \times C_t \mathrm{d}r \mathrm{d}\theta = \sum_{i-1}^{n} \frac{2\sqrt{2}}{3} \times \pi \times \rho_i \times r^3 C_t \tag{5-7}$$

运输过程中还需要考虑原料装卸成本，公式如下：

$$C_{\text{trans1,2}} = \sum_{i=1}^{n} 2C_{l1} \times \pi \times r^2 \times \rho_i \tag{5-8}$$

式中：C_{l1} —— 单个农户或林户的装卸成本，主要由劳动力费用决定。

因此，直接收购模式下农户或林户个体的总运输成本表示为：

$$C_{\text{trans1}} = C_{\text{trans1,1}} + C_{\text{trans1,2}} = \sum_{i=1}^{n} \left(\frac{2\sqrt{2}}{3} \times \pi \times \rho_i \times r^3 \times C_t + 2 \times C_l \times \pi \times r^2 \times \rho_i \right) \tag{5-9}$$

（2）收购点供应模式

在收购点供应模式之下，由经纪人或第三方原料公司代为收集原料，总运输成本用 $C_{\text{trans2,1}}$ 表示，假设存在有 q 个经纪人，则每个经纪人的运输成本为 $C_{\text{trans2,1}}^{e}$（e=1，2，…，q）。

运输环节成本包括原材料收集运输成本 $C_{\text{trans2,11}}$ 以及收购点向电厂供应的运输成本 $C_{\text{trans2,12}}$。

与直接收购模式原理相同，$C_{\text{trans2,11}}$ 可以用公式表达为：

$$C_{\text{trans2,11}}=\sum_{i=1}^{n}\int_0^{2\pi}\int_0^{e}\sqrt{2}\times\rho_i\times r_e^2\times C_j\mathrm{d}r\mathrm{d}\theta=\sum_{i=1}^{n}\frac{2\sqrt{2}}{3}\times\pi\times\rho_i\times r_e^3\times C_j \tag{5-10}$$

式中：r_e —— 单个经纪人的收集半径；

C_j —— 单个经纪人的运输成本。

$C_{\text{trans2,12}}$ 用原材料数量以及收购站到电厂距离的乘积计算：

$$C_{\text{trans2,12}}=\sum_{i=1}^{n}\pi\times\rho_i\times r_e^3\times\beta\times D_e \tag{5-11}$$

式中：D_e —— 从收购点到电厂的运输距离。

因此，对于单个经纪人或第三方原料公司两端运费综合用公式表示为：

$$C_{\text{trans2,1}}^{e}=C_{\text{trans2,11}}+C_{\text{trans2,12}}=\sum_{i=1}^{n}\left(\frac{2\sqrt{2}}{3}\times\pi\times\rho_i\times r_e^3\times C_j+\pi\times\rho_i\times r_e^3\times\beta\times D_e\right) \tag{5-12}$$

之前已假设共存在有 q 个经纪人或第三方原料公司，因此将其所有运输费用加总可用公式表示为：

$$C_{\text{trans2,1}}=\sum_{e=1}^{q}C_{\text{trans2,1}}^{e}=\sum_{e=1}^{q}\left[\sum_{i=1}^{n}\left(\frac{2\sqrt{2}}{3}\times\pi\times\rho_i\times r_e^3\times C_j+\pi\times\rho_i\times r_e^3\times\beta\times D_e\right)\right] \tag{5-13}$$

装卸费用包括自原材料收集处到收购点，再到电厂两次装卸所用的花费，用公式表示为：

$$C_{\text{trans2,2}}=\sum_{i=1}^{n}4\times C_{l2}\times\pi\times(R^2-r^2)\times\rho_i \tag{5-14}$$

式中：C_{l2} —— 单个经纪人或第三方原料公司的装卸费用，由于专业人员的参与，因此与直接收购模式下的 C_{l1} 不完全相同。

收购点模式下的总运输成本用公式表示为：

$$C_{\text{trans2}}=C_{\text{trans2,1}}+C_{\text{trans2,2}}=$$
$$\sum_{e=1}^{q}\left[\sum_{i=1}^{n}\left(\frac{2\sqrt{2}}{3}\times\pi\times\rho_i\times r_e^3\times C_j+\pi\times\rho_i\times r_e^3\times\beta\times D_e\right)+4\times C_{l2}\times\pi\times(R^2-r^2)\times\rho_i\right] \tag{5-15}$$

2. 存储成本

农林生物质原料储存的主要目的是保证电厂发电需求与原料供应之间的供需平衡，

足够的存储量可以保障原料的稳定性，降低急需发电却缺少原料的风险。同时，合理的存储还可以改善原料的含水率，原料在标准含水率下燃烧不仅可提高燃烧效率还会降低对锅炉的影响。

农林生物质原料的储存按照存储位置主要分为室外存储和室内存储。前者指将原料堆放置于露天场所，大大降低了场地和管理成本，但容易受降水天气影响；后者是将原料放置在室内空间，避免了外部天气的影响，通过调节场所内的温度以及湿度等指标使原料处于较安全且含水率等指标达标的状态，但场地投入和管理费用导致储存成本相对较高，对室内防火要求也较为严格。

原料存储数量受限于存储面积、防火管理等现实条件，需控制在一定数量之内。通常需综合考虑电厂旺季、淡季各月原料消耗量、使用量的特征，计算最优存储量。

建立原材料供应体系与燃烧消耗体系相互之间的资源信息实时传达机制，构建原材料收集入库、贮存、流转的综合管理系统也都是成本构成的一部分。

仓储成本主要包括存储原料的厂房/空地的购买或租赁费用、人工费、防火监控等管理费，用公式表示为：

$$C_{\text{store}} = \sum_{i=1}^{n} S_i \times \pi \times (R^2 - r^2) \times \rho_i \tag{5-16}$$

式中：S_i —— 每吨原材料的存储成本。

5.2.4　生产环节成本构成

电厂的建设是一项较为大型和复杂的工程，构建时需要大量的资金投入用以建设或购买厂房、置备生产设备，若企业资金源自贷款则涉及财务费用，这些固定成本根据一定的折旧年限折现，以计算其每一年的摊销成本。在运行发电环节，经济成本较为复杂，不仅包括了设备的维护成本，还包括了生产中所消耗的水费、电费、人工成本等。

$$C_{\text{Operation}} = Q_t \times \text{IC} \times e_t \times C_u \tag{5-17}$$

式中：Q_t —— 生物质电厂年运行时间；

IC —— 该电厂的装机容量；

e_t —— 该电厂的发电效率；

C_u —— 运行维护环节电厂单位发电成本。

$$C_u = \mathrm{RC}_u + \mathrm{MC}_u + \mathrm{FC}_u + \mathrm{LC}_u + \mathrm{OC}_u \qquad (5\text{-}18)$$

式中：RC_u —— 单位维护成本；

MC_u —— 单位管理成本；

FC_u —— 单位财务利息成本；

LC_u —— 单位人工成本；

OC_u —— 单位水电等运行成本。

以 15 MW 生物质发电项目为例，典型工程基本构成具体如表 5-9 所示。

表 5-9　15 MW 生物质发电项目工程基本构成

工程类型		设备型号及要求		
主体工程	设备	锅炉	汽轮机	发电机
	型号	中温、中压焚烧锅炉	C12－3.43/0.49－1、中压、一级调整抽汽、凝汽式	QFW－15－II 水冷
配套工程	化学水处理系统	包括锅炉补给水处理系统、循环水处理系统等		
	供、排水系统	拟建工程平均补给水量 75 m^3/h，电厂的生活用水采用城市自来水；锅炉补充水和循环冷却水补充水采用奈曼旗大沁他拉镇污水处理厂的中水，采用城市自来水作为备用。无废水排放		
	除灰渣系统	采用干式除灰渣系统，并考虑灰渣全部综合利用。锅炉排出的底渣经过刮板除渣机内的水冷却后连续地排出，通过刮板捞渣机斜升段输送到装灰车间内的底渣运输车内，然后采用运灰汽车定期外运；布袋除尘器灰斗内的飞灰采用加湿搅拌机加湿处理后，使用挡边皮带机将加湿后的飞灰输送至除尘器侧墙外装灰车间内，然后由运灰汽车定期外运		
	电气系统	电厂应规划接入奈曼 66 kV 电网。示范电厂出线电压暂按 66 kV 考虑，出线回路数为 2 回，接入奈曼 220 kV 变电所 66 kV 母线，送电距离约为 9 km		
	烟气除尘及脱硫	采用 120 m 高烟囱排放烟气；烟气除尘采用除尘效率为 99.7%的布袋除尘器；设置烟气污染源自动连续监测系统对污染物排放实施监控		
土建工程		主要包括主厂房（汽机房、除氧间、料仓间、锅炉房）、锅炉补给水处理室及化验楼、燃烧输送系统建筑、辅助、附属建筑物等		

经过除尘系统的灰渣通常由电厂定期收集运出，数量较小的情况下通常废弃不利用，数量较多会回收再利用，表 5-10 为 15 MW 级机组灰渣产量。

表 5-10　15 MW 工程机组灰渣量

装机容量	小时灰渣量/t			日灰渣量/t			年灰渣量/t		
	灰	渣	灰渣	灰	渣	灰渣	灰	渣	灰渣
1×15 MW	0.08	0.26	0.34	1.76	5.72	7.48	595	1 785	2 380
2×15 MW	0.16	0.52	0.68	3.52	11.44	14.96	1 190	3 569	4 759

注：机组日利用以 22 h 计，设备年利用以 7 000 h 计。

5.3　基于价值流的生物质发电经济价值分析

5.3.1　电力价值分析

电力价值是生物质发电项目最重要的收入来源，生物质发电通常以优惠上网电价向电网公司并网再得以销售。某发电企业年度总电力销售价格可以用如下公式表示：

$$R_{\text{revenue}} = Q_t \times \text{IC} \times e_t \times P_{\text{feed-in}} \tag{5-19}$$

式中：Q_t —— 生物质电厂年运行时间；

IC —— 该电厂的装机容量；

e_t —— 该电厂的发电效率；

$P_{\text{feed-in}}$ —— 优惠上网电价。

目前，针对生物质发电的优惠上网电价是为了弥补生物质发电等可再生能源项目的较高成本，甚至保证利润的实现。现行生物质发电的上网电价实际包含市场电价以及政府补贴电价两部分，即：

$$P_{\text{feed-in}} = P_{\text{market}} + P_{\text{subsidy}} \tag{5-20}$$

式中：P_{market} —— 传统电力市场价格；

P_{subsidy} —— 政府所给予的补贴价格。

5.3.2　剩余物销售价值分析

生物质发电会产生灰渣等剩余物，该灰渣富含钾、钙、磷等多种元素，可以用于生产高质量的有机肥料，有较高的商业价值。因此生物质电厂通常将收集到一定量的灰渣统一出售，销售收入可表示为：

$$R_{ash} = Q_t \times IC \times e_t \times P_{ash} \tag{5-21}$$

式中：P_{ash} —— 灰渣的销售价格。

5.4 本章小结

本章作为生物质发电补贴政策优化基础之一，基于价值流评价方法，从经济角度讨论生物质发电的成本构成和价值分析。首先，简要介绍生物质发电原理及产业链基本构成，对产业作基本介绍。其次，总结生物质发电成本特点，并从原料获取环节、运输存储环节以及生产环节逐一详细分析生物质发电的经济成本构成。对生物质发电项目各环节成本的分解反映出不同原料类型、运输距离、生产水平等都会带来经济成本的差异。最后，探讨生物质发电经济价值，即经济收入构成。

生物质发电项目经济性探讨主要包括计算项目所具有经济成本和价值，判断其经济收入与成本是否可以实现平衡。同时分析各环节成本构成，探索成本补偿途径与方式，以上是政府制定生物质发电补贴政策的经济基础，对于项目是否需要补贴，具体补贴环节、补贴额度的计算都有借鉴意义。

第6章 生物质发电补贴政策优化基础：环境成本构成与价值分析

6.1 生命周期评价方法概述

6.1.1 生命周期评价的定义

生命周期评价法从20世纪60年代提出，发展至今已成为较为普遍使用的环境及资源评价管理工具，是一种用来对工业和制造业中某种产品、工程项目、生产流程或经营活动在其完整生命周期之中的原料获取、生产加工、运输储藏、运营维护、销售使用、循环处理等各个环节中能量及物质利用情况和由此带来的环境污染物排放等进行量化计算及影响评价的技术和方法。国际标准化组织（ISO）将生命周期评价定义为“对一个产品系统生命周期中输入、输出及潜在环境影响的综合评价”。

生命周期评价方法的运用，对于优化产品（及其工艺流程）以及开发替代产品（及其工艺流程）等活动，发现污染源头以采取相应改进措施等都有着重要意义，既有助于企业产品（及其工艺流程）选择和改进，也有利于政府相关政策的制定实施。它通常包含测度生命周期过程中各类资源与能源的使用以及伴随的污染排放，评价上述结果的影响，识别可能降低环境影响的机会三个流程。生命周期评价是一种自下而上的评估测算方法，不仅可以对整体物耗和污染情况进行评价，而且每个环节的具体情形都可以被详尽反映。

6.1.2 生命周期技术框架

当前，应用较为广泛的生命周期评价技术流程主要包括环境毒理学与化学学会

（SETAC）以及国际标准化组织（ISO）绘制的评价技术框架。

早在 1993 年，SETAC 用三角形将生命周期评价技术流程定义为“目标定义和范围界定、清单分析、影响评价以及改善评价”四大部分，具体关系如图 6-1 所示。

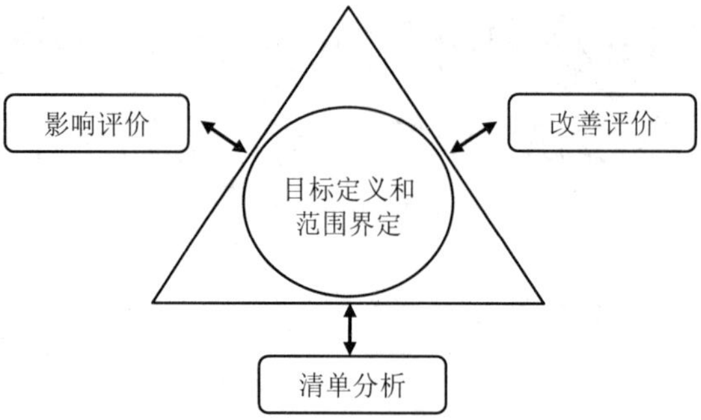

图 6-1　SETAC 生命周期评价的技术框架

随后，在 1997 年 ISO 14000 提出新的技术框架，如图 6-2 所示，该技术框架是目前决定公司是否准予加入 ISO 14000 环境管理的一项国际化审查标准。

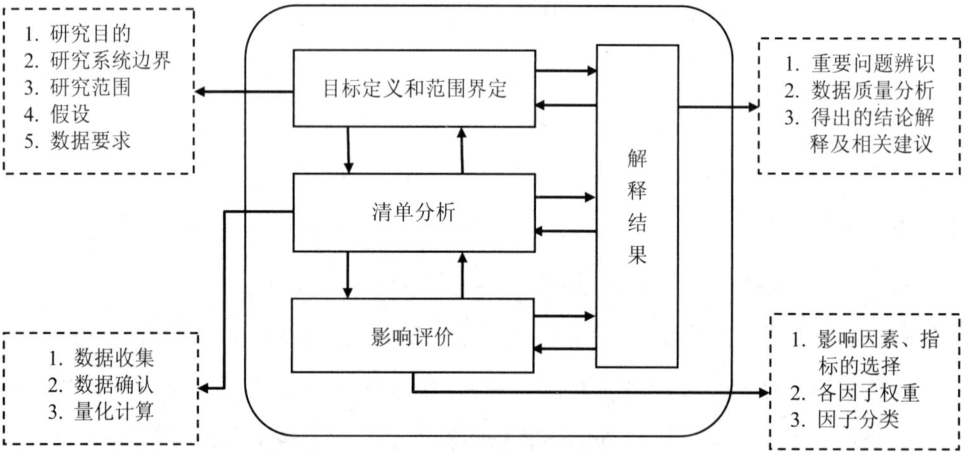

图 6-2　ISO 生命周期评价技术框架

6.1.3　生命周期评价过程

根据 ISO 14000 技术框架，认为生命周期评价具体包括以下四部分。

1．目标定义和范围界定

作为生命周期评价流程的第一步，目标定义和范围界定为整体评价的开展及最终结果的得出打下了关键性的基础。目标定义是指确定与明晰之所以进行该生命周期评价的意图、需要制订怎样的计划、想要最终达到的目标。研究范围界定则具体涵盖了系统边界的识别、研究范围的明晰，研究假设的提出以及功能单位和数据要求的确定。

2. 清单分析

此部分是整个评价中最为关键的环节，根据第一步研究基础的确定，通过实地调研、实验研究、经验数据计算等途径，对各个环节所研究对象的资源使用、能源消耗以及环境排放情况作出测度和分析。清单分析又具体包括资源清单、能源清单、环境排放清单和经济指标清单。其中，资源清单包含内容较为丰富，有原铁矿、原煤、原铜矿、原铝矿、原煤、原油、木材、水资源还有许多化工产品，具体研究时可针对不同评价对象选取其中主要原料列出清单；能源清单是评价过程中直接或间接所损耗的一次及二次能源。通常一次能源主要指煤炭和石油，以及本书主要涉及的生物质能源，二次能源则主要指电力消耗；环境排放清单涉及固、液、气排放物及污染物的排放，气态排放物主要核算 CO_2、CO、CH_4、NO_x、SO_2 等，液态排放物主要包括化学需氧量等，本书较少涉及，固态污染物主要指生产所产生的烟尘、粉尘以及各类垃圾等；经济指标清单旨在从经济角度衡量该评价指标的各种费用效益总和，现今已逐步纳入因环境影响内部化带来的经济核算。

3. 影响评价

以详细清单分析为基础对研究对象所产生的环境影响归纳总结，进行定性分析及定量测度，具体来说就是识别该生命周期评价过程中物料和能量的经营流转所产生的外部环境影响，包括对生态环境、资源/能源消耗、人身健康甚至经济效益等多方面影响。

4. 解释结果

作为生命周期评价的末尾环节，此部分要求对以上各个环节的分析进行系统归纳以得到相应结论，综合评价研究对象节约资源消费、减少不可再生能源使用、降低环境污染排放的可能及需求，提出有针对性的改善建议及措施。

6.2　基于生命周期的生物质发电环境成本构成

6.2.1　研究目标和范围

为更好地与经济成本构成分析相结合对比，环境成本研究的产业链环节也依然从原料获取环节、运输环节和生产使用环节考量，如图 6-3 所示。原料获取环节具体涵盖原材料获取过程、收购和预处理（筛分、干燥）过程，伴随各类工具的使用消耗了一定的一次及二次能源以及相应资源，并产生排放物；运输环节不仅包括原材料收集处至电厂的运输，也包括厂内原料的运输，此环节通常消耗燃油及电力，产生气体排放；生产使用环节包含电厂建设、发电燃烧等，此环节需要耗费较多电力，且会产生大气及固体废物排放。

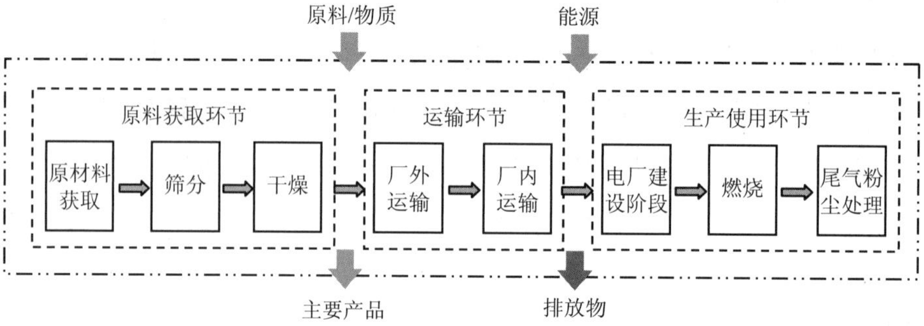

图 6-3　生物质发电产业链各环节生命周期评价

本章对生物质发电生命周期全部过程中的原料投入及相关能源资源消耗进行核算，并计算其中伴随的气体及固体排放量。核算在如下假设前提下展开：

① 只对电厂生物质发电生命周期内的资源与原料等消耗核算，不涉及电厂其他副产品消耗，也不涉及职工生活所产生的消耗；

② 发电设备维修维护情况较为复杂，本章不涉及耗电较小的日常检修；

③ 生物质发电生命周期范围内，有较为复杂的资源消耗与多种固态、气态、液态物质排放。本章考虑数据可获得性，主要对其中 CO_2、硫氧化物、氮氧化物、灰尘、灰渣等主要排放物和主要资源作出核算。

6.2.2　环境实物量核算

1. 碳排放核算

通常碳排放量的计算方法主要有实际测量法、质量平衡法以及排放系数法（排放因子法），其中排放系数法应用得较为广泛，本书拟采用联合国政府间气候变化专门委员会（IPCC）推荐系数法进行碳排放计量与计算。这些系数是经过计算得出的排放源温室气体排放量与代表性活动量直接的比率。

在生物质发电生命周期各个环节中，假设共有 m 个直接碳排放源以及 n 个间接碳排放源。对于直接碳排放源的计量可用公式计量：

$$\mathrm{DCE}_m = C_m \times \mathrm{EF}_m \tag{6-1}$$

式中：DCE_m —— 第 m 种直接碳排放源的碳排放；

C_m —— 产生直接碳排放的活动强度；

EF_m —— 该项活动的排放系数。

对于间接碳排放而言，碳排放公式可表示为：

$$\mathrm{ICE}_n = C_n \times \mathrm{EF}_n \tag{6-2}$$

式中：ICE_n —— 第 n 种间接碳排放源的碳排放；

C_n —— 产生间接碳排放的活动强度；

EF_n —— 该项活动的排放系数。

因此，发电企业的碳足迹 CE 可总结为：

$$\mathrm{CE} = C_m \times \mathrm{EF}_m + C_n \times \mathrm{EF}_n \tag{6-3}$$

具体生物质发电项目各环节流程中影响碳排放的因素各不相同，原料获取环节主要涉及原料获取工具的柴油消耗以及部分电力使用，运输环节为运输交通工具所消耗的一次能源，发电环节则受企业自用电影响较大，各主要影响因素汇总情况如表 6-1 所示。

表 6-1　生物质电厂碳排放及影响因素

排放环节	主要影响因子
原料获取及初加工	原料获取平均油耗、柴油密度、柴油碳排放系数
原料运输	运输距离、运输趟数、运输碳排放系数
生物质发电	平均电耗、电耗碳排放系数

2. 其他排放核算

在参考相关参考文献（张晶，2012）的基础上，本章将生物质发电所具有的环境成本分为内部成本和外部成本两方面。前者是指已被企业纳入生产经济成本之内的如除尘、除渣等环保设备的成本，后者则指企业给他人或社会造成了未承担的外部成本。

$$C_e = C_{in} + C_{ex} \tag{6-4}$$

$$C_{in} = \sum O_i + \sum D_i + \sum C_j + \sum F_k \tag{6-5}$$

$$C_{ex} = \sum Q_m \times P_m - \sum C_j - \sum F_k \tag{6-6}$$

式中：C_e —— 生物质发电所具有的环境总成本；

C_{in} —— 内部环境成本；

C_{ex} —— 外部环境成本；

O_i —— 项目减少环境排放所使用环保设备的运营使用费用，涵盖了设备定期维护费用以及操作人员工作费用；

D_i —— 各环保设备折旧费用；

C_j —— 因第 j 种排放物所缴纳的排污费用；

F_k —— 第 k 种排放物不达标准而缴纳的罚款；

Q_m、P_m —— 第 m 种排放物的排放数量以及该排放物的环境价值。

排污费用 C_j 与罚款 F_k 的支出弥补了部分外部性。

生物质发电产生的内部环境成本在上一章经济成本价值内已经有所体现，而项目造成的外部环境成本并未进行计算或承担，因此本章重点关注其中的排放物外部环境成本。

对于各环节生物质发电环境成本的核算，生物质发电项目所用原料种类较多，此章以秸秆直燃发电的实验数据作为研究借鉴。

（1）生物质运输环节

该环节主要为借助货车、农用车的公路运输，少部分使用汽车进行货运，运输过程中大多使用柴油燃料，少数使用汽油或天然气燃料。参考已有文献研究，运输车辆运行时耗油量随载重量的不同而存在差异，且影响着污染物的环境排放量，具体油耗和排放如表 6-2 所示（贾顺平 等，2010），货车耗油量为 16.8～31.8 L/（100 km）。汽车货运每公里消耗能量约为 1 050 kcal/t。

表 6-2 不同载重量货车化石能源消耗量

货车类型	微型	小型	中型	重型
载重量/t	0～2（含）	2～7（含）	7～14（含）	14 以上
油耗/［L/（100 km）］	16.8	24.2	27.6	31.8
油耗/（kg/km）	14.112	20.328	23.184	26.712

运输过程中，随柴油、汽油能源的使用，会产生大量碳、氮氧化物、硫化物等排放物排放，造成环境外部成本，表 6-3 展示了柴油与汽油燃烧时产生的单位排放物排放情况（邹治平 等，2004）。

表 6-3　不同燃料排放情况　　单位：g/km

排放物类型	CO	NO_x	颗粒物
柴油	8.6	2.8	—
汽油	0.5	0.5	0.2

（2）生产环节

生产环节包括电厂建设环节和生产运营环节。电厂建设过程历时较长，投入较多，伴随着众多能源与资源的消耗会产生较多的排放。某些生物质原料在燃烧发电前期需要经过进一步的预处理来保证燃烧充分以提高能源转化，工具的使用会涉及燃油或电力造成的排放。以秸秆为代表的生物质原料燃烧发电时，主要产生烟尘以及极少量可忽略不计的 SO_2 和 NO_x，以秸秆发电为例的生物质发电单位电力排放量如表 6-4 所示。

表 6-4　生物质发电每千瓦时电力排放量　　单位：g/（kW·h）

排放物	SO_2	NO_x	CO	烟尘	粉煤灰	炉渣
电厂建设	0.09	0.13	0.01	0.04	2.06	9.83
生产运营	0	0	0	0.01	0	0
合计	0.09	0.13	0.01	0.05	2.06	9.83

3．资源消耗核算

在农林生物质能源种植培育环节会伴随有少量资源的消耗，由于此边界研究范围从原料获取环节开始，并未考虑种植环节，因此种植部分数据暂不纳入计算。

对于生物质发电来讲，除去未统计的电力资源外，生命周期中最大能耗为原油，其中原料获取环节消耗原油是由于收集与初加工生物质原料过程较为复杂；运输环节消耗量与收集半径以及原料和燃料体积密切相关。原铁矿、原铜矿以及原煤也被较多使用，且主要集中于电厂建设环节，此环节占据了绝大多数比例的资源消耗。

表 6-5 生物质发电每千瓦时电力资源消耗量　　单位：g/（kW·h）

排放物	原料获取环节	运输环节	生产使用环节		总计
			电厂建设	生产运营	
原油	3.05	1.830	0	0	4.880
原煤	0	0.017	1.295	0	1.312
原铁矿	0	0.036	2.491	0	2.527
石灰石	0	0.002	0.142	0	0.144
原铜矿	0	0	2.125	0	2.125

6.2.3 环境实物货币化核算

在以往可再生能源项目经济评价内容中，所涉及环境评价大多为宏观定性评价，欠缺具体定量化或货币化探讨，不能以具体定量指标的方式统一进行经济角度评价，致使长期以来在可再生能源领域环境和经济评价双方各成体系，不能综合考虑。因此，为了对项目环境价值进行更直接地探讨，本章尝试将生物质发电项目的环境价值内部化，使项目所具有的环境特性得以从经济角度得到体现，统一纳入经济评价中。

要达到项目环境外部性从实物量顺利转化为货币化价值，需要凭借“排放物/资源货币化价值”，也就是单位排放物排放或者单位资源消耗对环境产生影响的货币价值量。

1. 排放物货币化核算

目前碳交易市场已较为成熟，交易价格在很大程度上可以反映 CO_2 所具有的价值，因此采用现行国内碳交易市场价格作为 CO_2 的货币化价值。目前国内共有深圳、上海、北京、广东、天津、湖北、重庆七个碳交易市场。2016 年各市场所有交易日价格均值为 22.52 元/t，本章即认为 22.52 元/t 可保守地代表 CO_2 的货币化价值。

除 CO_2 以外的其他排放物尚无市场交易价格，故参考已有文献研究（表 6-6）作为其货币化价值参考。

表 6-6 主要排放物货币化价值参考值

类别	货币化价值	规定/文献来源
SO_2	1.2 元/kg	《关于调整排污费征收标准等有关问题的通知》
	0.6 元/kg	魏学好 等，2003
	0.6 元/kg	安伟伟，2011
	0.63 元/kg	刘叶志，2009
	0.75 美元/t	钱科军 等，2008

类别	货币化价值	规定/文献来源
CO	1.2 元/kg	《关于调整排污费征收标准等有关问题的通知》
	0.6 元/kg	《排污费征收标准管理办法》（2003 年）
	1 元/kg	魏学好 等，2003
	0.125 美元/t	钱科军 等，2008
CH_4	1.2 元/kg	《关于调整排污费征收标准等有关问题的通知》
	0.6 元/kg	《排污费征收标准管理办法》（2003 年）
	0.045 美元/kg	王寿兵 等，2006
	0.63 元/kg	刘叶志，2009
NO_x	1.2 元/kg	《关于调整排污费征收标准等有关问题的通知》
	0.6 元/kg	《排污费征收标准管理办法》（2003 年）
	0.304 美元/kg	王寿兵 等，2006
	8 元/kg	魏学好 等，2003
	0.63 元/kg	刘叶志，2009
	0.631 元/kg	刘秀杰，2012
烟尘	0.275 元/kg	刘秀杰，2012
	2.75 元/kg	《市发展改革委　市财政局　市环保局关于调整烟尘和一般性粉尘排污费征收标准的通知》（津发改价管〔2015〕352 号）
灰	30 元/t	《关于发布排污收费标准（试行）及有关问题的通知》（环发〔2003〕187 号）
	0.12 元/kg	魏学好 等，2003
炉渣	30 元/t	《关于发布排污收费标准（试行）及有关问题的通知》（环发〔2003〕187 号）
	0.1 元/kg	魏学好 等，2003

基于以上已有研究和国家标准，本章总结表 6-7 作为排放物货币化价值核算参考标准。

表 6-7　主要排放物货币化价值

排放物	CO_2	SO_2	CO	CH_4	NO_x	烟尘	灰	渣
环境价值/（元/kg）	0.022	0.6	0.6	0.6	0.6	0.275	0.12	0.1
环境价值/（元/t）	22	600	600	600	600	275	120	100

2. 资源货币化核算

生物质发电生命周期过程中消耗的主要资源均存在现行交易市场，因此本章将选取相应市场价格来保守估计各资源的货币化价值。

生物质发电过程中的燃油消耗通常为柴油，我国市场上柴油分为 $5^{\#}$、$0^{\#}$、$-10^{\#}$、$-20^{\#}$、$-35^{\#}$等类型，各地区柴油价格也存在较大差异，以内蒙古自治区通辽地区 2016 年全年 $0^{\#}$柴油的市场价格（表 6-8）均值 6.85 元/L 作为原油的货币化价值为例。$0^{\#}$柴油密度取 0.85 t/m^3 计算，1 t 柴油为 1.176 m^3，即 1 176 L，则 6.85 元/L 可换算为 8 055.6 元/t。

表 6-8 内蒙古自治区通辽地区 2016 年各月份 0#柴油价格 单位：元/L

月份	1	2	3	4	5	6
油价	6.76	6.76	6.76	6.76	6.89	6.89
月份	7	8	9	10	11	12
油价	6.89	6.89	6.89	6.89	6.89	6.89

数据来源：金投网，www.cngold.org。

我国煤炭市场中按照煤化程度、工艺性能、使用用途等存在较多分类，最常见的品种有褐煤、焦煤、烟煤、无烟煤等。由于本章主要涉及电力行业，以内蒙古东部地区2016 年电煤的价格（表 6-9）均值 217.16 元/t 作为参考，电煤通常为热值 5 500 kcal 的动力煤，与热值为 7 000 cal 的标煤进行换算，则可估计出以内蒙古东部地区电煤市场价格为参考的标煤价格约为 276.39 元/t。由于原煤折算成标煤的系数为 0.714 3，经计算，原煤的市场价格可估计为 197.43 元/t，即本书的原煤货币化价值。

表 6-9 内蒙古东部地区 2016 年各月份电煤价格 单位：元/t

月份	1	2	3	4	5	6
煤价	221.00	209.56	213.64	206.28	199.29	200.78
月份	7	8	9	10	11	12
煤价	208.23	232.89	231.61	227.16	227. 7	227.82

数据来源：内蒙古煤炭交易中心，http：//www.imcec.cn/zgdm_2016。

原铁矿的市场交易价格因地区和品质而不同，本章以大连商品交易所披露的 2016 年全年铁矿石交易每日结算价均价 416.87 元/t 作为其货币化价值标准。

上海期货交易所2016年全年铜交易各合约每日结算价均价38 382.83元/t，由于该交易价格为金属铜价格且并未披露铜矿价格，因此原铜矿的价格需要计算。根据相关文献，铜交易价格扣除双方交易税费、加工附加费用（约占25%），剩余为28 787.122 5元/t。不同品位原铜矿所含铜成分不同，以含铜品位20%水分15%的铜矿为例，则1 t 原铜矿含铜金属量=1 t×20%×（1−15%）=0.17 t。因此以2016年全年金属铜交易均价为参考的原铜矿价格约为28 787.12×0.17=4 893.81元/t。

同样地，石灰石因品种规格不同而价格不同（表 6-10），由于电厂建设环节石灰石的消耗量占到了总石灰石消耗量的 98.6%，因此选取建筑用石灰石粉以及各类石灰石矿均值 85.83 元/t 作为其货币化价值。

表 6-10　2016 年各规格石灰石价格

品种	规格	价格/（元/t）
生石灰	品位：CaO 90%～92% 粒径：5～200 mm	365
脱硫石灰石粉	品位：$CaCO_3$≥96% 品位：Ca≥53.5%	265
建筑用石灰石粉	品位：Ca≥40% 密度：2.8 g/cm^3	135
石灰石矿	品位：Ca≥54%	95
石灰石矿	品位：$CaCO_3$ 含量≥98% 品位：Ca≥55%	70
石灰石矿	品位：$CaCO_3$ 含量≥97% 品位：Ca≥55%	60
石灰石矿	品位：$CaCO_3$ 含量≥93% 品位：Ca≥53%	70
石灰石矿	品位：$CaCO_3$ 含量≥96% 品位：Ca≥55.42%	85

数据来源：中国选矿技术网，http：//www.mining120.com。

6.2.4　环境成本总计核算

根据以上单位排放量和单位资源消耗量情况，结合项目发电量，总结生命周期不同环节的 CO_2、SO_2、NO_x、CO、烟尘、灰、炉渣排放量和原油、原煤、原铁矿、原铜矿以及石灰石的消耗量。之后，借助环境货币价值这一概念将环境的实物量以环境成本的形式加以计量，具体项目结果在第 9～10 章进一步讨论。

6.3　基于生命周期的生物质发电环境价值分析

6.3.1　环境价值核算公式

仅对生物质发电环境成本进行计量并不能充分显示其环境效益所带来的正外部性，因此，选取当前我国电力市场中仍占主导地位的燃煤发电作为度量生物质发电的对比研究对象，可以为电力市场提供实际参考价值（仙昀让，2013）。

为便于两者进行比较，本节同样将燃煤发电流程划分为原料获取、运输、生产使用三环节，具体环节包括煤炭开采、洗选加工、运输、电厂建设、锅炉燃煤、脱硫除尘、废物处理。伴随大量能源资源的消耗，在产生电力的同时会带来环境排放物的直接排放和间接排放（于立宏　等，2010），燃煤发电生命周期如图 6-4 所示。

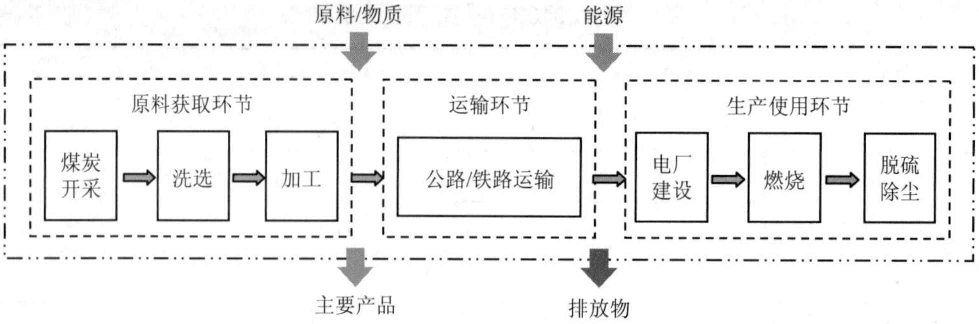

图 6-4 燃煤发电生命周期流程

生物质发电代替煤炭发电所产生的环境减排外部性的价值，主要依据项目减排量以及排放物环境价值计算，可用如下公式表示：

$$B_p=\sum_{p=1}^{\infty}Q_pV_p+\frac{\sum_{p=1}^{\infty}Q_pV_p}{1+R}+\frac{\sum_{p=1}^{\infty}Q_pV_p}{(1+R)^2}+\cdots+\frac{\sum_{p=1}^{\infty}Q_pV_p}{(1+R)^{g-1}}=\sum_{g=0}^{m}\frac{\sum_{p=1}^{\infty}Q_pV_p}{(1+R)^g} \quad (6\text{-}7)$$

式中：B_p—— 生物质发电项目所具有的环境减排外部性价值；

Q_p—— 项目生产运营中第 p 项排放物可以减少的排放量；

V_p—— 第 p 项排放物所具有的环境货币化标准；

m—— 各类气体、固体排放物总数量。

类似地，生物质发电生命周期内代替煤炭发电所节约主要资源的外部性价值，可以通过项目具体节约资源实物量以及资源的货币化价值计算，可表示为：

$$B_r=\sum_{r=1}^{\infty}Q_rV_r+\frac{\sum_{r=1}^{\infty}Q_rV_r}{1+R}+\frac{\sum_{r=1}^{\infty}Q_rV_r}{(1+R)^2}+\cdots+\frac{\sum_{r=1}^{\infty}Q_rV_r}{(1+R)^{g-1}}=\sum_{g=0}^{m}\frac{\sum_{r=1}^{\infty}Q_rV_r}{(1+R)^g} \quad (6\text{-}8)$$

式中：B_r—— 生物质发电项目所具有的环境资源节约外部性价值；

Q_r—— 项目生产运营中第 r 项资源可以节约的消耗量；

V_r—— 第 r 项资源所具有的环境货币化标准；

n—— 各类资源物的总种类。

6.3.2 减排环境价值核算

与传统火力发电相比，生物质发电体现的最大环境价值为碳减排和其他污染排放物减排所带来的外部性价值。燃煤发电数据由调研数据和文献数据（陈建华 等，2009）

总结而得，此处列出燃煤发电单位电力排放（表 6-11）。

表 6-11　燃煤发电单位电力排放　　单位：g/（kW·h）

排放物	原料获取环节	运输环节	生产使用环节		总量
			电厂建设	生产运营	
CO_2	66.23	18.23	2.47	603.08	690.01
SO_2	0.73	0.18	0.09	5.92	6.92
NO_x	0.39	2.76	0.13	3.52	6.8
CO	0.09	0.60	0.01	0.79	1.49
烟尘	0.64	0.15	0.04	12.49	13.32
灰	0.37	1.57	2.06	51.95	55.95
炉渣	30.48	0.43	9.83	14.21	54.95

为体现更为直观的比较效果，通过生命周期内产生单位电力（每千瓦时）生物质发电和煤炭发电的排放量进行比较，从而获得生物质发电减少排放的外部性。可用相同单位电力与燃煤发电排放的差值表示，由于具体案例所获得环境效益存在差异，计算详情见第 9～10 章。最后，总结单位电力各排放物减排量，借鉴上一节中排放物货币价值概念，计算生物质发电替代煤炭发电的排放物减排环境价值。

经过两者的对比研究计算，可得出在生命周期哪一环节减排效果最为显著，哪类排放物减排效果最为明显，为补贴政策在哪一环节实施和如何计算补贴额度提供参考。

6.3.3　资源节约环境价值核算

生物质发电对燃煤发电的代替，不仅可以带来减少排放物排放的减排环境价值，同时也可以实现节约资源的环境价值。表 6-12 为燃煤发电在生命周期不同环节产生单位电力（每千瓦时）下原油、原煤、原铁矿、原铜矿以及石灰石等的消耗情况。

表 6-12　燃煤发电单位电力资源消耗量　　单位：g/（kW·h）

资源	原料获取环节	运输环节	生产使用环节		总量
			电厂建设	生产运营	
原油	0.017	0.58	0	0	0.597
原煤	12.36	2.28	1.295	490	505.935
原铁矿	0.31	0.06	2.491	0	2.861
石灰石	0.163	0.044	0.142	0	0.349
原铜矿	0.027	0.007	2.125	0	2.159

数据来源：陈建华，郭菊娥，席酉民，等. 秸秆替代煤发电的外部效应测算分析[J]. 中国人口•资源与环境，2009，19（4）：165-171.

将生物质发电和燃煤发电每千瓦时所消耗的资源相比较，其差额即为生物质发电代替燃煤发电单位电力所产生的资源消耗的外部性，由于具体案例所获得环境效益存在差异，计算详情见第 9～10 章。之后，总结单位电力各资源节约量，借鉴上一节中资源货币化价值，计算生物质发电替代煤炭发电的资源节约环境价值。

6.4 本章小结

本章同样作为生物质发电补贴政策优化基础，基于生命周期评价方法，从环境角度讨论生物质发电的成本构成和价值计量。首先，对生命周期评价方法进行简要介绍。其次，构建生物质发电生命周期范围框架，划分原料获取环节、运输环节以及生产发电环节三部分逐步核算环境成本实物量，其中包括碳及其他排放物的实物量以及资源消耗实物量。借由排放物/资源货币化价值这一概念进一步计算环境货币化成本。排放物/资源货币化价值参考市场交易价格、文献研究和排污费用规定等综合考虑。通过与同地区燃煤发电项目对比，计算生物质发电单位电力减排环境价值以及资源节约环境价值，探讨在哪一环节生物质环境价值更大、对于哪些排放物有明显减排效果、哪些资源有显著节约意义，以上综合即为生物质发电项目可实现的环境价值，该价值对补贴政策如何补贴、补贴额度计算都有重要参考意义。

第 7 章 产业链不同环节生物质发电补贴政策优化设计

目标规划这一概念由查恩斯与库珀在 1961 年提出，它是基于线性规划演变而来的，可以考虑现实中的多个目标函数，包括重要性不同的目标。当目标规划用于具体探讨实际决策难题时，不同决策所需的要求只要存在就认为是合理可行的，尽管有时各需求相互冲突，而目标规划的最终决策，也不要求绝对意义上的最优性。因此，该方法较之于线性规划更普遍适用于大多数现实情况决策。目标规划运用数学方法，在限定资源状况下，力求最接近决策主体所规定各项指标值（有序）的方案，即为最满意方案（Fahd et al.，2002）。

社会公众、私人企业、政府三方利益的协调是项目补贴政策制定的关键问题之一（覃颖聪，2016；邵俊岗 等，2016；孙慧 等，2016；孙春玲 等，2015）。多目标规划模型常运用于政府和社会资本合作（Public-Private Partnership，PPP）项目中政府社会效益、私人部门企业利润以及消费者公众利益多目标协调（易欣，2015；叶晓甦 等，2012）。生物质发电领域中多日标规划的运用，国外研究相对较为丰富，且集中丁讨论原料供应链环节（Ren et al.，2015），Cambero 等（2016）利用多目标混合整数线性规划模型尽可能提高生物质能源供应链中社会效益、净现值以及温室气体减排潜力；Shabani 等（2014）运用多目标规划对林木生物质发电供应链购买成本及原料储存季节性进行了优化。国内生物质能源目标规划研究多停留在单一目标（刘贞 等，2012），如檀勤良等（2017）以生物质发电电厂利润最大化为目标，运用多期非线性优化模型探讨生物质发电供应链中发电量、原料收购量和原料掺烧比例的优化。

7.1 多目标规划模型构建基础

7.1.1 多目标确定

政府部门对生物质发电补贴政策的优化就是平衡各主体不同目标以达到补贴的最优额度。为说明问题，这里构建一个简单的博弈情景：博弈三方分别为生产者（发电厂）、消费者（公众）、协调者（政府）。

① 作为生产者的电厂，其根本目标是实现利润最大化，经济利益不仅是驱动现存企业生产积极性的决定性因素，也是社会资本决定是否进入该行业时的重要考量；

② 作为消费者的社会公众，在获得电力时也希望付出的成本（包括货币成本和环境成本）尽可能地小；

③ 由于环境难以确权，环境成本在现实的经济运行中难以量化至每个消费者，公众在购买“电力产品”时，往往更愿意支付给环境成本高但显性价格低的火电厂。因此，作为协调者的政府，其职责是向环境成本低但显性价格高的生物质电厂进行必要且合理的补贴，使生物质电厂提供的产品在价格上能够与火电厂竞争。

因此，本章中生物质发电补贴政策优化就是平衡各主体不同目标以达到补贴的最优额度。

① 社会公众环境效益最大化目标。生物质发电产业作为基础产业和环保产业，对公众产生正外部效应，实施生物质发电项目的最主要目标就是改善环境、实现低碳环保的可持续发展目标。

② 企业利润最大化目标。对生物质发电企业而言，实现企业利润最大化目标是其最根本的目标，也是企业发展的动力，是本章研究的次要目标。

③ 政府补贴最小化目标。政府补贴应在合理区间，上限是为确保项目的部分公共产品特性，下限则是为保证产业基本发展。但从政府角度来讲，其目标是用最少的补贴达到政策目的，因此，政府补贴最小化，是本章最后一个目标。

多目标优化往往具有一定矛盾性并不能同时满足，因而如何平衡生物质发电产业中社会环境、企业、政府三者的利益，优化补贴额度及补贴方式使社会综合效益达到最优水平，是促进产业发展的关键，如图 7-1 所示。

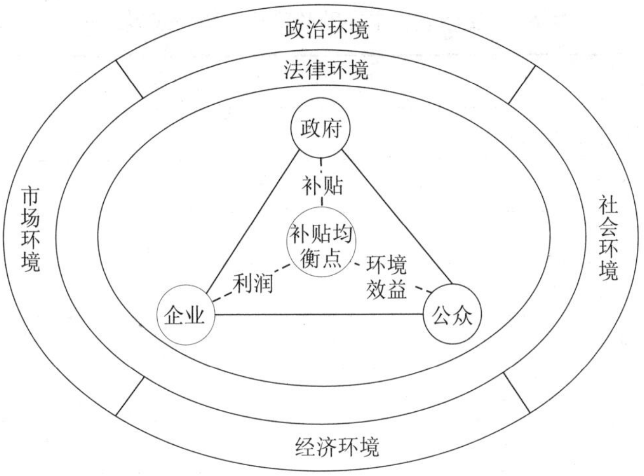

图 7-1　主要利益相关者

7.1.2　模型假设

依据多目标规划理论以及我国生物质发电产业发展特点和现状，在不影响问题本质的原则下，对某些复杂条件加以简化，做出如下假设：

① 同类生物质原料不存在差异。此假设意味着在原料收割、预处理、燃烧发电生命周期中工具处理流程、人工操作水平、燃烧发电效率等相同；同类生物质原料加工生产过程中所带来的环境影响也无显著差异。

② 不考虑生物质原料储存情况，原料获取、运输及燃烧发电全生命周期过程中除预处理消耗外，使用原料数量相同（叶晓甦 等，2012）。

③ 补贴政策工具变量外生于企业决策，同时也不按照实际额度取固定常数，政府部门通过调整政策变量取值，来影响产业发展及环境，从而实现政府目标。

④ 为避免大幅补贴政策变化可能带来的相关产业甚至宏观经济波动，控制各政策变量在实际额度±50%的范围内浮动（张晓娣，2017）。

7.1.3　模型变量设计

基于第 5 章与第 6 章中生物质发电生命周期分析框架，针对不同环节的节点和路径，以生物质发电经济利润最大化与环境成本最小化为双重目标，构建模型补贴政策的优化设计进行讨论，其中，所涉及的模型变量及数据参数如表 7-1 和表 7-2 所示。

表 7-1 生物质发电补贴政策优化模型变量汇总

名称	解释
X	政府补贴总金额，元
X_1	上网电价补贴，元
X_2	原料补贴，元
X_3	接网费补贴，元
Q_t	生物质发电量，kW·h
d_1^+	P_1级公众社会环境效益最大化目标正偏差
d_1^-	P_1级公众社会环境效益最大化目标负偏差
d_{2i}^+	无补贴情景利润最大化目标正偏差
d_{2i}^-	无补贴情景利润最大化目标负偏差
d_{21}^+	仅对上网电价补贴情景利润最大化目标正偏差
d_{21}^-	仅对上网电价补贴情景利润最大化目标负偏差
d_{22}^+	上网电价不变，原料与接网费调整情景利润最大化目标正偏差
d_{22}^-	上网电价不变，原料与接网费调整情景利润最大化目标负偏差
d_{23}^+	原料上网电价接网费综合补贴调整情景利润最大化目标正偏差
d_{23}^-	原料上网电价接网费综合补贴调整情景利润最大化目标负偏差
d_3^+	P_3级政府补贴最小化目标正偏差
d_3^-	P_3级政府补贴最小化目标负偏差

表 7-2 生物质发电补贴政策优化模型参数汇总

名称	解释
$\sum_{l=1}^{3} CO_2$	单位电力碳减排的环境效益，元
P_{CO_2}	CO_2的货币化价值，元/t
E_k	单位电力第 k 种排放物减排量，t
P_k	第 k 种排放物的货币化价值，元/t
RE_q	单位电力第 q 种资源节约量，t
P_q	第 q 种资源的货币化价值，元/t
EB	生物质发电企业环境效益，元

名称	解释
CO_{pre}	单位电力原料获取环节碳减排量，t
CO_{trans}	单位电力运输环节碳减排量，t
CO_{op}	单位电力生产发电环节碳减排环量，t
CO_{pre}^{coal}	单位电力煤炭开采环节的碳排放量，t
$Q_{m\,i}$	单位电力第 i 种原料收集量，t
$E_{pre\,i}$	第 i 种原料获取环节平均电耗，kW·h
ρ_{oil}	柴油密度，g/mL
f_{oil}	柴油碳排放系数，$kgCO_2/kg$
CO_{trans}^{coal}	单位电力煤炭运输环节的碳排放量，t
D_i	单位电力第 i 种原料运输距离，m
TS_i	第 i 种原料运输趟数，次
O_j	第 j 种货车百公里耗油，kg/（100 km）
CO_{op}^{coal}	单位电力煤炭燃烧发电环节的碳排放量，t
EC	厂用电率，%
f_e	电耗碳排放系数，$kgCO_2/MJ$
E_S	单位电力 SO_2 的环境减排量，t
P_S	SO_2 的货币化价值，元/t
E_N	单位电力 NO_x 的环境减排量，t
P_N	NO_x 的货币化价值，元/t
C_C	单位电力 CO 的环境减排量，t
P_C	CO 的货币化价值，元/t
E_d	单位电力烟尘的环境减排量，t
P_d	烟尘的货币化价值，元/t
E_a	单位电力灰的环境减排量，t
P_a	灰的货币化价值，元/t
E_r	单位电力炉渣的环境减排量，t
P_r	炉渣的货币化价值，元/t
RE_{oil}	单位电力原油的资源节约量，t

名称	解释
P_{oil}	原油的货币化价值，元/t
RE_{coal}	单位电力原煤的资源节约量，t
P_{coal}	原煤的货币化价值，元/t
RE_{iron}	单位电力原铁矿的资源节约量，t
P_{iron}	原铁矿的货币化价值，元/t
$RE_{limestone}$	单位电力石灰石的资源节约量，t
$P_{limestone}$	石灰石的货币化价值，元/t
RE_{copper}	单位电力原铜矿的资源节约量，t
P_{copper}	原铜矿的货币化价值，元/t
$P_{feed-in}$	优惠上网电价，元
P_{market}	标杆电价，元/（kW·h）
$P_{subsidy}$	政府所给予的补贴价格，元/（kW·h）
$\sum C$	生物质发电企业成本合计，元
EI	生物质发电利润，元
$R_{revenue}$	生物质发电售电收入，元
T	生物质电厂年运行时间，h
IC	电厂装机容量，kW·h
e_t	电厂发电效率，%
C_{buy}	原料资源获取成本，元
C_{pre}	预处理成本，元
C_{trans1}	直接收购模式下总运输成本，元
C_{trans2}	收购点模式下的总运输成本，元
C_{op}	运行发电成本，元
i	农林生物质资源种类
Q_m	生物质资源原料收购量，t
Q_{mi}	第 i 种生物质资源原料收购量，t
P_i	第 i 种资源的购买价格，元
F_{year}	预处理使用设备的折旧费，元

名称	解释
C_o	预处理设备使用成本，元
F	预处理设备购买成本，元
RV	预处理固定资产净残值率，%
N	折旧年限，年
O	预处理所需要单位燃料使用量，t
P_o	预处理所需要燃料单位价格，元
ρ_i	资源 i 地区的资源密度，t/m^2
R	原料收集半径，m
C_t	单个农户或林户的运输费用，元
C_l	单个农户或林户的装卸成本，元
$C_{\text{trans2,11}}$	收购模式原材料收集运输成本，元
$C_{\text{trans2,12}}$	收购点向电厂供应的运输成本，元
Q	经纪人或第三方原料公司数量，个
r_e	单个经纪人的收集半径，m
C_j	单个经纪人的运输成本，元
D_e	收购点到电厂的运输距离，m
C_u	运行发电环节单位发电成本，元
RC_u	运行发电环节单位维护成本，元
MC_u	运行发电环节单位管理成本，元
FC_u	运行发电环节单位财务利息成本，元
LC_u	运行发电环节单位人工成本，元
OC_u	运行发电环节单位水电成本，元
$Q_{m\max_i}$	地区第 i 种生物质原料最大可获取量，t
$\text{SQ}_{m,i,k}$	企业向经纪人 k 收购的第 i 种生物质原料的收集量，t
SP_i	电厂收购第 i 种生物质燃料的价格，元/t
FCa_k	经纪人 k 的固定成本，元
aP_i	经纪人收购第 i 种生物质原料的单价，元/t
TCal_i	经纪人收集第 i 种生物质原料的单位运输成本，元

名称	解释
$DCa1_i$	经纪人收购第 i 种生物质原料的运输距离，m
MR_i	经纪人对第 i 种原料预处理前后的质量比
$TCa2_i$	经纪人运输第 i 种原料至电厂的平均单位运输成本，元
$DCa2_i$	经纪人运输第 i 种原料至电厂的运输距离，m
ER	经纪人预期利润率，%
$Q_{t\min}$	年最小发电量，kW·h
$Q_{t\max}$	年最大发电量，kW·h
Q_d	地区电力需求量，kW·h
$X_{\max}$	最高补贴额，元
R_a	生物质发电行业平均利润率上限，%
R_b	生物质发电行业平均利润率下限，%
A	补贴下浮边界，%
B	补贴上浮边界，%

7.2 基于多目标规划的不同环节优化目标函数建立

通常来讲，每个问题都有相应明确的目标，并存在不同的重要性。目标规划中的目标函数由各目标的正、负偏差值，不同优先因子以及同一优先级别中加权系数组合而成。

7.2.1 偏差量

偏差变量（Deviational Variables）用于表示可能实现的目标值与规定目标值之间的差距量。d^+表示可能实现的目标值超过规定目标值的差值，称为正偏差值，且$d^+\geqslant 0$；d^-表示可能实现的目标值未到达规定目标值的差值，称为负偏差值，且$d^-\geqslant 0$；其中，d^+和d^-至少有一个为 0，当超额达成规定目标时，$d^-=0$，$d^+>0$；当尚未达成规定目标时，$d^+=0$，$d^->0$；当恰好目标值与规定值相同时，$d^+=d^-=0$。

7.2.2　优先级与权系数

在目标规划模型中，各目标的重要性存在差别，必须首先优化高优先级别目标，其次优化低优先级别的目标。为区别各个目标的主次程度，需要引入优先因子这一概念。通常，规定 P_1，P_2，…表示不同的因子，且 $P_k \gg P_{k+1}$。决策方依据不同目标对研究对象经营管理、产业发展的不同级别重要影响程度，对具体目标相对应的不同优先因子 P_i（i=1，2，…，k）赋值。

不同目标，若重要性程度不相上下，可以赋予同一优先因子。在同一优先级别中不同目标的正负偏差值的重要程度可以存在差别，通常以 w_{kl}^{+} 和 w_{kl}^{-} 表示相应的加权系数。

7.2.3　目标函数的确立

根据以上模型规定，一般目标规划问题的数学模型表达式为：

$$\min z = \sum_{k=1}^{K} P_k \sum_{l=1}^{L} \left(w_{kl}^{-} d_l^{-} + w_{kl}^{+} d_l^{+} \right) \tag{7-1}$$

综合公众环境效益最大化、企业利润最大化以及政府补贴最小化目标统筹进行以产业链不同环节为对象的补贴政策优化。因此，本章设置三级目标，P_1 级目标是公众社会环境效益最大化；P_2 级目标是生物质发电企业利润最大化；P_3 级目标是政府补贴最小化。本章的目标函数为：

$$\min z = P_1 d_1^{-} + P_2 d_2^{-} + P_3 d_3^{+} \tag{7-2}$$

7.3　基于多目标规划的不同环节优化约束条件设置

在多目标规划模型中，原规划的目标函数与常规约束条件都一致被认为是约束条件。

7.3.1　转化为约束条件的目标函数

目标约束是解决目标规划问题中所特有的概念，它是一种软约束，将约束右边的值认为是目标规划中所规定的目标值。目标约束中决策值与规定值之间的差值，用偏差量来表示。

1. 公众社会环境效益最大化

生物质发电过程中公众社会所获得的环境效益，即为生物质发电替代传统能源发电所实现的节能减排效益，具体为碳及其他排放物排放的减少和资源消耗的节约量。假设某生物质发电企业环境效益为 EB，则公众社会环境效益最大化的目标约束为：

$$\left(\sum_{l=1}^{3}\mathrm{CO}_2\times P_{\mathrm{CO}_2}+\sum_{k=1}^{n}\sum_{l=1}^{3}E_k\times P_k+\sum_{q=1}^{m}\sum_{l=1}^{3}\mathrm{RE}_q\times P_q\right)\times Q_t+d_1^- - d_1^+=\mathrm{EB} \tag{7-3}$$

单位电力碳减排的环境效益由不同环节碳排放减少量与碳货币价值共同决定：

$$\begin{aligned}&\sum_{l=1}^{3}\mathrm{CO}_2\times P_{\mathrm{CO}_2}=P_{\mathrm{CO}_2}\times\left(\mathrm{CO}_{\mathrm{pre}}+\mathrm{CO}_{\mathrm{trans}}+\mathrm{CO}_{\mathrm{op}}\right)=\\&P_{\mathrm{CO}_2}\times[(\mathrm{CO}_{\mathrm{pre}}^{\mathrm{coal}}-\sum_{i=1}^{n}Q_{\mathrm{m}i}\times E_{\mathrm{pre}i}\times\rho_{\mathrm{oil}}\times f_{\mathrm{oil}})+(\mathrm{CO}_{\mathrm{trans}}^{\mathrm{coal}}-\sum_{i=1}^{n}D_i\times\mathrm{TS}_i\times O_j\times f_{\mathrm{oil}})+\\&\mathrm{CO}_{\mathrm{op}}^{\mathrm{coal}}-Q_t\times\mathrm{EC}\times 3.6\times f_e]\end{aligned} \tag{7-4}$$

除碳排放外其他气体、固体排放物的单位电力环境减排效益由 SO_2、NO_x、CO、烟尘、灰、炉渣在原料获取、运输、燃烧发电三个环节的环境减排效益相加而得：

$$\begin{aligned}\sum_{k=1}^{n}\sum_{l=1}^{3}E_k\times P_k=&\sum_{l=1}^{3}E_{\mathrm{S}}\times P_{\mathrm{S}}+\sum_{l=1}^{3}E_{\mathrm{N}}\times P_{\mathrm{N}}+\sum_{l=1}^{3}E_{\mathrm{C}}\times P_{\mathrm{C}}+\\&\sum_{l=1}^{3}E_d\times P_d+\sum_{l=1}^{3}E_a\times P_a+\sum_{l=1}^{3}E_r\times P_r\end{aligned} \tag{7-5}$$

资源消耗造成的单位电力环境效益节约通过统计原油、原煤、原铁矿、石灰石、原铜矿在生物质发电生命周期中节约的资源量：

$$\begin{aligned}\sum_{q=1}^{m}\sum_{l=1}^{3}\mathrm{RE}_q\times P_q=&\sum_{l=1}^{3}\mathrm{RE}_{\mathrm{oil}}\times P_{\mathrm{oil}}+\sum_{l=1}^{3}\mathrm{RE}_{\mathrm{coal}}\times P_{\mathrm{coal}}+\sum_{l=1}^{3}\mathrm{RE}_{\mathrm{iron}}\times P_{\mathrm{iron}}+\\&\sum_{l=1}^{3}\mathrm{RE}_{\mathrm{limestone}}\times P_{\mathrm{limestone}}+\sum_{l=1}^{3}\mathrm{RE}_{\mathrm{copper}}\times P_{\mathrm{copper}}\end{aligned} \tag{7-6}$$

2．企业利润最大化

生物质发电企业利润是指企业在一定运营期间内所获得的经营成果，主要指收入减去成本之后所余。假设生物质发电利润为 EI，不考虑补贴时，生物质发电利润最大化目标约束可表达为：

$$P_{\mathrm{market}}\times Q_t\times(1-\mathrm{EC})-\left(C_{\mathrm{buy}}+C_{\mathrm{pre}}+C_{\mathrm{trans}}+C_{\mathrm{store}}+C_{\mathrm{Op}}\right)+d_{2i}^+-d_{2i}^-=\mathrm{EI} \tag{7-7}$$

即

$$P_{\mathrm{market}}\times Q_t\times(1-\mathrm{EC})-\sum C+d_{2i}^+-d_{2i}^-=\mathrm{EI} \tag{7-8}$$

基于前文分析生物质发电所特有的环境外部性以及政府补贴对整个产业的重要意义，本章假设政府对生物质发电的各生命周期环节进行补贴。政府对生物质发电企业的补贴形式主要包括农林生物质废物原料收购补贴、上网电价补贴以及接网费补贴。当前，上网电价补贴基本覆盖所有生物质发电项目，而原料收购补贴、接网费补贴等只是部分项目有所涉及。为进一步探讨不同环节补贴对项目实现的经济环境利润影响，如何设计优化不同环节补贴更为合适，本章假设几种补贴组合寻求不同情境下目标规划最优解：

情景一：只针对上网电价进行补贴调整，其他环节补贴未涉及，生物质上网电价在当地火力发电入网价基础上补贴，补贴上限不只局限于现行 0.75 元/（kW·h）标杆电价：

$$(P_{\text{market}} + X_1) \times Q_t\left(1 - \text{EC}\right) - \sum C + d_{21}^{+} - d_{21}^{-} = \text{EI} \tag{7-9}$$

情景二：现行上网电价补贴维持标杆电价 0.75 元/（kW·h）不变，对原料收购环节补贴与接网费补贴优化调整：

$$P_{\text{feed-in}} \times Q_t \times \left(1 - \text{EC}\right) - \sum C + X_2 + X_3 \times Q_t \times \left(1 - \text{EC}\right) + d_{22}^{+} - d_{22}^{-} = \text{EI} \tag{7-10}$$

情景三：原料补贴、上网电价、接网费同时优化调整：

$$\left(P_{\text{market}} + X_1\right) \times Q_t \times \left(1 - \text{EC}\right) - \sum C + X_2 + X_3 \times Q_t \times \left(1 - \text{EC}\right) + d_{23}^{+} - d_{23}^{-} = \text{EI} \tag{7-11}$$

销售收入是生物质发电企业最重要的收入来源，生物质发电通常以优惠上网电价向电网公司并网得以销售。某发电企业年度总电力销售价格可以用公式表示为：

$$R_{\text{revenue}} = T \times \text{IC} \times e_t \times \left(1 - \text{EC}\right) \times P_{\text{feed-in}} \tag{7-12}$$

或

$$R_{\text{revenue}} = \sum_{t=1}^{T} Q_t \times \left(1 - \text{EC}\right) \times P_{\text{feed-in}} \tag{7-13}$$

现行生物质发电的上网电价实际包含市场电价和政府补贴电价两部分，即：

$$P_{\text{feed-in}} = P_{\text{market}} + P_{\text{subsidy}} \tag{7-14}$$

生物质发电成本主要由原料获取成本、原材料加工预处理成本、原料运输成本和燃烧发电成本构成。

生物质原料资源的获取成本可表示为：

$$C_{\text{buy}} = \sum_{i=1}^{n} C_{\text{buy},i} = \sum_{i=1}^{n} Q_{\text{m}} \times P_i \tag{7-15}$$

预处理环节总成本表示为：

$$C_{\text{pre}} = F_{\text{year}} + C_{\text{o}} = F \times (1 - \text{RV}) / n + \sum_{i=1}^{n} \pi \times (R^2 - r^2) \times \rho_i \times O \times P_{\text{o}} \tag{7-16}$$

直接收购模式下农户或林户个体的总运输成本表示为：

$$C_{\text{trans1}}=\sum_{i=1}^{n}\frac{2\sqrt{2}}{3}\times\pi\times\rho_i\times r^3C_t+2\times C_l\times\pi\times r^2\times\rho_i \tag{7-17}$$

收购点模式下的总运输成本用公式表示为：

$$C_{\text{trans2}}=C_{\text{trans2,1}}+C_{\text{trans2,2}}=$$
$$\sum_{e=1}^{q}\left[\sum_{i=1}^{n}\frac{2\sqrt{2}}{3}\times\pi\times\rho_i\times r_e^3\times C_j+\pi\times\rho_i\times r_e^3\times\beta\times D_e+4\times C_{l2}\times\pi\times(R^2-r^2)\times\rho_i\right] \tag{7-18}$$

在运行发电环节，经济成本较为复杂，不仅包括了设备的维护成本、管理成本、财务成本，还包括了生产中所消耗的水费、电费、人工成本等。

$$C_{\text{op}}=T\times\text{IC}\times e_t\times C_u \tag{7-19}$$

或

$$C_{\text{op}}=\sum_{t=1}^{T}Q_t\times C_u \tag{7-20}$$

$$C_u=\text{RC}_u+\text{MC}_u+\text{FC}_u+\text{LC}_u+\text{OC}_u \tag{7-21}$$

3．政府补贴最小化

预计政府补贴金额为 X_0，政府出于自身的角度，总是希望以最小的补贴实现社会的最大效益，因此政府补贴最小化的目标，即：

$$X+d_3^- - d_3^+ = X_0 \tag{7-22}$$

7.3.2 绝对约束

1．原料收购约束

各类生物质原料收集之和应不大于该地区生物质原料最大可获取量，同时不小于电厂对原料的需求。电厂发电所消耗原料率因技术水平与原料种类而不同，控制在每千瓦时电力消耗原材料 1.1～1.8 kg，以 e_t 表示消耗率：

$$e_t\times Q_t\leqslant\sum_{i}Q_{m,i}\leqslant Q_{m\max_i} \tag{7-23}$$

2．经纪人成本收入约束

在经纪人收购制度下，生物质发电企业向经纪人进一步收购原料应保证经纪人可获得可观的利润，以激发经纪人的积极性。不等式左边表示生物质发电企业向经纪人收购原料时所付出的相应成本，即经纪人收入。不等式右边为经济人固定成本、采购收集运输成本及至电厂的运输成本等之和：

$$\sum_i SQ_{mi,k} \times SP_i \geqslant \left\{ FCa_k + \sum_i SQ_{mi,k} \times \left[\frac{aP_i + 2 \times TCa1_i \times DCa1_i}{MR_i} + 2 \times TCa2_i \times DCa2_i \right] \right\} \times (1 + ER) \tag{7-24}$$

3. 发电约束

生物质发电企业的发电量不应过低，应控制在一定发电量之上与最大发电量之下：

$$Q_{t\min} \leqslant Q_t \leqslant Q_{t\max} \tag{7-25}$$

4. 需求约束

生物质发电具有公共产品的特性，产品需求与其价格并无直接相关性。国家出台多项政策指出生物质电厂的上网电量电网公司应全额收购，因此生物质发电上网电量约束为不大于地区电力需求量：

$$Q_t \times (1 - EC) \leqslant Q_d \tag{7-26}$$

5. 企业利润约束

生物质发电企业作为市场盈利主体，获得利润是其生产的最大动力，同时作为低碳环保依靠国家补贴运行的项目，它在一定程度上也表现出公共产品的特性。因此，生物质发电的企业利润率应处于合理保本微利范围之内，不应只由市场决定。

当前生物质发电行业并未公布行业平均利润水平，行业内实际利润水平也参差不齐。一般认为，某一行业内的上市公司能够代表该行业优秀水平，在强制公开年报信息的规定下，许多学者以这些企业的利润率 75%分位数水平作为行业优秀水平（张晓娣，2017）。其中，生物质发电上市公司的利润率代表行业优秀企业水平，故取 2016 年 16 家生物质发电企业（表 7-3）利润率 75%分位数水平 22.329 8%作为收益上限。以保本为基本前提，即 0 收益率作为下限。

表 7-3　2016 年生物质发电 16 家企业净利润率

企业名称及代码	净利润/万元	营业总收入/万元	净利润率/%
凯迪生态（000939）	33 400	500 100	6.678 7
国能生物发电集团	18 866.23	450 565.9	4.187 2
中国光大绿色环保（01257.HK）	62 922	300 441	20.943 2
长青集团（002616）	16 300	190 700	8.547 5
丰源股份（832236）	3 248.96	14 400	22.562 2
韶能股份（000601）	44 100	319 900	13.785 6
民和股份（002234）	15 400	140 900	10.929 7
伟明环保（603568）	32 900	69 300	47.474 7

企业名称及代码	净利润/万元	营业总收入/万元	净利润率/%
瀚蓝环境（600323）	50 900	369 000	13.794 0
富春环保（002479）	24 500	269 900	9.077 4
粤丰环保（HK1381）	40 001.8	165 355.2	24.191 4
绿色动力环保（HK1330）	35 646	187 448	19.016 5
上海环境（601200）	46 500	255 100	18.228 1
中国天楹（000035）	21 200	98 000	21.632 7
盛运环保（300090）	11 900	157 200	7.570 0
中国锦江环境控股（BWM.SG）	5 975.8	26 318.9	22.705 4

因此，设定生物质发电行业利润率限制为 0～22.329 8%，即 $R_a \leqslant \mathrm{EI} / R_{\text{revenue}} \leqslant R_b$ 可表示为：

$$0 \leqslant \mathrm{EI} / R_{\text{revenue}} \leqslant 22.329\,8\% \tag{7-27}$$

6．补贴约束

政府对生物质发电企业的环境正外部性给予补贴，然而无论是中央或地方政府其财政能力有限，应在合理预算范围之内对企业进行补贴，并提高项目经营效率，最高补贴额不超过 $X_{\max}$：

$$0 \leqslant X \leqslant X_{\max} \tag{7-28}$$

对于生物质发电上网电价补贴，其补贴应在现有标杆价的一定范围内变化：

$$P_{\text{market}} + (1 - a\%) \times X_1 \leqslant P_{\text{market}} + X_1 \leqslant P_{\text{market}} + (1 + b\%) \times X_1 \tag{7-29}$$

原料补贴、接网费补贴也应在控制在一定浮动范围之内：

$$(1 - a\%) \times X_2 \leqslant X_2 \leqslant (1 + b\%) \times X_2 \tag{7-30}$$

$$(1 - a\%) \times X_3 \leqslant X_3 \leqslant (1 + b\%) \times X_3 \tag{7-31}$$

7.4　基于多目标规划的不同环节优化模型确定

生物质发电补贴优化多目标规划模型，可依据不同补贴组合方式分为如下几类：

7.4.1　情景一

只针对上网电价进行补贴调整，其他环节补贴未涉及，生物质上网电价在当地火力发电入网价基础上补贴，补贴上限不只局限于现行 0.75 元/（kW·h）标杆电价：

$$\min z = p_1 d_1^- + p_2 d_2^- + p_3 d_3^+$$

s.t.

$$
\begin{cases}
\sum_{l=1}^{3}\mathrm{CO}_2 \times P_{\mathrm{CO}_2} + \sum_{k=1}^{n}\sum_{l=1}^{3}E_k \times P_k + \sum_{q=1}^{m}\sum_{l=1}^{3}\mathrm{RE}_q \times P_q \times Q_t + d_1^- - d_1^+ = \mathrm{EB} \\
P_{\mathrm{market}} + X_1 \times Q_t\left(1-\mathrm{EC}\right) - \sum C + d_{21}^+ - d_{21}^- = \mathrm{EI} \\
X + d_3^- - d_3^+ = X_0 \\
e_t \times Q_t \leqslant \sum_i Q_{mi} \leqslant Q_{m\max_i} \\
\sum_i \mathrm{SQ}_{mi,k} \times \mathrm{SP}_i \geqslant \left\{\mathrm{FCa}_k + \sum_i \mathrm{SQ}_{mi,k} \times \left[\frac{aP_i + 2\times \mathrm{TCa1}_i \times \mathrm{DCa1}_i}{\mathrm{MR}_i} + 2\times \mathrm{TCa2}_i \times \mathrm{DCa2}_i\right]\right\} \times \left(1+\mathrm{ER}\right) \\
Q_{t\min} \leqslant Q_t \leqslant Q_{t\max} \\
Q_t\left(1-\mathrm{EC}\right) \leqslant Q_d \\
R_a \leqslant \mathrm{EI} / R_{\mathrm{revenue}} \leqslant R_b \\
0 \leqslant X \leqslant X_{\max} \\
P_{\mathrm{market}} + (1-a\%) \times X_1 \leqslant P_{\mathrm{market}} + X_1 \leqslant P_{\mathrm{market}} + (1+b\%) \times X_1
\end{cases}
\tag{7-32}
$$

7.4.2　情景二

现行上网电价补贴维持标杆电价 0.75 元/（kW·h）不变，对原料收购环节补贴与接网费补贴优化调整：

$$
\min z = p_1 d_1^- + p_2 d_2^- + p_3 d_3^+
$$

s.t

$$
\begin{cases}
\left(\sum_{l=1}^{3}\mathrm{CO}_2 \times P_{\mathrm{CO}_2} + \sum_{k=1}^{n}\sum_{l=1}^{3}E_k \times P_k + \sum_{q=1}^{m}\sum_{l=1}^{3}\mathrm{RE}_q \times P_q\right)Q_t + d_1^- - d_1^+ = \mathrm{EB} \\
P_{\text{feed-in}} \times Q_t\left(1-\mathrm{EC}\right) - \sum C + X_2 + X_3 \times Q_t\left(1-\mathrm{EC}\right) + d_{22}^{\prime} - d_{22} = \mathrm{EI} \\
X + d_3^- - d_3^+ = X_0 \\
e_t \times Q_t \leqslant \sum_i Q_{mi} \leqslant Q_{m\max_i} \\
\sum_i \mathrm{SQ}_{mi,k} \times \mathrm{SP}_i \geqslant \left\{\mathrm{FCa}_k + \sum_i \mathrm{SQ}_{mi,k} \times \left[\frac{aP_i + 2\times \mathrm{TCa1}_i \times \mathrm{DCa1}_i}{\mathrm{MR}_i} + 2\times \mathrm{TCa2}_i \times \mathrm{DCa2}_i\right]\right\} \times (1+\mathrm{ER}) \\
Q_{t\min} \leqslant Q_t \leqslant Q_{t\max} \\
Q_t \times \left(1-\mathrm{EC}\right) \leqslant Q_d \\
R_a \leqslant \frac{\mathrm{EI}}{R_{\mathrm{revenue}}} \leqslant R_b \\
0 \leqslant X \leqslant X_{\max} \\
\left(1-a\%\right) \times X_2 \leqslant X_2 \leqslant \left(1+b\%\right) X_2 \\
\left(1-a\%\right) \times X_3 \leqslant X_3 \leqslant \left(1+b\%\right) X_3
\end{cases}
\tag{7-33}
$$

7.4.3 情景三

政府针对生物质原料收购、上网电价、接网费同时进行综合补贴优化调整：

$$\min z = p_1 d_1^- + p_2 d_2^- + p_3 d_3^+$$

s.t.

$$\begin{cases}\left(\sum_{l=1}^{3}\mathrm{CO}_2 \times P_{\mathrm{CO}_2} + \sum_{k=1}^{n}\sum_{l=1}^{3} E_k \times P_k + \sum_{q=1}^{m}\sum_{l=1}^{3}\mathrm{RE}_q \times P_q\right)Q_t + d_1^- - d_1^+ = \mathrm{EB} \\ \left(P_{\mathrm{market}} + X_1\right)\times Q_t\left(1-\mathrm{EC}\right) - \sum C + X_2 + X_3 \times Q_t\left(1-\mathrm{EC}\right) + d_{23}^+ - d_{23}^- = \mathrm{EI} \\ X + d_3^- - d_3^+ = X_0 \\ e_t \times Q_t \leqslant \sum_i Q_{mi} \leqslant Q_{m\max_i} \\ Q_t \times \left(1-\mathrm{EC}\right) \leqslant Q_d \\ \sum_i \mathrm{SQ}_{mi,k} \times \mathrm{SP}_i \geqslant \left\{\mathrm{FCa}_k + \sum_i \mathrm{SQ}_{mi,k} \times \left[\left[\dfrac{aP_i + 2\times \mathrm{TCa1}_i \times \mathrm{DCa1}_i}{\mathrm{MR}_i} + 2\times \mathrm{TCa2}_i \times \mathrm{DCa2}_i\right]\right]\right\} \times \left(1+\mathrm{ER}\right) \\ Q_{t\min} \leqslant Q_t \leqslant Q_{t\max} \\ R_a \leqslant \mathrm{EI} / R_{\mathrm{revenue}} \leqslant R_b \\ 0 \leqslant X \leqslant X_{\max} \\ P_{\mathrm{market}} + (1-a\%) \times X_1 \leqslant P_{\mathrm{market}} + X_1 \leqslant P_{\mathrm{market}} + (1+b\%) \times X_1 \end{cases} \tag{7-34}$$

7.5 多目标规划模型求解方法

7.5.1 多目标规划模型求解理论方法

对于非线性多目标规划问题，通常无法用一次性求解的直接法求解得到理想答案，多采用迭代方式一步一步求解。牛顿迭代法即为平时所讲牛顿法，是求解非线性多目标规划问题最常使用的方法之一，它常常持续使用变量的纠正以推算出新值，继而求得最优解。

牛顿法的基本求解思想是运用迭代点 X_i 所在点的一阶导数（梯度）以及二阶导数（即 Hessen 矩阵）对所构建的目标函数进行二次函数的近似求解，得出二次模型的近似极小点并将其视为下一步的迭代点，不断循环此过程，直到求解出在精度允许范围内的近似极小值。此方法不仅高速，且能较为精准接近最优值。

牛顿法逐一步骤的迭代方向均为沿点函数不断下降的角度。通常来讲，对于某个待优化求解函数 $f(x)$ 的极值求解，可以将该问题转换为对函数 $f(x)$ 的求导问题，即 $f'(x)=0$。假设该函数有连续的二阶偏导数，则综合泰勒公式可具体展开表达为：

$$f(x)=f(x_i)+f'(x_i)(x-x_i)+\frac{1}{2}f''(x_i)(x-x_i)^2 \tag{7-35}$$

进一步对以上函数求导并令函数值为 0，则可表达为：

$$f'(x_i)+f''(x_i)(x-x_i)=0 \tag{7-36}$$

当 $f''(x_i)$ 可逆时，公式可表达为：

$$x=x_i-\frac{f'(x_i)}{f''(x_i)} \tag{7-37}$$

其中，$P_i=-\frac{f'(x_i)}{f''(x_i)}$，即为牛顿方向。

牛顿迭代法的具体步骤如下：

① 选取初始点 x_i，令 $i=0$，并设定终止误差值为 $0\leqslant\varepsilon\leqslant1$ ；

② 对初始点 x_i，若 $\|\nabla f(x_i)\leqslant\varepsilon\|$，则停止，输出结果 $x^*\approx x_i$；若不然，则转向③；

③ 取 $P_i=-\frac{f'(x_i)}{f''(x_i)}$，由 $\min f(x_i+\lambda P_i)$ 求解出 λ_i，设定 $x_{i+1}=x_i+\lambda_i P_i$；

④ 进一步计算 $\nabla f(x_{i+1})$，$i=i+1$，转②。

7.5.2　多目标规划模型求解实践方法

牛顿迭代法计算过程较为复杂，实际运算中可直接运用软件来完成计算流程，直接获得最优解。LINGO（Linear Interactive and General Optimizer）软件是专业运用建模语言求解最优解问题的软件。本章拟采用 LINGO15.0 求解多目标非线性规划模型。

本章多目标非线性规划模型使用 LINGO 软件时，具体求解过程使用分级序列法，即按照多目标规模型的多目标排序的不同重要性，给出一个序列，逐步在前一目标所得最优解集合中继续求下一目标的最优解集合，依照此顺序直至求出符合要求的共同最优解。

针对本章多目标规划的三个目标，按重要性程度依次排序，假设 $f_1(x)$ 最重要的公众社会环境效益最大化目标，其次为 $f_2(x)$ 生物质发电企业利润最大化目标，最后为 $f_3(x)$ 政府补贴最小化目标。首先利用软件计算出在以公众社会环境效益最大化 $f_1(x)$ 为目标函数，保持原多目标规划约束条件不变的问题 Q_1：

$$\min f_1(x) = f_1^*$$
$$\text{s.t. 约束函数合集} \tag{7-38}$$

求出最优解 $x^{(1)}$ 和最优值 f_1^*，在此基础上求解问题 Q_2：

$$\min f_2(x) = f_2^*$$
$$\text{s.t.} \quad x \in R \cap \left\{ x \middle| f_1(x) \leqslant f_1^* \right\} = R_1 \tag{7-39}$$

R_1 是问题 Q_1 的可行域。求出以上最优解 $x^{(2)}$ 和最优值 f_2^*，即可得：

$$\min_{x \in R} f_2(x) = f_2^* \tag{7-40}$$

继续求解问题 Q_3：

$$\min f_3(x) = f_3^*$$
$$\text{s.t.} \quad x \in R_2 = R_1 \bigcap \left\{ x \middle| f_2(x) \leqslant f_2^* \right\} \tag{7-41}$$

得到最优解 $x^{(3)}$ 和最优值 f_3^*，即本章多目标规划模型在分层序列意义下的最优解。

7.5.3 结果分析

1. 多目标规划最优解

结合具体案例数据参数，可计算出生物质发电多目标规划问题中不同情景下不同目标值的最优解以及相应最优值，可得不同补贴组合情景下上网电价补贴、原料环节补贴以及接网费补贴额度理想值分别如何设置，哪些环节补贴需要加强，哪些环节补贴可适当降低；同时可计算该种补贴组合之下可实现的环境效益、企业利润是多少，政府付出补贴成本是多少。

对各结果进行分析，全局衡量三个核心目标，综合各指标选取一种或几种针对产业链不同环节为对象的较优补贴政策方案，使项目环境与经济效益都达到较好效果，而政府补贴成本尽可能更低，方案可为当地生物质发电补贴政策的制定提供参考。

2. 补贴环节优化合理性

将多目标规划模型最优解和实现的各目标最优值与案例实际情况相对比，判断是否可以在行业现有技术水平、资源条件、费用成本不变的情况下，通过调整政府补贴政策和企业发电量，实现环境效益和企业利润水平的提升。是否可以使政府以不变或较低的补贴成本，仅仅通过调整补贴方式、补贴环节等补贴组合形式来提升补贴效率。补贴是否有必要兼顾多个环节，补贴在原料补贴环节、上网电价环节、接网费等环节的补贴结构是否有必要调整优化。

7.6　本章小结

当前，对生物质发电补贴政策的研究几乎全部集中于主观定性研究，缺乏科学合理而又较为客观的量化研究，本章以产业链不同环节为对象进行生物质发电补贴政策优化设计，具体来讲，本章运用多目标非线性规划模型对生物质发电产业链中较为重要的原料补贴、上网电价补贴以及接网费补贴从量化角度进行了探讨。

在生物质发电补贴额度调整过程中，社会各利益方处在相对对立状态之下。当社会的环境效益与企业经济利润一直不断上升时，政府付出的项目补贴就会相应增加，补贴缺口不断增大，加重财政负担；当政府在不合适的产业发展环节不断减少对生物质发电的补贴，则生物质发电企业难以为继利润受损，阻碍产业发展，其替代火力发电的环境效益也将无法实现。多目标规划的方法可以在满足各种限制约束下，力求各目标的合理优化与各相关主体的利益平衡，即最佳合作策略。

在多目标规划模型思想的指导下，建立兼顾公众社会环境效益最大化、发电企业利润最大化、政府补贴最小化三大目标的目标函数，根据理论与实际情形进行约束条件限制，通过设置三类补贴优化情景对比，计算生物质发电补贴环节政策优化的最优解与各目标最优值，探讨是否可以通过补贴结构、各环节补贴额度调整等补贴政策优化，能够以同样或较少的政府补贴成本，实现经济与环境的双赢局面。本章只构建出讨论产业链各环节补贴的多目标规划模型和求解方法，具体分析将在第 9～10 章结合数据进一步探讨。

第 8 章

产业不同发展阶段生物质发电补贴政策优化设计

8.1 不同发展阶段补贴政策优化必要性与原则

8.1.1 不同发展阶段补贴政策优化必要性

生物质发电补贴政策与产业发展所处阶段密切相关。在生物质发电产业成长过程中，随着产业的不断成熟、市场竞争能力增强、企业盈利能力提升，相应对补贴的需求会随之减少。因此，根据生物质产业发展所处阶段设计补贴政策是生物质发电补贴政策体系的一大核心内容。而目前，可再生能源领域结合产业发展所处不同阶段来研究补贴政策设计的文献极少，针对生物质发电产业的研究更是空白。

根据国际较为通用的补贴方式，在可再生能源领域具体补贴政策制定时，政府部门倾向于预先假设一种补贴额度调整方式，例如逐年递减的补贴方式，其公式假设如下：

$$S_t=\begin{cases}\overline{S_1},\ t=1\\ \overline{S_2},\ t=2\\ \quad\vdots\\ \overline{S_T},\ t=T\end{cases}\quad \overline{S_1}>\overline{S_2}>\cdots>\overline{S_T} \tag{8-1}$$

由式（8-1）可知，补贴 S_t 可以视为关于时间 t 的函数，尽管具体补贴额度会逐渐调整，但是在某一固定时期之内补贴额度则是不变的。此种补贴政策设计的原因既是顺应产业发展能力增强的要求，也是不断激励企业降低成本的手段。只有不断调整补贴额度，发电企业才会实现技术进步和学习效应不断创新，激发产业成长潜力。

补贴政策根据不同阶段划分的具体形式并不仅仅囿于时间因素，同时还受限于装机容量、发电量等。由于生物质发电成本和电厂装机容量、发电量的关系，相较于与时间的关系更为稳定，因此也有一些国家补贴政策的制定依据装机容量以确定电力并网价格和补贴额度，以更接近实际发电成本。

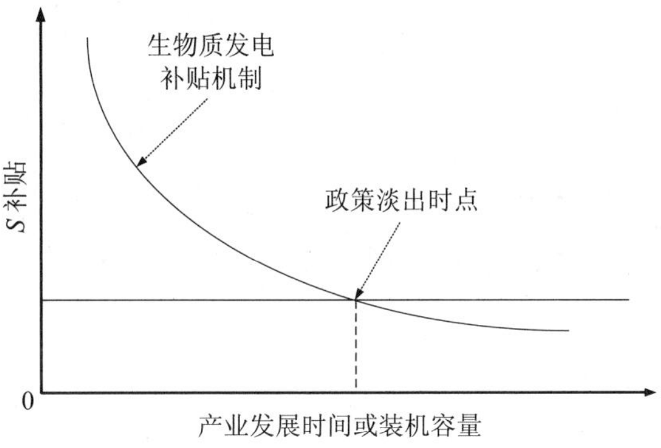

图 8-1　生物质发电政策支持政策淡出阶段选择

目前，虽然可再生能源研究领域已普遍认可生物质发电产业在发展初期阶段需要各类补贴政策进行支持，然而具体补贴政策应实施多久却没有研究作出具体解答。通常来讲，上网电价补贴、研发补贴、原料补贴等专项补贴较适用于生物质发电产业培育期阶段的保护性发展；竞价上网、电力配额制以及绿色证书等机制则更适用于已形成一定市场基础、有较为成熟经验的生物质发电成熟期阶段（张轶姿，2016）。

然而，在生物质发电产业未来形势尚不确定的情形下，如何合理划分产业不同发展阶段，并据此更新配套补贴政策，是以生物质发电产业不同发展阶段为关注点的补贴政策设计优化的研究关键。如果补贴政策过早淡出产业，会在极大程度上导致生物质发电产业无法维持从而进入衰退期；如果补贴政策维持过久，则可能导致产业的不健康发展。

8.1.2　不同发展阶段补贴政策优化原则

生物质发电不同发展阶段补贴政策优化原则主要包括补贴内容、补贴计算方法以及补贴实现效果，如图 8-2 所示。

1．支持项目度过培育期

从生物质发电产业运营生命周期来看，现有项目通常主要被分为培育期（成长期）与成熟期（稳定期）两个阶段。针对大多数处于培育期的项目，由于生物质发电项目初期成本较高，所需投入资金较多，贷款额度通常也较高，企业负债压力大，此时政府投资补贴就显得尤为重要（蒋园园 等，2018）。同时，由于此阶段生物质发电项目发展尚不稳定，存在许多发电机组闲置、发电小时数较少的情形，能源综合利用效率整体较低。许多项目面临亏损，企业经营较为困难，甚至连正常的生产活动都难以为继，需要政府给予上网电价等经营阶段补贴以维持企业发展。因此，国外生物质发电产业较发达的地区政府在产业发展初期阶段及项目培育期通常也会进行各项补贴以促进其发展（赵源等，2012）。

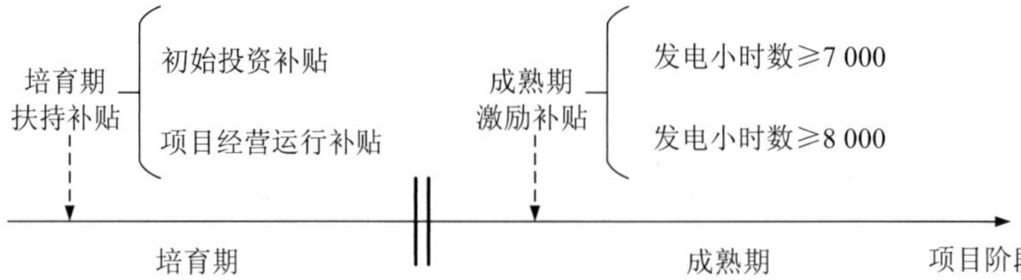

图 8-2　项目不同发展阶段补贴

2．促进成熟期项目持续发展

目前生物质发电产业中存在企业管理者为单纯追求发电小时数与上网电量而忽略生产经营能效的现状，为促进生物质发电企业步入成熟期后仍可以保持不断地开拓电力市场、提升运营水平的状态，以持续实现产业提升综合能源利用效率以及国家低碳环保的目标，需要政府为此提供适当激励补贴。

3．合理计算补贴额度

参考天然气、风力发电、光伏发电等补贴政策较成熟产业中补贴额度计算常用方法，并采用已发展较为成熟的内部收益率（IRR）方法，计算不同发展阶段生物质发电补贴额度。需要注意的是，在培育期和成熟期由于产业发展特征不同，补贴的目的也不相同。生物质发电培育期补贴额度的测算应以保证项目基本盈利为目的，而成熟期补贴额度的设计则主要为适当激励产业持续发展，后者额度应远小于前者。

4．不增加财政负担

生物质发电补贴可采用多种形式，通常分为一次性补贴或者按一定额度定期补贴。然而，综合我国税费管理制度、对生物质发电项目的管理监督，以及政府财政负担等共同因素，本章拟采用每年对项目给予补贴的模式。

综上所述，本章将按照培育期与成熟期两个生物质发电产业发展阶段进行补贴，培育期补贴不仅涵盖项目初始投资补贴，还包含项目经营运行补贴，成熟期补贴则可依据生物质发电所达到的不同能效水平予以区分计算。采用内部收益率方法，按照以上不同阶段补贴对项目每年补贴额度设计进行计算。

8.2　不同发展阶段补贴政策优化模式选择

8.2.1　不同发展阶段的界定

生物质发电产业不同发展阶段补贴可以有效落实并据此设计优化所对应的各阶段补贴政策，前提是提出生物质发电项目不同发展阶段应如何界定。

目前我国对于生物质发电项目发展阶段界定研究涉及较少，现实中产业政策制定或可行性研究等常按照固定年限进行简单界定。例如，国家发展改革委于 2006 年颁布的《可再生能源发电价格和费用分摊管理暂行办法》对生物质发电项目上网电价进行规定，自项目投产所属日期开始享受每千瓦时电力的固定额度补贴电价，直至项目运行满 15 年时取消；刘贞等（2016）运用系统动力学对生物质发电补贴进行模拟，发现对项目补偿约 10 年之后项目可步入较稳定阶段。由于生物质发电项目周期较长，且各地区各企业具体项目情况存在较大差异，无法以一个具体同一年限作为标准，政府制定不同发展阶段政策时应参考当地实际情况合理界定生物质发电项目培育期年限。

仅仅依靠发展年限对生物质发电项目进行阶段界定缺乏科学性，应同项目发电运行情况、发电负荷发展状况一起综合考虑（王雁凌 等，2018）。步入成熟期的生物质发电项目应保持发电利用小时数的稳定以及持续较高的综合能源利用效率。据国家能源局公开的《2016 年度全国生物质能源发电监测评价报告》，截至 2016 年底，全国已投产的 254 个农林生物质发电项目总体效率较低，年平均利用小时数为 5 835 h，年等效负荷利用小时数更是不足 5 200 h，按照地区来看，年等效负荷利用小时数大于 7 000 h 的仅有辽宁省，年等效负荷利用小时数大于 6 000 h 的也只有浙江省、广西壮族自治区、广东省、江苏省、山西省以及宁夏回族自治区。根据我国其他可再生能源项目经营状况，以及业内优质企业项目发电情况，通常认为成熟期生物质发电项目发电利用小时数应达到 7 000 h 以上。

参考天然气分布式能源指导意见，将发电项目是否符合综合能源利用效率达到 70% 这一条件也作为考察生物质发电项目是否进入成熟期的界定方法之一。

图 8-3 为本章完善设计后的生物质发电产业不同发展阶段具体界定方法。

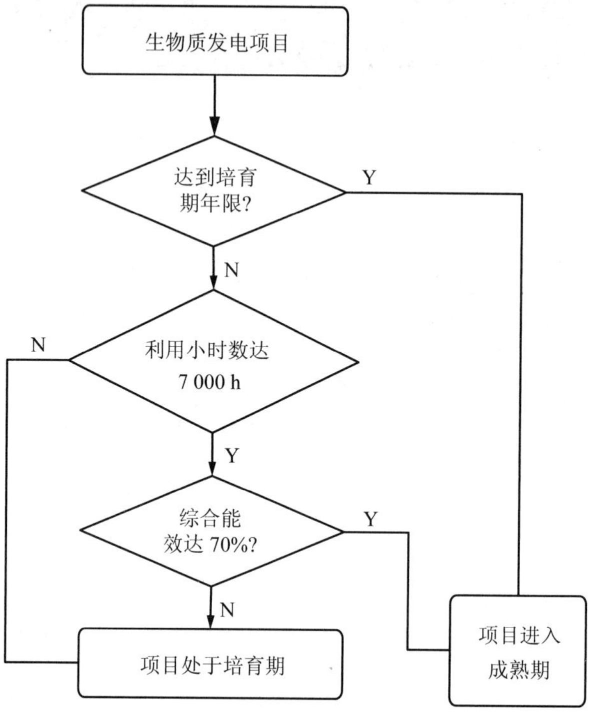

图 8-3 生物质发电项目发展阶段界定方法

其中，特别说明，如有项目已超过培育期年限，因以上界定方法被认为进入成熟期，而利用小时数与综合能效均不符合成熟期要求，则并不给予企业成熟期激励补贴；如项目虽未超过培育期年限，但发电利用小时数已稳定在 7 000 h 以上且综合能效也已达 70%以上，则企业可从自身项目出发自由选择接受培育期阶段支持政策还是成熟期阶段激励政策。

8.2.2 不同发展阶段特点

培育期阶段。生物质发电项目投入使用时间较短，处于运营初期，此阶段项目原料来源尚不稳定，电力入网机制也尚未健全，加之发电运营阶段仍然面临如锅炉结焦等技术不成熟问题。此时，生物质发电项目仍多处于示范阶段，只是传统电力能源的小部分补充，消费者对其低碳减排效应没有足够了解。但总体来看，项目运行已日趋成熟，发电小时数逐渐增加，对传统电力的补充替代能力也逐渐增强。

成熟期阶段。生物质发电项目发展已较为成熟，完善的原料收储运系统不仅保证了生物质发电项目的运行，还有效缓解了项目所在地农林废物的处置再利用的困境；项目运行平稳，发电小时数与发电综合能效已趋于稳定；对地区传统能源电力也已形成固定数量的补充和替代，地区节能减排效应得到明显提高。

值得注意的是，综合分析我国用电以及用热基本情况，社会电力消费增长速度和经济发展速度保持较为协调的增长率。相比之下，全国尤其是入冬后清洁供暖供应存在较大缺口。据此，2017 年底国家十部门发布的《关于印发北方地区冬季清洁取暖计划（2017—2021）的通知》（发改能源〔2017〕2100 号）以及随即公布的《国家发展改革委　国家能源局关于印发促进生物质能供热发展指导意见的通知》（发改能源〔2017〕2123 号）均要求生物质发电产业逐步升级，由原本单一发电企业转型为热电联产企业，有效提高能源利用效率。因此，发展到一定阶段的生物质发电企业，尤其是已投入生产多年并逐步进入成熟期的企业，建立生物质热电联产清洁供热模式，充分利用发电余热，争取以适当规模替代燃煤取暖的实现已成为生物质能利用的必然发展方向。

8.2.3　不同发展阶段补贴特点

政府补贴的根本目的，是为保证公众所享受的公共利益，对市场中微观主体自发追逐经济利润的行为进行干预和约束。补贴的参与直接影响了市场中利益的二次分配。

简易生物质发电补贴政策中主要参与主体为社会公众—消费者、生物质发电企业—生产者、政府—监督管理者。不同运营阶段的生物质发电补贴应综合考虑消费者对可再生能源电力价格的承受能力、发电企业对政府补贴的依赖程度以及政府对补贴的财政负荷能力，此三者形成生物质发电补贴的约束条件（图 8-4）：

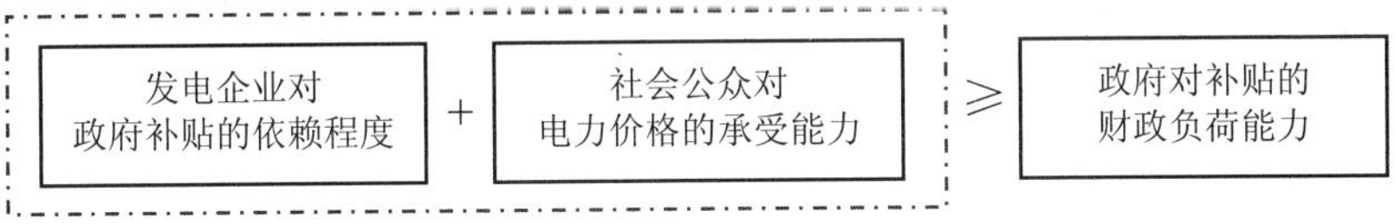

图 8-4　生物质发电补贴参与主体之间的关系

总体来说，政府在生物质发电产业不同发展阶段的补贴有着不同作用，培育期初期，补贴作为一种政策指向引导性的社会资金以推动项目起步；在培育期，适量的补贴弥补项目运营之中的亏损，支持企业逐步踏入市场正轨；在成熟期，少量补贴可作为对企业的奖励激励。只有以产业不同发展阶段为对象所制定并优化设计的良好补贴政策，才能推动生物质发电产业的可持续发展，具体不同发展阶段补贴强度如图 8-5 所示。

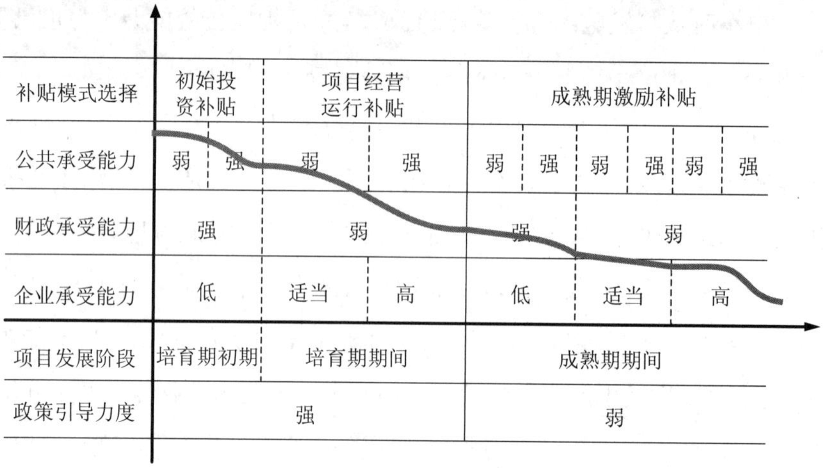

图 8-5 生物质发电补贴强度选择

在生物质发电培育期初期，产业发展离不开政府补贴政策的大力支持。无论是项目立项审批、配套能源林建设、原料收储运系统构建、电力入网基础设施建设，还是项目资金筹措机制等，政府部门都是这些环节的关键参与者与决策者。因此，在培育期初期阶段，政府基本承担了项目的主要责任，补贴力度最大。原因主要是社会公众尚未认识到产业的正外部效应且没有付出高于传统能源电力价格水平的意愿，电力购买价格与传统电力持平。对于虽然具有低碳环保效应但生产成本较高的项目，政府只能选择强度较高的补贴政策。

在生物质发电培育期期间，政府补贴政策的大力支持依然重要，如产业原料长期供应链的稳定、生产发电效率的提高、生物质电力入网衔接等问题，都需要政府支持企业解决原料供应困难、增加发电小时数，从而培育生物质电力市场。此时的补贴虽小于培育期初期，但额度依然较大，同时要兼顾地区产业发展水平和政府的财政承担能力。若该地政府财政能力较强，则可给予项目较多补贴支持（如维持社会公众消费电价不变，对生物质发电企业项目提供电价补贴）；若政府财政承担能力有限，但社会公众承担能力相对较强，也可适当将电价和其他专项补贴资金压力转移到社会公众身上。

在生物质发电成熟期阶段，项目发电小时数与综合能效均稳定，成本补贴与市场培育已不再是政府补贴的主要目的。但在节能减排生态目标的大力倡导下，如需生物质发电产业环境效益的进一步体现，仍然需要政府适当提供补贴来引导产业方向。如果政府财政能力较强，推荐依据项目绩效水平制定补贴机制，以激励企业提高生产力水平，更好地实现政府目标；如果政府财政能力有限，可以根据产业发展状况针对薄弱环节选择专项补贴政策对产业进行微调，保证其可持续发展。

8.3　基于 IRR 评价的不同发展阶段补贴测算模型建立

8.3.1　不同发展阶段补贴测算模型

生物质发电项目分阶段补贴的计算应在整个项目经营期内综合考虑。鉴于内部收益率（IRR）方法在评价项目承担货币贬值、通货膨胀能力、抗风险能力的适用性以及该方法在财务管理中的成熟性，本章基于 IRR 方法建立生物质发电分阶段补贴机制模型。

内部收益率又具体分为项目内部收益率（孙丙香　等，2011）和资本金内部收益率（刘东海　等，2017），前者假设项目所用资金全部为企业自有资金，不存在融资情形；后者资本金内部收益率进行的是项目融资后分析，其中项目资金不仅包括自有资本金，还包括债务资金。由于生物质发电项目投资资金中的部分来自企业融资，本章选取资本金内部收益率进行测算，可以帮助投资者判断投资收益的最低期望值，其公式如下：

$$C_{\mathrm{NPV}} = I - \sum_{t=1}^{n} \frac{K_{1t} - L_t}{\left(1+r\right)^t} - \sum_{t=n+1}^{m} \frac{K_{2t} - L_t}{\left(1+r\right)^t} \tag{8-2}$$

式中：C_{NPV} —— 整个经营周期内的资本金累计净现值；

I —— 初始资本金投入；

n —— 标杆数据中项目培育期年数；

K_{1t} —— 培育期内第 t 年项日现金流入额；

L_t —— 第 t 年项目现金流出额；

r —— 内部收益率；

K_{2t} —— 成熟期第 i 年项目的现金流入额；

m —— 项目的整个经营周期。

$$K_{1t} = P_e \times Q_{et} + P_h \times Q_{ht} + R_t + S_1 \tag{8-3}$$

$$K_{2t} = P_e \times Q_{et} + P_h \times Q_{ht} + R_t + S_2 \tag{8-4}$$

培育期现金流入额 K_{1t} 和成熟期现金流入额 K_{2t} 均由项目各项收入与政府补贴组成，地区电价 P_e 与项目上网销售电量 Q_{et} 构成项目售电收入；地区热力价格 P_h 与项目售热量 Q_{ht} 构成部分热点联产项目的售热收入；R_t 为项目其他收入；S_1 为培育期内政府补贴；S_2 为成熟期内政府补贴。

$$L_t = P_o Q_{ot} + C_{mt} + C_{st} + C_{opt} + C_{wt} + C_{lt} + C_{ott} + C_{ft} + C_{tt} \quad (8\text{-}5)$$

式中：L_t—— 项目的现金流出额由项目各项成本费用构成；

P_o—— 油价；

Q_{ot} —— 项目第 t 年的用油量；

C_{mt} —— 原料成本；

C_{st} —— 存储运输成本；

C_{opt} —— 运行维护成本；

C_{wt} —— 水费；

C_{lt} —— 劳动力成本，即职工薪酬；

C_{ott} —— 其他成本；

C_{ft} —— 第 t 年项目的财务费用；

C_{tt} —— 第 t 年项目的税收费用。

对于生物质发电各阶段补贴的测算，在确定不同内部收益率的基础上，将固定值 r 代入公式，通过调整补贴 S 使公式成立，此时，S 即为所求补贴。

8.3.2 标杆数据选取

生物质发电标杆数据包括产业内的通用数据以及各地区的基础数据，原则按照产业和测算地区平均数据取值。

1. 产业通用数据

产业通用数据指生物质发电项目设计中包括设计年限、建设期年限、设计生产能效、培育期与成熟期负荷等产业项目基本参数（表 8-1）

表 8-1 生物质发电项目通用数据

名称	数据取值及方式
项目经营年限	20 年
内部收益率 IRR	培育期，政府补贴后 0，1%，3% 成熟期，政府补贴后+0.5%，+1%
2×15 MW 项目投资	发电项目前期投资约 2.8 亿元
建设期	建设工期 20 个月，投产期 4 个月，共两年； 初始投资按照第一年 60%投入，第二年 40%投入
还贷年限	偿还期年限为 10 年，宽限期 2 年
还贷方式	等额本金偿还方式

名称	数据取值及方式
发电利用小时设计值	8 000 h
培育期负荷	投产期第一年预计可达设计能力 30%（2 400 h），第二年 50%（4 000 h），其余培育期期间，发电利用小时基本为 6 000 h
成熟期负荷	成熟期期间，前 5 年发电利用小时数 7 000 h，之后可持续维持设计值 8 000 h 利用时长； 部分发电企业响应政策建议在成熟期转变为热电联产企业
供热量	单机容量 50 MW 以下电厂，热电联产中热电比年平均必须大于 100%，热电比=供热量/［供电量×3 600 kJ/（kW·h）］×100%
折旧方式	折旧费计算基数为固定资产原值，综合折旧年限按 15 年计，净残值率 5%；无形及递延资产按 10 年进行摊销
人员定额	3 人/MW
材料费	33 元/MW
其他费用	53 元/MW

2. 分地区数据

分地区数据指具体计算某案例项目时，因我国每个地区上网电力价格、售热价格、燃油价以及水电费、职工薪酬水平均不相同，应根据项目所在地区具体情况进行个别分析。

表 8-2　分地区标杆数据

名称	数据取值及方式
上网电价	案例地区生物质电力上网价格，元/（kW·h）
标杆电价	案例地区燃煤发电上网价格，元/（kW·h）
售热价格	案例地区单位热力价格，元/GJ
供热量	案例项目热电比为某固定值时的供热量，GJ
原料价格	案例项目收购原料价格均价，元/t
燃油价	案例地区燃油价格，元/t
职工薪酬水平	案例项目平均工资薪酬，元/年
建设期利息率	案例项目建设期所获贷款利息率，%
水费	案例地区水价，元/t
税费	案例地区是否享受特殊税费优惠政策

8.4　基于 IRR 评价的不同发展阶段补贴测算模型计算

8.4.1　培育期补贴

当某地区首次投产生物质发电企业时，生物质电力原料供应链、上网体系尚不完善，并不宜直接采用各类公司合作制度，也不宜过多发挥社会资金的优势，即生物质发电培育期初期应更多考虑由政府主导实现。

培育期中后期，对于许多生物质发电项目，尽管生物质发电生产能力不断增强，利用小时数逐年提高，收入也逐年增加，但由于电厂建设前期投入较大，运营成本较高，且发电利用小时数距离设计值目标较远。仅仅依靠 0.75 元/（kW·h）生物质上网电价补贴，内部收益率（IRR）仍为负数，项目仍无法实现收支平衡。社会资本得不到理想收益也就不愿进入该行业，政府仍然需要给予额外补贴。

本章假设认为使生物质发电项目保本或取得基本收益是以维持产业发展为目的补贴的最低要求。为此，计算可以使项目投资内部收益率（IRR）分别等于 0、1%、3%、5%时，政府部门应给予项目多少额外补贴，才能使项目持续发展，并计算培育期总补贴额度。单一通过电价补贴调节 IRR 在加重政府财政负担的同时，也不能激励所有生物质发电产业的参与者。因此，本章建议的额外补贴并不仅指电价补贴，还包括分摊到每单位电力的其他补贴，如投资补贴、研发补贴、原料补贴等各类专项补贴，种种因素的变化都可以在额外补贴数据中表现出来。

8.4.2 成熟期补贴

成熟期阶段生物质发电项目逐渐成熟的具体表现为：① 发电利用小时数长期稳定在 7 000 h 以上，在后期甚至持续维持 8 000 h 设计值，售电收入不断增加；② 成熟期生物质发电企业已具备相应的国家“热电联产”电力新方向的经营水平与条件，按照国家《关于发展热电联产的规定》，单机容量小于 50 MW 的热电机组，要求热电比应高于 100%，依照项目具体热电比计算售热量；③ 由于规模效应与学习效应不断显现，运营成本不断下降。

此阶段企业效益逐步提高，政府补贴相应不断减少，社会资本优势将得到更多的体现。在培育期不同 IRR 基础上，计算增加 0.5%与 1%时的单位补贴和总补贴额度，并分类考虑项目在 7 000 h 与 8 000 h 发电利用小时数，以及是否向热电联产转型情景下的不同补贴额度。

依据计算单位补贴额度和补贴总额，判断生物质发电项目成熟期所需补贴额度是否明显低于培育期。判断是否仍需考虑生物质发电公共产品特性，在一定程度上继续发挥补贴引导激励作用。探讨在相同 IRR 情况下，热电联产项目经济性是否明显优于单纯发电企业，是否降低所需补贴额度。讨论成熟期后期利用小时数由 7 000 h 增长到 8 000 h 的情况下，所需补贴是否依旧减少。

8.4.3　不同发展阶段补贴额度推荐

总结以上对生物质发电分阶段补贴机制的设计，依据上文中可保障项目运行的补贴额度进行建议。

综合培育期与成熟期结果，内部收益率为 0 时并不能激发社会资本的积极性，收益率为 5%时补贴成本较高给资金来源带来压力，培育期内部收益率为 1%或 3%时，IRR 提高相同点数所需政府额外补贴的差距较小。因此，取后两者情形下的补贴额度作为分阶段补贴额度推荐范围。

对于不同发展阶段生物质发电项目，补贴额度也应分阶段设计。培育期所需政府补贴较多，除维持当前 0.75 元/（kW·h）标杆电价外，建议额外补贴以保证项目有 1%～3%的内部收益率，培育项目成长。在成熟期内，补贴额度可大幅降低，对于发电企业引导其向热电联产方向发展，项目售热收益进一步降低补贴需求，具体分析见第 9～10 章。

8.5　本章小结

在生物质发电整个运营生命周期内，总体来讲，政府这只“看得见的手”应不断弱化，补贴额度应不断减少。培育期主要通过财政补贴手段和政策方向给予生物质发电项目支持，成熟期补贴降低，政府主要行使监督和管理责任，市场作用机制不断显现。

因此，本章以产业不同发展阶段为对象对生物质发电补贴政策进行优化设计。首先对生物质发电不同发展阶段进行界定，探讨各阶段发展和补贴的特点，继而运用内部收益率（IRR）方法构建不同发展阶段补贴测算模型，结合行业数据和地区数据，探讨生物质发电项目在培育期 IRR 分别等于 0、1%、3%、5%以及成熟期 IRR 为+0.5%、+1%时政府补贴额度，讨论不同发电利用小时数以及是否存在热电联产等具体情形下的单位补贴额度和补贴总额。最后，综合各类情形，提出生物质发电不同发展阶段补贴额度的推荐范围。本章只构建出不同发展阶段补贴政策优化模型和计算方法，具体分析将在第 9～10 章结合数据进一步探讨。

第9章

生物质发电补贴政策优化案例：林木质/秸秆项目

9.1 案例研究方法概述与案例概况

9.1.1 案例研究法

作为社会科学研究重要手段之一的案例研究法，一直以来都是管理研究中许多理论构建和优化改进的重要方法（陈忠卫 等，2013）。关于案例研究法的概念，被最广泛接受的是 Yin（2004）指出的“对处于现实环境中所发生现象进行探究的经验性研究方法”。其优点在于使研究成果更具现实有效和可感性（唐权 等，2016），能够对个别事件深入研究、揭露深层次问题（赵莉 等，2013），深入获取丰富详细特征，对今后实证研究提供参考（Berg，2001）。

案例研究法往往通过选取一个或几个案例对所研究问题进行说明，单个案例对于证明或挑战某项理论有一定意义，能够从某个角度说明问题。多案例研究则更具全面性，可以反映研究问题的各个方面，通过重复证明所研究问题的结论，提高案例研究方法的有效性。多案例研究的运用使案例研究更加科学严格、更具有理论验证能力。

本章从全国范围内选取两个案例点进行深入调查，希望从每个案例中获取相对完整独立的信息与结论，同时，对比分析两个案例的研究内容和结果，对第 5～8 章生物质发电经济、环境成本价值探讨和产业链各环节补贴、不同发展阶段补贴的模型进行实际应用和验证，以此探讨本书提出的生物质发电补贴政策优化的可行性。

9.1.2 案例项目概况

内蒙古晨烁天易新能源开发有限公司成立于 2006 年 6 月，前身是奈曼旗鑫宸生物质发电有限公司，公司初期筹建的林木生物质热电联产示范建设项目是以林木为燃料的热电联产项目，是落实国家可再生能源政策、利用生物质能发电的一项开拓性、示范性项目。

公司位于通辽市奈曼旗大沁他拉镇工业园区，厂址所处的地貌单元为冲积平原，即老哈河、教来河中间的冲积平原，地势相对平坦开阔。厂址西侧与新建的污水处理厂毗邻，南侧为生态大道，东侧为工业大道。厂址与其东侧的京通公路相距约 2.5 km，与西侧的 111 国道相距仅 1.8 km。占地面积 600 亩[①]，建筑总面积 2.1 万余 m^2，其中厂房建筑面积 8 688 m^2，该公司方圆 100 km 内无生物质电厂，最近生物质电厂距离 200 km 以上。厂区周围概况示意见图 9-1。

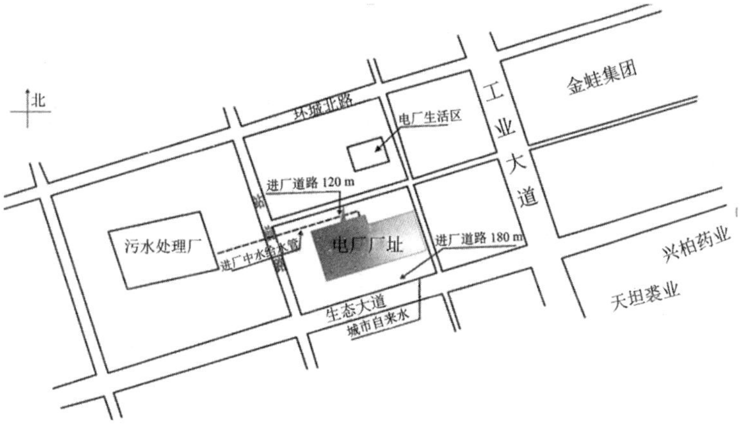

图 9-1　电厂周围概况

由于该电厂装机容量比较小，因此电厂应接入奈曼旗 66 kV 电网，示范电厂出线电压按 66 kV 考虑，出线回路数为 2 回，接入奈曼旗 220 kV 变电所 66 kV 母线，送电距离约为 9 km。

公司注册资本 2.8 亿元，截至 2016 年已累计投资约 3.5 亿元，形成固定资产 3 亿元。该公司生物质发电项目是我国第一个林木生物质直燃发电示范项目，装机规模 2×15 MW，年耗燃料约 30 万 t。项目于 2012 年 9 月通过竣工环保验收，2013 年 8 月取得发电许可证，2014 年 11 月 25 日开始收购燃料，2015 年 2 月 1 日正式投产发电，现一切运转正常。

① 1 亩≈666.67 m^2。

9.2 案例项目经济成本构成及价值分析

基于第 5 章生物质发电经济成本价值研究对生物质发电生产价值流界定，案例项目同样按照原料获取环节、运输环节以及生产使用环节进行评价。

9.2.1 案例项目经济成本构成

1. 原料获取环节经济成本

奈曼旗地处科尔沁沙地腹地，全旗总土地面积 1 220 万亩，其中林业用地面积 665 万亩。森林覆被率达到 26.67%，位居自治区和通辽市前列。目前，全旗有林地面积达到 324 万亩，灌木林地达到 124 万亩，全旗活立木蓄积量达到 360 万 m^3，年林木采伐量 20 万 m^3，年产伐根及枝丫材 25 万 t，产黄柳 15 万 t，产锦鸡儿 15 万 t，中幼林抚育间伐及修枝 10 万 t。木材加工企业的边角料 2 万 t，可用于林木质发电的林木资源总量接近 67 万 t。旗内现存的黄柳、锦鸡儿等灌木林按四年一个平茬期计算，每年平茬 30 万亩，每亩产干柴 0.6 t，年干柴产量可达到 18 万 t，包括其他枝丫材、伐根等，全旗现有灌木林资源及林业“三剩物”，满足林木质发电厂一期工程每年 17.16 万 t 干材的需求量绰绰有余。根据灌木林生长状况，由旗林草局划定年度平茬轮伐区域，发放灌木能源林平茬更新许可证，由旗林草局资源林政股、森林公安分局和乡镇林业站监督管理，实行科学有序的采伐，以保障能源林合理轮伐平茬，做到可持续利用。

该生物质电厂原料获取环节经济成本主要包括原料购买成本，原料获取工具的购买折旧成本、使用成本，以及人工成本。

原料来源半径约在 50 km 以内，主要原料种类为灌木平茬剩余物、商品林采伐剩余物、加工剩余物、玉米秸秆、玉米芯等。2015 年电厂共收集生物质原料约 18 万 t，其中林木质原料 8 万 t，农业剩余物玉米芯 7.8 万 t，其他原料 1 万多 t。不同原料具有一定的季节性特点，如奈曼旗当地玉米秸秆大量收集时间为 10 月到次年 3 月，林木质原料则在 3—11 月较多。该电厂原料获取基本采用经纪人（第三方）制度，由经纪人配送原料，个别原料由农户进行配送，具体原料结算流程如下，结算金额=湿重×（1−含水率）×单价。

此环节电厂投入工具主要包括割灌机、劈刀机、破碎机、削片机等，在企业设备购买价格的基础上折旧计算，年折旧额总计为 101 491.70 元。林木质收割粉碎成本较高，包含人工费与机器能源消耗共 160 元/t；玉米秸秆使用打包机收集，平均 10 t/（天·台），打包机由电厂买来给农民使用；当地劳动力成本为 200 元/天。在经纪人制度下，原料价格为到场价格，即已涵盖收集过程中所消耗成本，此处借用原料收购价格减去运输成本作为原料获取环节的原料+人工+能耗成本。

原料到场价格在标准含水率 25%情况下，林木质、玉米秸秆、玉米芯均为 300 元/t，18 万 t 原料消耗 5 400 万元，减去运输费用 900 万元（见下文），约为 4 500 万元。

生物质获取环节经济成本总计 45 101 491.70 元，2015 年发电量为 1 亿 kW·h，得此环节单位成本为 0.45 元/（kW·h）。

2. 运输环节经济成本

生物质原料运输成本根据原料资源收集距离而不同，60 km 以内，单位平均运输成本为 50 元/t；60～80 km，运输成本为 60～70 元/t；80 km 以上，运输成本更高，此处单位平均运输成本包括人工成本和耗油成本。该电厂原料采集半径平均为 50 km，按照 2015 年原料收购量 18 万 t，运输费用为 900 万元，单位成本 0.09 元/（kW·h）。

电厂内生物质原料运输工艺流程如下：破碎站→切片机→1 号胶带机→储料仓→螺旋取料机→2 号甲乙胶带机→3 号甲乙胶带机→料仓间。

储料场安装 2 台出力为 28 t/h 的切片机。碎后的物料由带式输送机输送到储料仓。储料仓储量约为 2 500 t，供 2 台机组燃用 5 天。储料仓内安装 1 台出力为 55 t/h 螺旋取料机。螺旋取料机将仓内的物料给到带式输送机，带式输送机将物料输送到料仓间。

储料仓前及储料仓内带式输送机系统为带宽 650 mm、带速 1.5 m/s、出力 55 t/h 的封闭单路系统；储料仓后及燃料间带式输送机系统为带宽 650 mm、带速 1.5 m/s、出力 55 t/h 的封闭双路系统。燃料运输系统采用程序控制及就地手动控制。

按照防火要求，若采用集中到厂的贮存方式是不可取的，所以，贮存方式采用“三地存放”的方式：一是电厂内只贮存 15 天的量；二是各收购站点总和储备总用量的 30%，其余的全部贮存在农户。采用分片收购，计划时间，可完全保障生产需要量和贮存量的平衡。

3. 发电环节经济成本

案例生物质电厂现有锅炉为杭州锅炉厂设计制造的（Nc75/3.82—TB）两台 75T 锅炉，汽轮机为杭州汽机股份有限公司生产的（FC15—35）两台汽轮机，发电机为杭州发电设备厂生产的（QF—W15—2）两台 15 MW 的发电机，

项目除尘系统使用过滤率不低于 99.8%的布袋除尘。经过除尘系统的灰渣通常由电厂定期收集运出，数量较小的情况下通常废弃不利用，数量较多会回收再利用，

发电运行环节经济成本主要包括建厂和设备折旧、财务费用、水电消耗以及工人工资。其中厂房、锅炉房等厂房建造费用按使用年限 20 年折旧，总费用为 2 614 372.92 元；发电环节包括锅炉、发电机、汽轮机等大量生产设备，15 年折旧额为 5 880 963.63 元；发电环节技术工人约为全体员工的 80%，共 120 人，工人施行 4 班 3 倒制度，1 班 15 人左右，每天 3 班倒，1 班休，工资 3 000 元/月，年工资共计 4 320 000 元；年生产用水量约 20 万 t，当地工业自来水单价为 3.8 元/t，用水成本共计 760 000 元。

生物质发电环节经济成本总计 13 575 336.55 元，单位成本 0.13 元/（kW·h）。

9.2.2 案例项目经济价值分析

该生物质电厂机组装机容量为 2×15 MW，2015 年实际发电量为 1 亿 kW·h，电厂自用电率为 10%，进一步除去其他消耗，销售上网电力总量约为 9 000 万 kW·h。生物质发电上网电价为 0.75 元/（kW·h），其中 2015 年标杆价格是 0.310 4 元/（kW·h），补贴 0.439 6 元/（kW·h）。生物质发电入网销售收入共 6 750 万元，其中来自政府补贴部分为 3 956.4 万元。

由于原料质量控制严格，除灰渣系统剩余灰渣量较少，因此该生物质电厂并未将灰渣进行统一销售，暂无此项收入。

该电厂主要经济指标如表 9-1 所示。

表 9-1　项目主要经济指标

项目	累计金额/元
一、营业收入	67 500 000
减：营业成本	67 575 336.55
营业税金及附加	565.39
销售费用	—
管理费用	15 202 315.01
财务费用	5 303 833.00
资产减值损失	—
加：公允价值变动收益	—
投资收益	—
二、营业利润	−15 278 216.95
加：营业外收入	22 650 055.80
减：营业外支出	7 695 798.83
其中：非流动资产处置损失	—
三、利润总额	−323 959.98
减：所得税费用	500 224.00
四、净利润	−824 183.98

除生物质发电上网电价补贴外，该项目还获得其他两方面优惠政策：① 2015 年成功申请到秸秆收储运项目，获得政府拨款综合利用 738 万元。该项目是为提高秸秆综合利用以及秸秆禁烧控制而批示，相关政策要求大力推进秸秆饲料化、燃料化、原料化利用，加强新技术、新工艺以及新装备研发。推动秸秆还田、收储运、加工利用等，激发市场活力，探索综合利用模式。严格控制秸秆留茬过高不得不焚烧的现象。② 项目享受增值税即征即退以及部分所得税优惠。以农作物秸秆、树皮废渣等农林剩余物为燃料的电力或热力，该燃料占比大于 80%且排放达到相关规定标准的综合资源利用的公司，可享受增值税即征即退的税收优惠政策。该地区属于西部大开发税收优惠区，所得税享受“两免三减半”政策，该企业 2015 年度按照 15%的税率计提和缴纳企业所得税。

因此，尽管目前政府已给予生物质发电上网电价补贴以及其他补贴，还有部分税收优惠，然而由于项目高成本（尤其是较高的原料成本），当前许多生物质发电项目运行经济情况与案例项目类似，收支难以平衡甚至持续亏损，运营情况不容乐观。

9.3　案例项目环境成本构成及价值分析

9.3.1　案例项目环境成本构成

1. 环境实物量核算

以下研究数据主要由实地调研直接或计算所得，部分核算所需但在实际调研未取得的数据参考国内其他学者文献（陈建华　等，2009）。

（1）碳排放核算

① 原料获取环节。生物质发电的原料处理分收割与粉碎两道工序。收割过程采用割灌机，每收割 1 t 原料消耗柴油成本约 3 元，粉碎 1 t 约 10 元，取当地柴油 4.6 元/L 的平均时价，得到原料收割及粉碎耗油量为 2.826 L/t。IPCC 柴油碳排放系数 3.179 $kgCO_2/kg$，柴油密度 0.8 g/mL，可计算该公司原料获取及初加工碳排放量=原料消耗量×原料获取平均电耗×柴油密度×柴油碳排放系数，即 0.129 万 t 碳排放。

② 运输环节。电厂原料收购半径约为 50 km，运输工具为 5 t 载重燃油货车，百公里耗油均值为 21.8 kg，据柴油碳排放系数计算得原料运输碳排放系数为 0.693 $kgCO_2/km$。另外，运输用卡车装车容量为 5 t，进而计算得原料运输 CO_2 排放量=运输距离×运输趟数×原料运输碳排放系数，共计 0.162 万 t 碳排放。

③ 生产发电环节。生物质发电使用的发电机组运行时均通过耗电产生动能，该公司的厂用电约为总发电量的 10%，即 1 000 万 kW·h。由电力碳排放系数 0.785 $kgCO_2/MJ$ 计算该公司生物质发电碳排放量=用电量×3.6×电耗碳排放因子，共计 2.826 万 t 碳排放。

生物质电厂的废物处理包括粉尘处理和污水处理。该公司粉尘处理使用布袋除尘工艺。由于发电环节产生尘渣较少，所以并未运输外售，因此不涉及碳排放。污水处理方面，电厂使用自有污水处理系统且消耗电能，电耗来自电厂用电，故不重复计算碳足迹。

④ 生物质发电碳足迹汇总。综上所述，案例生物质发电厂整个生产流程中碳排放核算结果汇总如表 9-2 所示。

表 9-2　生物质电厂碳排放核算及影响因素

排放环节	主要影响因子	碳排放量/万 t	占比/%
原料获取及初加工	原料获取平均油耗、柴油密度、柴油碳排放系数	0.129	4.14
原料运输	运输距离、运输趟数、运输碳排放系数	0.162	5.20
生物质发电	平均电耗、电耗碳排放系数	2.826	90.66
合计	—	3.117	100

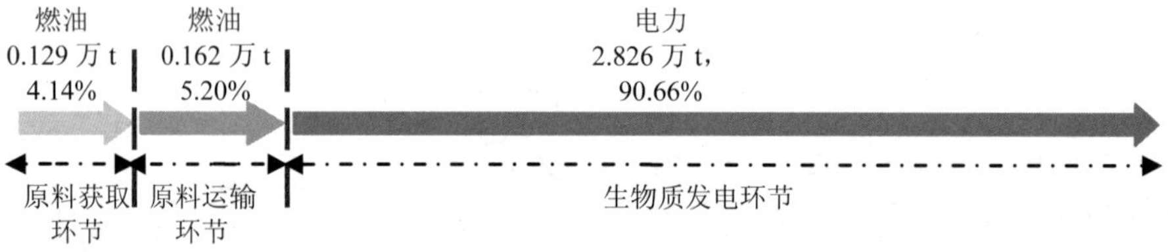

图 9-2　生物质发电厂碳排放核算

因此该生物质电厂 2015 年度碳排放为 3.117 万 t，年总发电量为 1 亿 kW·h，因此生产每千瓦时电碳排放量为 0.312 kg，即 312 g/（kW·h）。

（2）其他排放核算

由于案例企业除 CO_2 以外各类详细排放数据未经实验统计较难获得，且原料种类较多，现统一以秸秆直燃发电实验数据作为研究借鉴。

① 运输环节。案例电厂原料收购半径约为 50 km，运输工具为 5 t 载重燃油货车，根据第 5 章文献数据计算单位运输环节生物质发电排放物排放量，其中 SO_2 排放为零，NO_x 排放为 0.03 g/（kW·h），烟尘颗粒物排放量为 0.01 g/（kW·h）。

② 生产环节。生产环节包括电厂建设环节和生产运营环节。此部分数据由于调研案例电厂无法提供完整数据，此处借鉴陈建华等（2009）文献的数据，如表 9-3 所示。

表 9-3　生物质发电每千瓦时电力排放量　　单位：g/（kW·h）

排放物	SO_2	NO_x	CO	烟尘	粉煤灰	炉渣
电厂建设	0.09	0.13	0.01	0.04	2.06	9.83
生产运营	0	0	0	0.01	0	0
合计	0.09	0.13	0.01	0.05	2.06	9.83

2. 资源消耗量核算

在农林生物质能源种植培育环节会伴随有少量资源的消耗，由于此边界研究范围从原料获取环节开始，并未考虑种植环节，因此种植部分数据暂不纳入计算，此核算数据源于陈建华等（2009）的研究，如表 9-4 所示。

表 9-4　生物质发电每千瓦时电力资源消耗量　　单位：g/（kW·h）

资源	原料获取环节	原料运输环节	生产使用环节		总计
			电厂建设	生产运营	
原油	3.050	1.830	0	0	4.880
原煤	0	0.017	1.295	0	1.312
原铁矿	0	0.036	2.491	0	2.527
石灰石	0	0.002	0.142	0	0.144
原铜矿	0	0	2.125	0	2.125

3. 环境成本总计核算

根据以上单位排放量和单位资源消耗量情况，乘以案例项目年发电量 1 亿 kW·h，总结排放量和资源消耗量。之后，借助环境货币价值这一概念将环境的实物量以环境成本的形式加以计量，结果如表 9-5 所示。

表 9-5 案例项目生物质发电环境成本

项目	货币价值/（元/t）	原料获取环节/t	原料运输环节/t	生产使用环节		总量/t	总成本/万元	占比/%
				电厂建设/t	生产运营/t			
CO_2	22	1 290	1 620	—	28 260	31 170	68.57	13.78
SO_2	600	—	—	9	—	9	0.54	0.11
NO_x	600	—	3	13	—	16	0.96	0.19
CO	600	—	—	1	—	1	0.06	0.01
烟尘	275	—	1	4	1	6	0.17	0.03
灰	120	—	—	206	—	206	2.47	0.50
炉渣	100	—	—	983	—	983	9.83	1.98
原油	8 055.6	305	183	—	—	488	393.11	78.98
原煤	197.43	—	1.7	129.5	—	131.2	2.59	0.52
原铁矿	416.87	—	3.6	249.1	—	252.7	10.53	2.12
原铜矿	4 893.81	—	0.2	14.2	—	14.4	7.05	1.42
石灰石	85.83	—	—	212.5	—	212.5	1.82	0.37
总计	—	248.53	151.47	35.51	62.20	—	497.71	100.00

经计算，对于案例中年发电量约 1 亿 kW·h 的生物质发电企业，各排放物和资源消耗造成的环境外部性影响约合人民币 497.71 万元。其中，从排放物角度而言，CO_2 和炉渣环境成本相对较高，约占 13.78%和 1.98%，诸如 SO_2、NO_x、CO 等有害污染物排放较少。从资源消耗角度来看，原油占据了绝对比例的环境成本，约为 78.98%，其次为原铁矿 2.12%和原铜矿 1.42%。

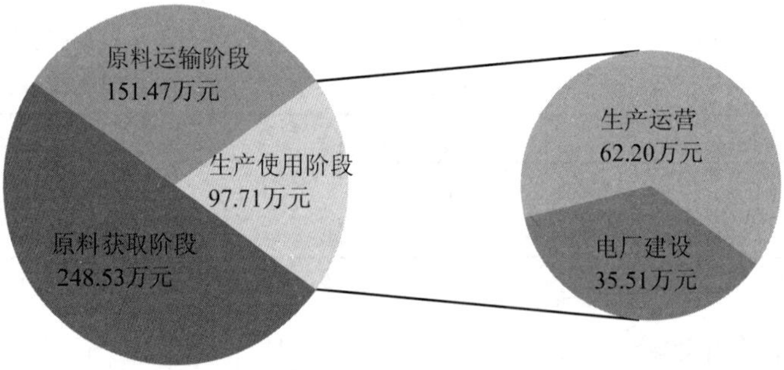

图 9-3 生命周期各环节环境成本

从生命周期各个环节分析，原料获取环节产生环境成本较高，达 49.94%，这是由生物质发电原料收集方式较难、使用工具较复杂且消耗能源的特点等所决定的。其次为运输环节，约占 30.43%，这与生物质原料收集半径相对较大，过程需要消耗大量柴油资源有着直接关系。最后为生产使用环节，其中电厂建设环节占 7.13%，生产运营环节占 12.50%，共计 19.63%。电厂初期建设期间各种资源都有较为平均的消耗，生产运营环节则主要为燃烧时 CO_2 的排放，其他排放和消耗几乎为零。该结果在一定程度上说明，对生物质发电环境成本的进一步降低可着重改善原料获取环节和运输环节中所采取的方式。

9.3.2　案例项目环境价值分析

1. 减排环境价值核算

与传统火力发电相比，生物质发电体现的最大环境价值为碳减排和其他污染排放物减排所带来的外部性价值。生命周期内产生单位电力（每千瓦时）案例项目发电和燃煤发电的排放量如表 9-6 所示。

表 9-6　生物质发电与燃煤发电单位电力排放量　　单位：g/（kW·h）

排放物	原料获取环节		原料运输环节		生产使用环节				总量	
					电厂建设		生产运营			
	生物质	煤	生物质	煤	生物质	煤	生物质	煤	生物质	煤
CO_2	12.90	66.23	16.2	18.23	—	2.47	282.60	603.08	311.70	690.01
SO_2	—	0.73	—	0.18	0.09	0.09	—	5.92	0.09	6.92
NO_x	—	0.39	0.03	2.76	0.13	0.13	—	3.52	0.16	6.80
CO	—	0.09	—	0.60	0.01	0.01	—	0.79	0.01	1.49
烟尘	—	0.64	0.01	0.15	0.04	0.04	0.01	12.49	0.06	13.32
灰	—	0.37	—	1.57	2.06	2.06	—	51.95	2.06	55.95
炉渣	—	30.48	—	0.43	9.83	9.83	—	14.21	9.83	54.95

数据来源：① 调研数据；

② 陈建华，郭菊娥，席酉民，等. 秸秆替代煤发电的外部效应测算分析[J]. 中国人口·资源与环境，2009，19（4）：165-171。

生物质发电减少排放的外部性即可用相同单位电力与燃煤发电排放的差值表示（表 9-7）。由表中数据可知，从总体来看，生物质发电代替煤炭发电的所有主要排放物都达到不同程度的减排效果。其中，碳减排效果最为明显，每千瓦时可减少 378.31 g CO_2 排放；其次为炉渣、灰以及烟尘等固体排放物减排良好。最后，SO_2、NO_x 以及 CO 等大气排放物虽减排绝对值相较于其他较低，但生物质发电低硫低氮的特性决定其大气污染排放几乎为零，有着重要的污染物减排意义。

表 9-7 各生命周期环节生物质发电单位电力排放物减排量 单位：g/（kW·h）

排放物	原料获取环节	原料运输环节	生产使用环节		总量
			电厂建设	生产运营	
CO_2	53.33	2.03	2.47	320.48	378.31
SO_2	0.73	0.18	0	5.92	6.83
NO_x	0.39	2.73	0	3.52	6.64
CO	0.09	0.60	0	0.79	1.48
烟尘	0.64	0.14	0	12.48	13.26
灰	0.37	1.57	0	51.95	53.89
炉渣	30.48	0.43	0	14.21	45.12

从生命周期不同环节来看，生产运营环节即发电环节减排效果最为显著，这是由生物质原料与煤炭燃料化学成分不同造成的。典型生物质原料含有 38%～50%的碳元素以及 0.1%～0.2%的硫元素，而典型动力煤中碳元素高达 40%～90%，硫元素则为 0.4%～0.9%（杨艳，2011）。而且，生物质原料有较高的含水量，较强的可挥发性也决定了其良好的氮氧化物减排效果。其次，原料获取环节减排效果也较为明显，生物质原料尤其是农林废物的收集能源化再利用，不仅减少了秸秆燃烧等直接的大气污染，而且可以替代煤炭开采中所带来的大气污染、生态破坏等种种负面影响。运输环节减排效果不明显，一方面由于煤炭发电案例距原料产地较近并无铁路等远距离运输，另一方面由于生物质发电案例企业收集半径较大，导致此环节并无明显优势。最后，电厂建设环节，生物质发电与传统火力发电的投入、建造较为相似，排放并无差异（图 9-4）。

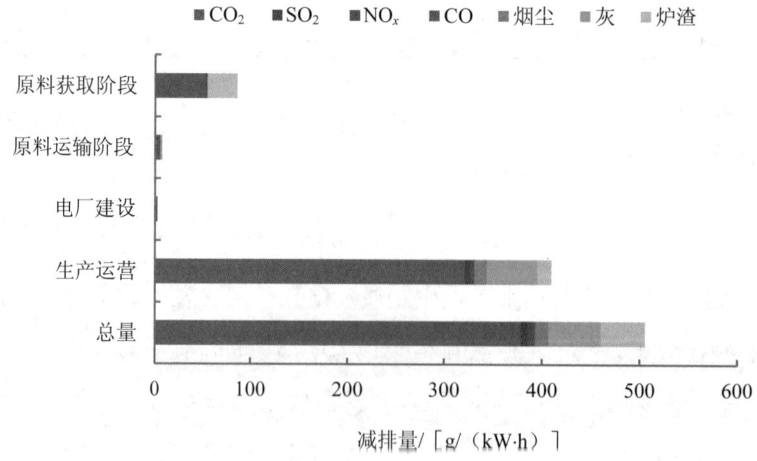

图 9-4 各生命周期环节生物质发电单位电力排放物累计减排量

最后，总结单位电力各排放物减排量，借鉴上一节中排放物货币价值概念，计算生物质发电替代煤炭发电的排放物减排环境价值，即 0.032 元/（kW·h）（表 9-8）。

表 9-8　生物质发电单位电力排放物减排量及其价值

排放物	CO_2	SO_2	NO_x	CO	烟尘	灰	炉渣	总计
减排量/［g/（kW·h）］	378.31	6.83	6.64	1.48	13.26	53.89	45.12	—
减排价值/［元/（kW·h）］	0.008 3	0.004 1	0.004	0.000 9	0.003 6	0.006 5	0.004 5	0.032

2. 资源节约环境价值核算

表 9-9 为生物质发电与燃煤发电在生命周期不同环节产生单位电力（每千瓦时）下原油、原煤、原铁矿、原铜矿等资源的消耗情况。

表 9-9　生物质发电与燃煤发电单位电力资源消耗量　　单位：g/（kW·h）

资源	原料获取环节		原料运输环节		生产使用环节				总量	
					电厂建设		生产运营			
	生物质	煤	生物质	煤	生物质	煤	生物质	煤	生物质	煤
原油	3.050	0.017	1.830	0.580	0	0	0	0	4.880	0.597
原煤	0	12.360	0.017	2.280	1.295	1.295	0	490.000	1.312	505.935
原铁矿	0	0.310	0.036	0.060	2.491	2.491	0	0	2.527	2.861
石灰石	0	0.163	0.002	0.044	0.142	0.142	0	0	0.144	0.349
原铜矿	0	0.027	0	0.007	2.125	2.125	0	0	2.125	2.159

数据来源：① 调研数据；
② 陈建华，郭菊娥，席酉民，等. 秸秆替代煤发电的外部效应测算分析[J]. 中国人口•资源与环境，2009，19（4）：165-171。

将生物质发电和燃煤发电每千瓦时所消耗的资源相比较，其差额即为生物质发电代替燃煤发电单位电力所产生的资源消耗的外部性（表 9-10）。由表中数据可知，原煤得到了大量的节约，为 504.623 g/（kW·h）。原铁矿、石灰石以及原铜矿也得到一定量的节省，主要集中于原料获取环节和运输环节。相反地，生物质发电原油消耗量比燃煤发电略高，其原因是生物质原料不仅收集、预处理时大量使用燃油机器，而且由于收集半径较大、原料热值有限等原因导致运输时也会消耗较多原油。

表 9-10 各生命周期环节生物质发电单位电力资源节约量 单位：g/（kW·h）

资源	原料获取环节	原料运输环节	生产使用环节		总量
			电厂建设	生产运营	
原油	−3.033	−1.250	0	0	−4.283
原煤	12.360	2.263	0	490.000	504.623
原铁矿	0.310	0.024	0	0	0.334
石灰石	0.163	0.042	0	0	0.205
原铜矿	0.027	0.007	0	0	0.034

总结单位电力各资源节约量，借鉴资源货币化价值，计算生物质发电替代煤炭发电的资源节约环境价值，即为 0.065 4 元/（kW·h）。

表 9-11 生物质发电单位电力资源节约量及其价值

资源	原油	原煤	原铁矿	石灰石	原铜矿	总计
节约量/［g/（kW·h）］	−4.283 0	504.623 0	0.334 0	0.205 0	0.034 0	—
节约价值/［元/（kW·h）］	−0.034 5	0.099 6	0.000 1	0.000 0	0.000 2	0.065 4

综上所述，生物质发电每单位电力比传统燃煤发电共实现环境价值 0.097 4 元。以案例企业年发电 1 亿 kW·h 项目计算，该项目创造环境价值 974 万元。

由此可知，生物质发电项目较差的经济性和显著的环境价值需要政府补贴予以弥补其外部性，前文经济、环境的成本价值评价为补贴政策优化计算奠定了基础。

9.4 案例项目产业链不同环节补贴政策优化

9.4.1 案例项目多目标规划应用模型构建

1. 目标约束的确立

根据上一节计算所得该生物质发电厂带来的节能减排效果，具体包括单位碳减排环境价值、单位其他排放物环境价值以及单位资源节约量，以及该电厂为公众所实现的环境效益 974 万元，其中，各主要参数取值如表 9-12 所示。

表 9-12　主要参数取值（1）

名称	解释	取值	单位
E_{pre}	第 i 种原料获取环节平均油耗	2.826	L/t
ρ_{oil}	柴油密度	0.8	g/mL
f_{oil}	柴油碳排放系数	3.179	$kgCO_2/kg$
D_i	单位电力第 i 种原料运输距离	50	km
O_j	第 j 种货车百公里耗油	21.8	kg/100 km
f_e	电耗碳排放系数	0.785	$kg\ CO_2/MJ$
CO	单位电力 CO_2 的环境减排量	378.31	g/（kW·h）
P_{CO_2}	CO_2 的货币化价值	22	元/t
CE_S	单位电力 SO_2 的环境减排量	6.83	g/（kW·h）
P_S	SO_2 的货币化价值	600	元/t
CE_N	单位电力 NO_x 的环境减排量	6.64	g/（kW·h）
P_N	NO_x 的货币化价值	600	元/t
CE_C	单位电力 CO 的环境减排量	1.48	g/（kW·h）
P_C	CO 的货币化价值	600	元/t
CE_d	单位电力烟尘的环境减排量	13.26	g/（kW·h）
P_d	烟尘的货币化价值	275	元/t
CE_a	单位电力灰的环境减排量	53.89	g/（kW·h）
P_a	灰的货币化价值	120	元/t
CE_r	单位电力炉渣的环境减排量	45.12	g/（kW·h）
P_r	炉渣的货币化价值	100	元/t
CR_{oil}	单位电力原油的资源节约量	−4.283 0	g/（kW·h）
P_{oil}	原油的货币化价值	8 055.6	元/t
CR_{coal}	单位电力原煤的资源节约量	504.623 0	g/（kW·h）
P_{coal}	原煤的货币化价值	197.43	元/t
CR_{iron}	单位电力原铁矿的资源节约量	0.334 0	g/（kW·h）
P_{iron}	原铁矿的货币化价值	416.87	元/t
$CR_{limestone}$	单位电力石灰石的资源节约量	0.205 0	g/（kW·h）
$P_{limestone}$	石灰石的货币化价值	85.83	元/t
CR_{copper}	单位电力原铜矿的资源节约量	0.034 0	g/（kW·h）
P_{copper}	原铜矿的货币化价值	4 893.81	元/t

因此目标约束 $(CO+CE+CR)\times Q_t + d_1^- - d_1^+ = EB$ 即可写为：

$$0.097\,4\times Q_t + d_1^- - d_1^+ = 9\,740\,000 \tag{9-1}$$

生物质发电企业利润最大化目标中，各要素取值如表 9-13 所示。电力市场标杆电价为 0.310 4 元/（kW·h），包含现有政府补贴的生物质发电优惠上网价格为 0.75 元/

(kW·h)，生物质发电生命周期经济成本分别为原料获取环节 0.25 元/t、运输环节 0.05 元/t、生物质发电环节约为 0.135 8 元/（kW·h）。

表 9-13 主要参数取值（2）

名称	解释	取值	单位
IC	电厂装机容量	30 000	kW·h
EC	厂用电率	10	%
$P_{\text{feed-in}}$	优惠上网电价	0.75	元/（kW·h）
P_{market}	标杆电价	0.310 4	元/（kW·h）
P_{subsidy}	政府所给予的补贴价格	0.439 6	元/（kW·h）
Q_m	生物质资源原料收购量	18 000	t
P_i	第 i 种资源的购买价格	300	元/t
F_{year}	预处理使用设备的折旧费	101 491.70	元
C_o	预处理设备使用成本	160	元/t
RV	预处理固定资产净残值率	5	%
n	折旧年限	5	年
r	原料收集半径	50	km
r_e	单个经纪人的收集半径	50	km
C_j	单个经纪人的运输成本	50	元/t
Q_{store}	储料仓储量	2 500	t
D_{build}	运行发电环节建造费用折旧	2 614 372.92	元
D_{op}	运行发电环节设备折旧	5 880 963.63	元
LC_u	运行发电环节单位人工成本	4 320 000	元
OC_u	运行发电环节单位水电成本	760 000	元
D_{power}	电厂送电距离	9	km

因此三种补贴情景下的生物质发电企业利润最大化公式可分别表示为：

情景一：

$$(0.3104+X_1)\times 0.9\times Q_t-(0.3\times Q_m+0.1358\times Q_t)+d_{21}^{+}-d_{21}^{-}=-323\,959.98 \tag{9-2}$$

情景二：

$$0.75\times 0.9\times Q_t-(0.3\times Q_m+0.1358\times Q_t)+X_2+X_3\times 0.9\times Q_t+d_{22}^{+}-d_{22}^{-}=-323\,959.98 \tag{9-3}$$

情景三：

$$(0.3104+X_1)\times 0.9\times Q_t-0.3\times Q_m+0.1358\times Q_t+X_2+X_3\times 0.9\times Q_t+d_{22}^{+}-d_{22}^{-}=-323\,959.98 \tag{9-4}$$

政府补贴最小化目标中，当前政府实际补贴额度为上网电价补贴，即优惠上网电价 0.75 元/（kW·h）中标杆电价 0.310 4 元/（kW·h）以外的部分，即 0.439 6 元/（kW·h），按该厂年实际上网电量计算，得到补贴额度为 0.439 6 元/(kW·h)× 0.9×1 亿 kW·h=3 956.4 万元。同时，2015 年案例企业还申请到秸秆收储运项目补贴 738 万元，得到补贴总计 4 694.4 万元。

情景一：

$$X + d_3^- - d_3^+ = 39\,564\,000 \tag{9-5}$$

情景二：

$$X + d_3^- - d_3^+ = 46\,944\,000 \tag{9-6}$$

情景三：

$$X + d_3^- - d_3^+ = 46\,944\,000 \tag{9-7}$$

2. 约束条件的确立

（1）原料收购约束

案例企业 2015 年收集生物质原料 18 万 t，实际消耗 14 万 t 原料，假设各原料发电效率并无明显差异，企业实际发电 1 亿 kW·h，则每千瓦时电力约消耗 1.4 kg 原料。由于本书不考虑原料存储情况，因此原公式可转化为原料收集量等于电厂发电需求量，且不大于该地区生物质原料最大可获取量。

案例企业收集半径范围内农林生物质资源，尤其是农业剩余物与灌木平茬剩余物较为丰富，且距离 100 km 内并无生物质发电厂与之竞争原料资源，因此原料收集并无困难。具体来讲，奈曼旗地区仅统计林木质生物发电资源总量就已接近 65 万 t，超过电厂最大发电量所需，因此，在该案例中此约束条件必然成立，无实际约束意义，公式中仅以林木总资源代表，未计算农业剩余物资源。

$$1.4 \times Q_t = \sum_i Q_{mi} \leqslant 650\,000\,000 \tag{9-8}$$

（2）发电约束

案例企业生物质发电厂装机容量为 2×15 MW，即理论上每小时最多可产生 30 MW，即 30 000 kW·h 电量，假设全年满负荷运转 8 760 h，则一年最多可发电 30 000 kW·h× 8 760 =262 800 000 kW·h，即 2.628 亿 kW·h 的电力。

电厂 2015 年因燃料限制等原因实际只启用一台锅炉，运行 7 000 h，发电 1 亿 kW·h，计算机组运行效率约为 95%，发电时间约为全年 80%。取机组通常运行最低效率 90%，运行时间 70%计算，最低发电量为 15 MW×8 760×90%×70%=82 782 000 kW·h。

因此，发电约束可写为：

$$82\,782\,000 \leqslant Q_t \leqslant 262\,800\,000 \tag{9-9}$$

（3）需求约束

政策要求生物质电厂电力全额上网，因此需求量约束为不大于奈曼旗地区电力需求。从全国角度来看，2015 年人均用电量为 4 142 kW·h/人，内蒙古自治区由于重工业较为发达，人均用电量远高于全国水平。据统计，内蒙古自治区 2015 年全区社会用电量 2 542.87 亿 kW·h，人口 2 520.1 万，人均用电量约 10 090 kW·h。奈曼旗人口数量约为 45 万，用电需求量约为 4 540 659 100 kW·h，约 45 亿 kW·h。需求函数 $Q_t\left(1-\mathrm{EC}\right)\leqslant Q_d$ 即可写为：

$$0.9\times Q_t \leqslant 4\,540\,659\,100 \tag{9-10}$$

（4）企业利润约束

案例生物质电厂当前净利润为负，为保证其运营，应将其利润控制在保本微利范围之内，其利润约束应当同行业内电厂相似：

$$0 \leqslant \mathrm{EI} / R_{\text{revenue}} \leqslant 22.329\,8\% \tag{9-11}$$

（5）电价约束

奈曼旗地区标杆电价 0.310 4 元/（kW·h），生物质发电上网电价补贴 0.439 6 元/（kW·h），50%范围内变化为 0.219 8～0.659 4 元/（kW·h）：

$$0.310\,4+0.219\,8 \leqslant 0.310\,4+X_1 \leqslant 0.310\,4+0.659\,4 \tag{9-12}$$

X_2 原料补贴通常为一次性补贴，与原料收集量有关但并无直接函数关系，该厂 2015 年申请到秸秆收储运项目补贴 738 万元，50%浮动范围为 369 万～1 107 万元，即：

$$3\,690\,000 \leqslant X_2 \leqslant 11\,070\,000 \tag{9-13}$$

根据《可再生能源电价附加收入调配暂行办法》，生物质发电等可再生能源发电上网项目政府给予接网费补贴，补贴标准根据上网线路长短而不同，50 km 以内补贴标准为 0.01 元/（kW·h），50～100 km 补贴标准为 0.02 元/（kW·h），100 km 以上补贴标准为 0.03 元/（kW·h）。案例电厂接网距离小于 50 km，应享受 0.01 元/（kW·h）补贴，假设该补贴在 50%以内浮动，即：

$$0.005 \leqslant X_3 \leqslant 0.015 \tag{9-14}$$

（6）补贴约束

为避免政策调整幅度过大而造成宏观经济环境变动，且考虑奈曼旗地区政府财政能力，因此将所有补贴工具与补贴总额均将变动幅度控制在 50%区间以内。

仅考虑上网电价补贴时，补贴浮动上限为 3 956.4×1.5=5 934.6 万元，即：

$$0 \leqslant X \leqslant 59\,346\,000 \tag{9-15}$$

对于农林生物质原料的收集，为了保护环境以及发展循环农业，国家对秸秆补贴进行了多次调整，调整后中央财政对项目县（市/区）每个补贴补助 1 000 万～2 000 万元。因此，不考虑上网电价补贴时，补贴最大上限为国家规定的 2 000 万元：

$$0 \leqslant X \leqslant 20\,000\,000 \tag{9-16}$$

综合考虑所有补贴时，上限为 5 934.6+2 000=7 934.6 万元：

$$0 \leqslant X \leqslant 79\,346\,000 \tag{9-17}$$

3．应用模型的确立

综上所述，奈曼旗案例企业所构建的目标函数分以下三种情景。

（1）情景一：只针对上网电价进行补贴调整，其他环节补贴未涉及：

$$\min z = p_1 d_1^- + p_2 d_2^- + p_3 d_3^+$$

s.t.

$$\begin{cases} 0.097\,4 \times Q_t + d_1^- - d_1^+ = 9\,740\,000 \\ (0.310\,4 + X_1) \times 0.9 \times Q_t - (0.3 \times Q_m + 0.135\,8 \times Q_t) + d_{21}^+ - d_{21}^- = -323\,959.98 \\ X + d_3^- - d_3^+ = 39\,564\,000 \\ 1.4 \times Q_t = \sum_i Q_{mi} \leqslant 650\,000\,000 \\ 82\,782\,000 \leqslant Q_t \leqslant 262\,800\,000 \\ 0.9 \times Q_t \leqslant 1\,540\,659\,100 \\ 0 \leqslant \left[0.310\,4 + X_1 \times 0.9 \times Q_t - (0.3 \times Q_m + 0.135\,8 \times Q_t)\right] / (0.310\,4 + X_1) \times 0.9 \times Q_t \leqslant 22.329\,8\% \\ 0 \leqslant X \leqslant 59\,346\,000 \\ 0.530\,2 \leqslant 0.310\,4 + X_1 \leqslant 0.969\,8 \\ X = X_1 \times Q \end{cases} \tag{9-18}$$

（2）情景二：现行上网电价补贴不变，政府针对生物质原料收购与接网费进行补贴优化调整：

$$\min z = p_1 d_1^- + p_2 d_2^- + p_3 d_3^+$$

s.t

$$
\begin{cases}
0.0974\times Q_t+d_1^- -d_1^+ =9\,740\,000\\
0.75\times 0.9Q_t-(0.3\times Q_m+0.1358\times Q_t)+X_2+X_3\times 0.9\times Q_t+d_{22}^+-d_{22}^-=-323\,959.98\\
X+d_3^- -d_3^+ =7\,380\,000\\
1.4\times Q_t=\sum_i Q_{mi}\leqslant 650\,000\,000\\
82\,782\,000\leqslant Q_t\leqslant 262\,800\,000\\
0.9\times Q_t\leqslant 4\,540\,659\,100\\
0\leqslant [0.75\times 0.9\times Q_t-(0.3\times Q_m+0.1358\times Q_t)+X_2+X_3\times 0.9\times Q_t]/(0.75\times 0.9Q_t)\leqslant 22.3298\%\\
3\,690\,000\leqslant X_2\leqslant 11\,070\,000\\
0.005\leqslant X_3\leqslant 0.015\\
0\leqslant X\leqslant 20\,000\,000\\
X=X_2+X_3\times Q
\end{cases}
$$

（9-19）

（3）情景三：政府针对生物质原料收购、上网电价、接网费同时进行综合补贴优化调整：

$$\min z=p_1d_1^- + p_2d_2^- + p_3d_3^+$$

s.t.

$$
\begin{cases}
0.0974\times Q_t+d_1^- -d_1^+ =9\,740\,000\\
(0.3104+X_1)\times 0.9\times Q_t-(0.3\times Q_m+0.1358\times Q_t)+X_2+X_3\times 0.9\times Q_t+d_{22}^+-d_{22}^-=-323\,959.98\\
X+d_3^- -d_3^+ =46\,944\,000\\
1.4\times Q_t=\sum_i Q_{mi}\leqslant 650\,000\,000\\
82\,782\,000\leqslant Q_t\leqslant 262\,800\,000\\
0.9\times Q_t\leqslant 4\,540\,659\,100\\
0\leqslant \dfrac{(0.3104+X_1)\times 0.9\times Q_t-(0.3\times Q_m+0.1358\times Q_t)+X_2+X_3\times 0.9\times Q_t}{(0.3104+X_1)\times 0.9\times Q_t}\leqslant 22.3298\%\\
0.5302\leqslant 0.3104+X_1\leqslant 0.9698\\
3\,690\,000\leqslant X_2\leqslant 11\,070\,000\\
0.005\leqslant X_3\leqslant 0.015\\
0\leqslant X\leqslant 79\,346\,000\\
X=(X_1+X_3)\times Q+X_2
\end{cases}
$$

（9-20）

9.4.2　案例项目模型优化结果

本书运用 Lingo15.0 软件对模型进行求解，针对本书的非线性多目标规划模型，将其转化为“字典序极小化”意义下的目标规划模型，在此选用较为通用的序贯算法，依次对各个优先级目标进行求解。

1. 情景一

针对只调整生物质发电电价补贴的情景一，首先求解环境效益最大化目标下，即 $\min = d_1^-$ 时模型的最优解，在 Lingo 软件中输入代码，运行求得低于现行电价补贴 0.439 6 元/(kW·h)的规划最优解 X_1=0.435 940 8 元/(kW·h)，发电量 Q=100 000 000 kW·h 与实际发电量相同；继而将首要目标下 d_1^- 值代入企业利润最大化目标下，即 $\min = d_2^-$ 时模型的最优解，解得更低的电价补贴 X_1=0.307 155 5 元/（kW·h），未变的发电量 Q=100 000 000 kW·h；最后将 d_2^- 值代入政策补贴最小化目标，得到最终解 X_1=0.307 155 6 元/（kW·h），Q=128 807 700 kW·h。情景一下的最优解电价补贴低于现行补贴，发电量高于实际发电量。

此时，该案例项目实现环境效益 12 571 631.52 元，获得经济利润 5.15 元，政府所支付的补贴为 39 564 006.38 元。

2. 情景二

在电价补贴保持不变的情景二中，依次求解环境效益最大化、企业利润最大化以及政策补贴最小化三个目标，原料补贴 X_2=3 690 000 元，接网费补贴 X_3=0.005 元/（kW·h），发电量 Q=82 782 000 kW·h 始终未改变。

此时，该案例项目实现环境效益 8 079 523.2 元，获得经济利润 13 930 133.4 元，政府所支付的补贴为 40 494 877.2 元。

3. 情景三

在电价补贴、原料补贴、接网费补贴三者同时调整的情景三中，针对各目标求得的解存在着较大差异，在环境效益最大化目标下，电价补贴 X_1=0.404 113 7 元/（kW·h），原料补贴 X_2=3 690 000 元，接网费补贴 X_3=0.005 元/(kW·h)，发电量 Q=100 000 000 kW·h；进一步考虑企业经济利润目标时，X_1=0.350 324 元/（kW·h），X_2=3 690 000 元，X_3=0.005 元/（kW·h），Q=100 884 500 kW·h；最后，将政策补贴最小化目标纳入考虑，得到最终的最优解 X_1=0.308 384 3 元/（kW·h），X_2=6 718 010 元，X_3=0.005 225 元/（kW·h），Q=82 782 000 kW·h（图 9-5）。

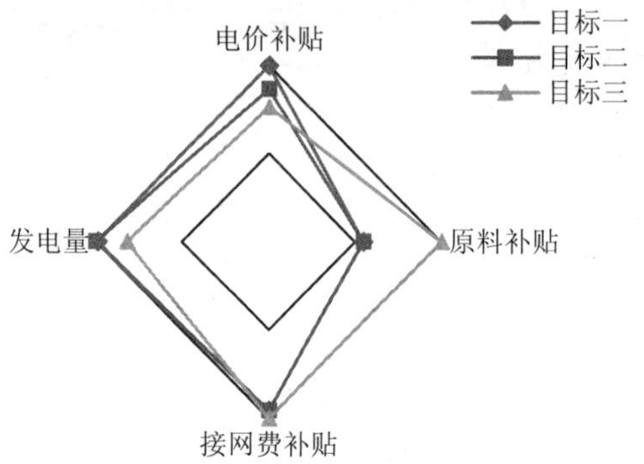

图 9-5 情景三不同目标下最优解

从图 9-5 中可直观地看出，在以环境效益最大化为目标时电价补贴达到了最高值，原料补贴项目较低，发电量与接网费也保持较高状态；将企业利润目标加入后，发电量达到了最大值，原料补贴与接网费未变电价补贴有所下降；最后，考虑政府补贴最小目标后，发电量降到了最低，各类补贴也进一步调整，电价补贴降低，原料补贴与接网费补贴均增加。以上变化意味着若不考虑其他因素，企业发电越多得到的补贴越多，政府所付出的补贴成本越高，因此，综合全社会福利，应将各项补贴和发电量调整在较为合理的区域。

此时，该案例项目实现环境效益 8 079 523.2 元，获得经济利润 7 198 838.485 34 元，政府所支付的补贴为 32 679 215.072 6 元。

综合分析三种情景之下各个目标的不同解，当社会的环境效益与企业经济利润不断上升时，对生物质发电这种并未完全市场化的产业来讲，政府付出的项目补贴就会相应增加，补贴缺口不断增大，加重财政负担，无法实现各个目标函数的优化。当政府在不合适的产业发展阶段不断减少对生物质发电的补贴，则生物质发电企业在市场中难以为继，企业利润受损，阻碍产业发展，其替代火力发电的环境效益也将无法实现，各目标不能优化。因此，生物质发电项目的补贴额度与补贴类型只有全局衡量以上三个核心目标，才会实现整体社会效益最大化目标。

9.4.3 案例项目模型结果对比分析

1. 优化结果对比分析

通过比较本章所设置的三种补贴情景所实现的目标效果，分析各情景的合理性。情景一所假定的不考虑其他补贴仅对电价补贴进行调整，发电量达到了各情景之下的最高值 128 807 700 kW·h，同时用次高的政府补贴成本实现了最大的环境效益 12 571 631.52 元，是其余两种情景的 155.60% [图 9-6（a）]。然而在此情景之下企业所实现的经济利润极小，仅仅可以保证平衡项目成本，达到不亏损状态。情景二在补贴电价维持 0.75 元/（kW·h）不变的基础上，对原料补贴以及接网费补贴进行调整。该情景设定最优发电量为 82 782 000 kW·h，可以实现三种情景下最高的企业利润 13 930 133.4 元，分别高于情景一和情景二 270 366 760.7%、93.5%；实现环境效益与情景三持平低于情景一；但此情景政府所负担的补贴成本最高 [图 9-6（b）]。情景三假设对生物质发电三个环节利益主体的补贴均进行调整，该情景下环境效益与经济利润均不属于最高值，但却均有较好的效益，而且此情景之下政府的补贴成本最低，分别低于情景一 17.4%、情景二 19.3% [图 9-6（c）]，三种情景综合比较如图 9-6（d）所示。

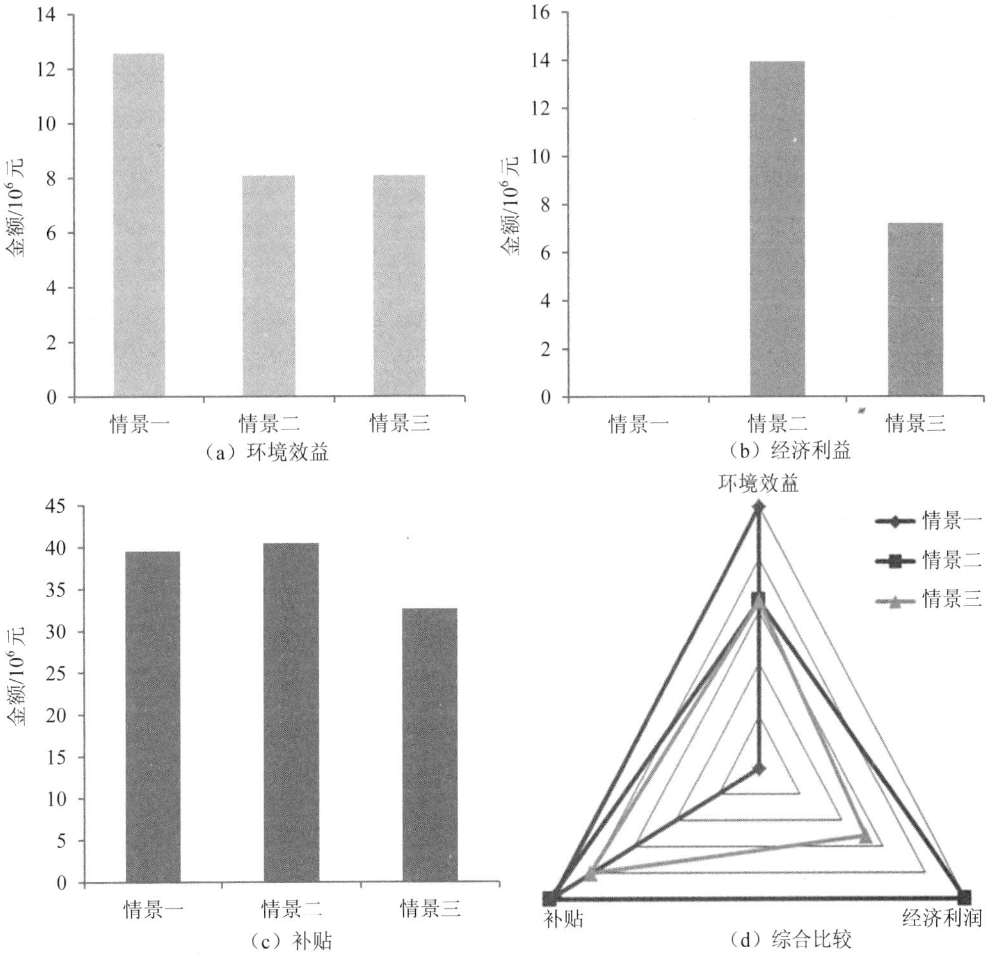

图 9-6　不同情景下优化结果对比

情景一仅仅使企业满足不亏损状态，无法盈利就不能调动企业积极性，无法促进产业的发展，故可认为情景一仅对生物质电价补贴的方式不可取。情景二虽政府补贴成本略高，但该方案使项目的环境效益与经济效益都达到了很好的效果，有利于企业提高经营能力具有更强的市场竞争力，带动行业更好地发展，即认为维持现有电价不变，对原料收集补贴与生物质电力上网接电费补贴调整方案是可行的。情景三以最低的补贴成本实现了较好的环境经济效益，也是可采用的。情景二和情景三不但可以实现环境效益和企业经济效益，还同时使政府补贴成本尽可能更低。环境效益、经济利润双赢以及政府成本的平衡考虑是协调发展与环境的重要保证，也是我国践行绿色发展的充分体现。

综合三种情景优化结果来看，只针对企业进行电价补贴是不可取的，应该对生物质发电产业的生命周期各个环节补贴统筹兼顾。针对原料收集环节的原料补贴、生物质运行发电环节的电价补贴以及生物质电力消费环节的接网费补贴，三者在产业中都有着重要作用，缺一不可，应统筹考虑。原料补贴鼓励了更多农户林户、第三方经纪人以及原料公司更多地参与原料收集，更多利用可能产生污染的废物；对上网电价在标杆电价的基础上进行补贴，提高了项目的经济性，让更多理性的经济人参与到生物质发电产业领域；对吸收生物质电力的电网公司进行接网费补贴，激励其投放额外投资将生物质电力纳入电网。

2. 优化结果与实际情况对比分析

图 9-7 为三种情景优化结果与实际情况对比雷达图。

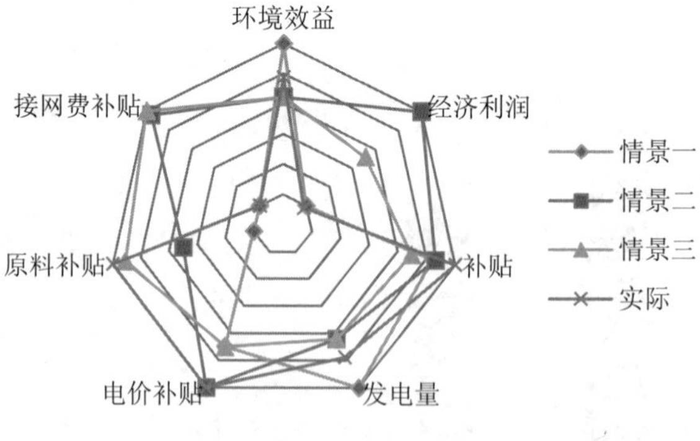

图 9-7 情景优化结果与实际情况对比

将以上三种情景，尤其是更为可行的情景二、情景三的优化结果与案例企业实际数据相比较，可观察到：① 虽情景二、情景三的环境效益略低于实际环境效益，然而实现的经济利润远高于企业目前经济绩效，具有较强的可行性。同时证明，在行业现有技术水平、资源条件、费用成本不变的情况下，通过调整产业链不同环节的补贴政策和企业发电量，可实现企业利润水平提升且环境效益基本不受影响。② 情景二、情景三中政府所支付的补贴成本低于实际情况中政府对案例企业的补贴数额，说明通过调整补贴方式、补贴对象等补贴组合方式可提升补贴效率。③ 情景二、情景三的最优发电量略低于实际发电量，该结果表明企业应综合补贴、燃料、运营成本等情况决定其发电量，越高的发电量并不意味着成正比的企业利润。④ 无论是原料补贴还是电价补贴，调整过后的值均不大于现有实际补贴值，而情景二、情景三则增加了案例中未考虑的接网费补贴，从调整后实现的环境经济效益来看，补贴结构的合理性（即补贴额在产业链不同环节合理分配）有着至关重要的作用。

9.5　案例项目不同发展阶段补贴政策优化

9.5.1　案例项目不同发展阶段补贴模型构建

在第 8 章不同发展阶段动态补贴测算模型及产业通用数据的基础上，总结案例项目地区标杆数据（表 9-14），参考内部收益率计算方法，测算案例项目不同发展阶段应得到多少补贴更为合适。

表 9-14　内蒙古自治区标杆数据

名称	数据取值及方式
上网电价	0.75 元/（kW·h）
标杆电价	0.310 4 元/（kW·h）
售热价格	22 元/GJ
供热量	热电比=1 时的供热量
原料价格	300 元/t
燃油价	8 055.6 元/t
职工薪酬水平	36 000 元/年
建设期利息率	5.58%
水费	3.8 元/t
税费	增值税：即征即退； 所得税：“两免三减半” 0，7.5%，15%

9.5.2 案例项目不同发展阶段补贴模型测算

1．案例项目培育期扶持补贴

生物质发电培育期由于电厂建设前期投入较大，运营成本较高，且发电利用小时数距离设计值目标较远，案例项目依靠 0.439 6 元/（kW·h）电价补贴，IRR 仍为负数，项目仍无法实现收支平衡。

利用内部收益率（IRR）公式以及现金流量表计算得到当额外补贴 0.133 4 元/（kW·h）可以使项目达到收益平衡水平，此时培育期共需要补贴 16 568.28 万元。单位电力额外补贴 0.145 5 元/（kW·h）和 0.171 0 元/（kW·h）时，项目 IRR 会实现 1%和 3%的微利收益，此时培育期补贴总额为 18 071.10 万元和 21 238.20 万元。若实现较高收益率 5%时，需额外补贴 0.198 3 元/（kW·h）和总计 24 628.86 万元。培育期逐年补贴因发电量不同而存在差异，假定内部收益率之下的具体每年补贴额如表 9-15 和表 9-16 所示。

表 9-15　不同 IRR 下培育期补贴额度（1）

补贴情况	IRR	单位发电量补贴/［元/（kW·h）］	培育期补贴总额/万元
仅 0.75 标杆电价补贴时	−15.36%	0.439 6	54 598.320
额外补贴后	0	0.439 6+0.133 4	54 598.32+16 568.28
额外补贴后	1%	0.439 6+0.145 5	54 598.32+18 071.10
额外补贴后	3%	0.439 6+0.171 0	54 598.32+21 238.20
额外补贴后	5%	0.439 6+0.198 3	54 598.32+24 628.86

表 9-16　不同 IRR 下培育期补贴额度（2）

培育期年数		3	4	5	6	7	8	9	10
发电量/MW		72 000	120 000	150 000	180 000	180 000	180 000	180 000	180 000
额外补贴/万元	0	960.5	1 600.8	2001	2 401.2	2 401.2	2 401.2	2 401.2	2 401.2
	1%	1 047.6	1 746	2 182.5	2 619	2 619	2 619	2 619	2 619
	3%	1 231.2	2 052	2 565	3 078	3 078	3 078	3 078	3 078
	5%	1 427.8	2 379.6	2 974.5	3 569.4	3 569.4	3 569.4	3 569.4	3 569.4

2．案例项目成熟期扶持补贴

此阶段企业效益逐步提高，政府补贴相应不断减少，社会资本优势将得到更多的体现。成熟期补贴额度明显低于培育期，以维持收益平衡 IRR=0 为例，在不发展热电联产时，仅需在火力发电水平的基础上补贴 0.196 8 元/（kW·h）即可实现成熟期 IRR 上涨 1%，较之于培育期标杆电价和额外补贴的 0.573 元/（kW·h），减少了 0.376 2 元/（kW·h）；在发展热电联产的情况下，与培育期相比更是减少了 0.387 元/（kW·h）。由于生物质发电具有一定公共产品的特性，因此，仍然需要在一定程度上发挥补贴的引导激励作用，且应维持 IRR 的小幅增长。补贴额度随设定内部收益率的增长而提高，内部收益率由 1% 增长到 6%，单位补贴额度上涨了 0.007 4 元/（kW·h）（无热电联产时）和 0.007 5 元/（kW·h）（有热电联产时），成熟期内补贴总额增加了 3 840 万元（无热电联产时）和 3 690 万元（有热电联产时）；在相同 IRR 情况下，热电联产项目经济性明显优于单纯发电企业，所需补贴额度也更低，是生物质发电发展的优质选择。需要注意的是，在成熟期后期利用小时数由 7 000 h 增长到 8 000 h 的情况下，所需补贴并未降低，反而升高，可能是由于政府需要用增加适当的补贴来激励企业进行技术进步和成本降低，以促进产业持续发展，如表 9-17 所示。

表 9-17　不同 IRR 下成熟期补贴额度

培育期 IRR	成熟期 IRR	利用小时数/h	无热电联产时补贴		有热电联产时补贴	
			单位发电量补贴/［元/（kW·h）］	补贴总额/万元	单位补贴/［元/（kW·h）］	补贴总额/万元
0	0.5%	7 000	0.196 8	20 664	0.186 0	19 530
	1%	8 000	0.196 8	23 616	0.186 0	22 320
1%	1.5%	7 000	0.197 5	20 737.5	0.186 7	19 603.5
	2%	8 000	0.198 0	23 760	0.187 2	22 464
3%	3.5%	7 000	0.199 2	20 916	0.188 4	19 782
	4%	8 000	0.200 6	24 072	0.189 8	22 776
5%	5.5%	7 000	0.201 2	21 126	0.190 3	19 981.5
	6%	8 000	0.204 2	24 504	0.193 5	23 220

3. 案例项目不同发展阶段补贴额度推荐

本节对生物质发电分阶段补贴机制的设计，依据上文中可保障项目运行的补贴额度提出建议，如表 9-18 所示。

表 9-18 不同发展阶段补贴额度范围推荐

<table>
<tr><td rowspan="4">培育期</td><td rowspan="2">含标杆电价补贴</td><td>单位补贴/［元/（kW·h）］</td><td colspan="2">0.585 1～0.610 6</td></tr>
<tr><td>补贴总额/万元</td><td colspan="2">72 669.42～75 836.52</td></tr>
<tr><td rowspan="2">额外补贴</td><td>单位补贴/［元/（kW·h）］</td><td colspan="2">0.145 5～0.171 0</td></tr>
<tr><td>补贴总额/万元</td><td colspan="2">18 071.10～21 238.20</td></tr>
<tr><td rowspan="5">成熟期</td><td colspan="2">利用小时/h</td><td>7 000</td><td>8 000</td></tr>
<tr><td rowspan="2">无热电联产</td><td>单位补贴/［元/（kW·h）］</td><td>0.197 5～0.199 2</td><td>0.198 0～0.200 6</td></tr>
<tr><td>补贴总额/万元</td><td>20 737.5～20916</td><td>23 760～24 072</td></tr>
<tr><td rowspan="2">有热电联产</td><td>单位补贴/［元/（kW·h）］</td><td>0.186 7～0.188 4</td><td>0.187 2～0.189 8</td></tr>
<tr><td>补贴总额/万元</td><td>19 603.5～19 782</td><td>22 464～22 776</td></tr>
</table>

对于不同发展阶段生物质发电项目，补贴额度也应根据不同阶段设计。培育期所需政府补贴较多，除维持当前 0.75 元/（kW·h）标杆电价外，建议额外补贴 0.145 5～0.171 0 元/（kW·h）以保证项目有 1%～3%的内部收益率，培育项目成长。成熟期内，补贴额度可大幅降低，引导发电企业向热电联产方向发展。单一发电情形下，补贴额度以 0.197 5～0.200 6 元/（kW·h）为宜，既降低了财政负担，又可以使项目 IRR 保持进一步的增长；在热电联产情形下，由于有项目的售热收益，可以进一步降低补贴需求，政府只需补贴 0.186 7～0.189 8 元/（kW·h）。

9.6 本章小结

基于第 5 章到第 8 章生物质发电经济、环境经济成本评价、产业链不同环节补贴与不同发展阶段补贴政策优化模型的建立，本章运用内蒙古自治区生物质（林木质/秸秆）发电实际案例进行实证研究。

案例项目经济成本构成与价值分析实证结果与其他学者研究相类似，成本主要集中于原料获取阶段；较之于传统火力发电成本较高，经济收入与成本无法平衡。将现有政府补贴收入计算在内，勉强可以维持案例收支平衡，甚至依然亏损，项目经济效益较差。

案例项目生产每千瓦时电力，排放物统计为 CO_2 312 g、SO_2 0.09 g、NO_x 0.16 g、CO 0.01 g、烟尘 0.06 g；资源消耗最多为原油，其次为原铁矿、原铜矿以及原煤。环境成本最高为原料获取环节占 49.94%，其次为运输环节，约占 30.43%，最少为生产使用阶段共计 19.63%。通过与燃煤发电项目对比，案例项目主要排放物都达到了不同程度的减排效果，碳减排效果最为明显，其次为炉渣、灰以及烟尘等固体排放物，SO_2、NO_x

以及 CO 等大气排放物虽减排绝对值相较于其他较低，但生物质发电低硫低氮的特性决定其大气污染几乎为零排放，有着重要的污染物减排意义。对于资源消耗，原煤得到了大量的节约，原铁矿、石灰石以及原铜矿也得到一定量的节约。总计生物质发电单位电力减排环境价值以及资源节约环境价值，即为生物质发电项目可实现的环境价值，0.097 4 元/（kW·h）。

运用多目标规划模型对产业链不同环节较为重要的三类补贴从量化角度进行了探讨，通过三种情景优化对比发现，统筹原料补贴、电价补贴与接网费补贴的情景二与情景三是较为合理的方案，其中，情景二维持原 0.75 元/（kW·h）电价补贴不变，原料补贴 369 万元，接网费 0.005 元/(kW·h)；情景三在标杆电价基础上补贴 0.308 4 元/(kW·h)，原料补贴 671.8 万元，接网费补贴 0.005 元/（kW·h）。以上两种方案都在较低补贴成本的基础上实现环境效益和经济效益提升，意味着合理的补贴结构与补贴方式对生物质能源产业发展至关重要，可以在现有技术水平、资源条件下实现经济利润与环境效益的双赢局面。

最后运用不同发展阶段补贴测算模型，结合行业、地区数据，计算案例项目培育期 IRR 分别等于 0、1%、3%、5%，以及成熟期 IRR+0.5%、+1%时政府补贴额度，并讨论了不同发电利用小时数以及是否存在热电联产等具体情形下的单位补贴额度和补贴总额。最后，综合各类情形，提出案例项目分阶段补贴额度的推荐范围。在现有标杆电价基础上补贴 0.145 5～0.171 0 元/（kW·h），即总补贴 0.585 1～0.610 6 元/（kW·h）可以使项目获得合理收益，成熟期补贴额度大幅下降，其中发展热电联产企业所需补贴明显低于单一发电企业，即 0.186 7～0.189 8 元/（kW·h）与 0.197 5～0.200 6 元/（kW·h）。

第 10 章

生物质发电补贴政策优化案例：蔗渣项目

10.1 案例项目概况

广西壮族自治区作为我国最大的食糖生产地区，拥有众多制糖企业和巨大的蔗渣生产能力，具有推行蔗渣生物质发电得天独厚的背景基础。国家非粮生物质能源工程技术研究中心在广西设立，也给当地生物质发电产业的发展带来了机遇。

位于广西壮族自治区崇左市内的广西崇左东亚糖业有限公司 30 MW 生物质能（蔗渣）发电项目以公司制糖产业主要副产品——蔗渣作为原料，运用高温高压蔗渣锅炉、170 t/h 蔗渣锅炉以及抽气冷凝式汽轮发电机组，筹建装机容量 30 MW 的生物质能（蔗渣）发电项目。该项目不仅可满足糖厂生产用电用汽，多余电力还可上网销售获取额外收入，是我国蔗渣发电上网销售的示范项目之一。

项目采用“糖厂—电厂热电联产”模式，通过蔗渣种植→糖厂→电厂→肥料厂的产业链，实现生物质燃料（蔗渣）的再生，属于资源综合利用循环经济项目。

项目 2014 年至今历年发电量与上网电量如表 10-1 所示，其中 2017—2018 年发电 135 053 072 kW·h，除企业自用电外，上网电量达 116 749 897 kW·h，自项目运行以来，已累计发电 392 447 972 kW·h。

表 10-1 案例项目 2014—2018 年发电及上网电量　　单位：kW·h

年度	发电量	上网电量
2014—2015	38 880 450	33 285 859
2015—2016	98 599 200	83 898 677
2016—2017	119 915 250	105 023 100
2017—2018	135 053 072	116 749 897
总计	392 447 972	338 957 533

10.2　案例项目经济成本构成及价值分析

10.2.1　案例项目经济成本构成

1. 原料获取环节经济成本

项目以制糖副产品蔗渣作为主要燃料，原料供应单位为项目母公司（90%燃料原料由糖厂自身供应），很大程度上缓解了项目原料压力，降低了原料成本。

此项目于 2017 年消耗原料共 31 万 t，其中蔗渣 25 万 t，树皮 3.2 万 t；储存原料 16 万 t。在蔗渣生产淡季，原料结构中树皮含量应受到约束，即不超过 15%，以保证节能效果。据统计，项目生产每单位千瓦时电力大约需要消耗 2 kg 蔗渣，而树皮较之于蔗渣热值较低，1.2 kg 树皮燃烧产生的电力约与 1 kg 蔗渣相等。

制糖蔗渣的原料甘蔗收集成本主要由购买成本、人工成本构成。崇左地区 2017 年蔗季甘蔗收购价约为 500 元/t，该地许多甘蔗区域由糖厂资助，通过扶持肥料等方式供给农户，回收时再从购买价格中扣除，相当于无息发放。本地劳动力成本较高且较为缺乏，现多雇用越南跨境劳务，人工成本 120～150 元/t。

树皮的收集采用电厂—供应商模式，由供应商从当地木板、木料加工厂自行收集，并进行简单破碎、削片等加工，最后向电厂供应价格为 260 元/t。

当地甘蔗尾叶目前暂未作为生物质燃料收集，其主要原因一是人工成本较高，二是崇左地形多丘陵，不利于大型机械运作。

2. 原料运输环节经济成本

崇左地区甘蔗及树皮原料的运输均采用柴油车，通常选用运输车型可承载甘蔗 30 t/车，树皮 20～30 t/车，供应商从集结点运至电厂运输成本为 100～110 元/t。

3. 生物质发电环节经济成本

项目总投资 25 454 万元，资金来源为项目业主自筹，固定资产投资 2.4 亿元，年维修费用 400 多万元，其中项目各工程主要组成如表 10-3 所示。

表 10-2 生物质能（蔗渣）发电项目储运工程

工程名称	工程内容
燃料运输	榨季期间，经由厂内封闭蔗渣输送廊道，将蔗渣由压榨车间直接传送至锅炉燃烧，剩余蔗渣经由蔗渣反送带送至堆场存放；停榨期间，将堆放蔗渣送入锅炉燃烧
燃料收储运	卸料储存装置、料仓层卸料设备、运输设备、料场设备以及燃料系统所必需的辅助设备
燃料堆场	蔗渣储存场地包括露天料场以及蔗渣回收间，蔗渣堆场属散渣露天堆场，面积 6.06 hm^2，可存放蔗渣 15 万 t；蔗渣回收间，堆放燃料存料规定不小于 1 台锅炉 3 天消耗量，即存放 6 000 t 燃料设置
灰渣运输	蔗渣锅炉燃烧所产生炉渣以及除尘器收集飞灰，经沉淀后产生沉渣，抓送至沉渣池暂存，每天或隔天由汽车运输对外销售或作为肥料回田
道路及运输	燃料由厂内蔗渣封闭输送廊道运输，锅炉灰渣由汽车运出

表 10-3 生物质能（蔗渣）发电项目工程主要组成

工程类型	工程名称	工程内容
主体工程	30 MW 发电机组	1×170 t/h 高温高压蔗渣锅炉 1×30 MW 抽气冷凝式汽轮发电机组
辅助公用工程	控制系统	锅炉、机组、发电、辅助系统统一集中控制，配置控制室、工程师站以及操作员站等集中管控
	热力系统	主蒸汽系统管道使用切换母管制。每台锅炉与相对应汽轮机组组成一个单元
	循环水冷却系统	冷水池上设置 3 台机械通风冷却塔；循环水泵房 1 座
	燃烧系统	固定炉排、播料装置、二次风管等
	燃料输送系统	蔗渣廊道（带式输送机）
	除灰渣系统	炉排下、锅炉尾部收集灰渣，采用旋风除尘器和电袋除尘器排除灰渣。采用水力冲灰，冲灰水经沉灰池、灰水分离器，分离出灰渣，暂存灰渣池集中外运，循环使用
	给水、排水系统	电厂补充水来源为糖厂净化水站，并经过本厂化处理；废水排放进入糖厂污水处理系统，统一处理和再利用
环保工程	除尘系统	旋风除尘以及电袋除尘器，烟气通过 80 m 高、内径 3 m 的烟囱排放
	脱硝系统	低氮燃烧技术、SNCR 脱硝设备
	在线监测	烟气连续监测系统（CEMS）

此项目环保工程设施共计投入 3 309 万元，占全厂固定资产的 13%。其中，旋风+电袋复合除尘系统投资 680 万元；蔗渣破碎烘干系统，提高锅炉燃烧效率，从源头控制

氮氧化物的生产，投资 1 382 万元；SNCR 脱硝系统，对锅炉炉膛内的氮氧化物进行初步中和，进一步降低烟气排放浓度，投资 300 万元；臭氧脱硝系统，业内首次采用，具有布置灵活、零污染的优点，投资 967 万元。电厂职工总人数 69 人，技术工人工程师约占 75%，发电机汽轮机等操作每班 3 人，一共 4 班，执行 4 班 3 倒，平均工资约 4 000 元/月。电厂发电用水总计税费 36 万元/年。

综合以上各环节成本分析，项目发电总成本 0.39 元/（kW·h）（不含税），0.48 元/（kW·h）（含税）。

10.2.2 案例项目经济价值分析

2017 年电厂运行发电 8 个月，约 250 天，发电利用小时数 6 000 h，自用电率为 12%，其余 88%可上网，共计上网电量 116 749 897 kW·h。生物质上网电价统一为 0.75 元/(kW·h)，其中当地标杆电价为 0.427 8 元/（kW·h），补贴 0.322 2 元/（kW·h）。经计算，项目生物质发电入网销售收入共计约 87 562 423 万元，其中来自政府补贴约为 37 616 817 元。

崇左地区售热价格为 160～170 元/t，项目在发电的同时产生蒸汽，热电比约为 4∶1，目前蒸汽供糖厂使用，未向外出售，可为企业节省购入蒸汽的成本。

经除尘、除灰渣系统排出的灰渣，输送至灰渣池，发电项目灰渣产量约每天产生 2 车，每车 2～3 t，一天约 9 t。该灰渣富含钾肥，由糖厂统一收集作为肥料出售，运出厂后综合利用。

项目目前补贴主要由电价补贴、接网费补贴、税收优惠以及其他补贴构成。① 电价补贴为全国统一的 0.75 元/（kW·h），国家对标杆电价以外进行补贴。项目已被列入第七批可再生能源补贴目录，但截至目前补贴额尚未到账。② 项目上网送电距离为 6 km，享受 0.01 元/（kW·h）的接网费补贴。③ 生物质发电企业享受企业所得税减免的税收优惠。④ 其他一次性补贴，包括由市环保局发放蔗渣破碎烘干系统补贴 120 万元。

对比项目成本收入，由于项目具有原料成本优势，由同企业提供蔗渣燃料得以使发电成本低于产业平均水平，但仍然以含税价 0.48 元/（kW·h）高于当地标杆电价 0.427 8 元/（kW·h）。在正常获得电价补贴以及其他补贴的前提下，项目可实现至少 0.27 元/（kW·h）的营业利润。然而当前由于电价补贴一直迟迟未落实到账，使企业处在亏损经营的状态，运营情况不甚乐观。

10.3 案例项目环境成本构成及价值分析

10.3.1 案例项目环境成本构成

1. 环境实物量核算

① 运输环节。

糖厂收集甘蔗运输通常采用载重 30 t 的柴油车，供应商运输树皮采用装载量 20～30 t 的柴油车，载重 30 t 货车百公里油耗为 30～35 L 柴油。甘蔗制糖产生副产品蔗渣的比例约为 25%，发电项目原料消耗蔗渣 25 万 t，树皮 3.2 万 t，即使用载重 30 t 货车需要运输 100 万 t、3.33 万次的甘蔗以及 0.12 万次的树皮。原料收集半径约为 50 km，柴油碳排放系数计算得原料运输碳排放系数为 0.693 kgCO_2/km。因此原料运输 CO_2 排放量=运输距离×运输趟数×原料运输碳排放系数，共计 0.119 5 万 t 碳排放。

② 生产发电环节。

生物质能源的植物（甘蔗）在生产的过程中会吸收大量的 CO_2，与（蔗渣）燃烧排放的 CO_2 是相当的，在 CO_2 总量上实现了零排放。然而蔗渣发电需要耗费电力实现机组运行，项目自用电约为发电量的 12%，即 18 303 175 kW·h，电力碳排放系数为 0.785 kgCO_2/MJ，计算该公司生物质发电碳排放量=用电量×3.6×电耗碳排放因子，共计 5.172 5 万 t 碳排放。

生物质燃料（蔗渣）含氮少，不含硫，可减少 NO_x 和 SO_2 排放。本工程使用燃料甘蔗渣为公司糖厂副产品，含硫量为 0.02%，通过糖厂多年使用燃烧后监测数据，烟气中 SO_2 排放浓度均未检出，因此本工程不考虑烟气脱硫。蔗渣破碎烘干系统，提高锅炉燃烧效率，从源头控制氮氧化物的产生，在不投用脱硝设施的情况下，初始排放浓度控制在 150 mg/m^3 左右；再由 SNCR 脱硝系统，对锅炉炉膛内的氮氧化物进行初步中和，进一步降低烟气排放浓度；同时在行业内首次采用臭氧脱硝系统，具有布置灵活、零污染的优点，平均氮氧化物排放浓度控制在 75 mg/m^3 左右。生物质燃料（蔗渣）灰分少，燃烧后粉尘排放更少。烟尘排放浓度控制在 20 mg/m^3 左右。

2. 资源消耗量核算

调研过程中因企业统计限制，未能获得项目单位资源消耗量，又因现有文献中尚未有学者对蔗渣发电资源消耗作出实验统计，故此部分数据借鉴秸秆生物质发电数据。

3. 环境成本总计核算

汇总上文环境实物排放量以及资源消耗量，根据环境货币价值计算生物质能（蔗渣）发电项目环境总成本（表 10-4）。

表 10-4　生物质能（蔗渣）发电项目环境成本

项目	年产生量/（t/a）	年削减量/（t/a）	年排放量/（t/a）	单位排放量/[g/（kW·h）]	货币价值/（元/t）	总成本/万元	占比/%
CO_2	—	—	52 920	453.28	22	116.424	18.84
NO_x	920.58	671.1	249.48	2.14	600	14.968 8	2.42
SO_2	0	0	0	0	600	0	0.00
烟尘	12 474	12 399.16	74.84	0.64	275	2.058 1	0.33
灰渣	0.641	0	0.641	0.005	120	0.007 7	0.00
原油	—	—	569.74	4.88	8 055.6	458.959 8	74.25
原煤	—	—	153.18	1.312	197.43	3.024 2	0.49
原铁矿	—	—	295.03	2.527	416.87	12.298 9	1.99
原铜矿	—	—	16.81	0.144	4 893.81	8.226 5	1.33
石灰石	—	—	248.09	2.125	85.83	2.129 4	0.34

数据来源：① 调研数据；
② 陈建华，郭菊娥，席酉民，等. 秸秆替代煤发电的外部效应测算分析[J]. 中国人口•资源与环境，2009，19（4）：165-171。

案例生物质能（蔗渣）发电项目 2017 年环境外部影响成本共计 618.097 4 万元。具体到各排放物以及资源消耗结构来看，大致与案例一相同，CO_2 与原油占据了主要环境成本。其他排放物和资源略有区别，其中此案例 NO_x 成本排在总环境成本第三位，比案例一较高，其原因可能是由于发电原料不同、企业脱硝技术存在差异，也不排除企业统计的准确性有待进一步考证。

10.3.2　案例项目环境价值分析

项目环境价值体现在单位电力生物质（蔗渣）发电与燃煤发电相比带来的排放物减少与资源节约（表 10-5）。

从生物质（蔗渣）发电项目与煤电相比结果来看，除原油消耗生物质（蔗渣）发电项目更高以外，其余已统计排放物与资源种类均得到减排与节约，其中 CO_2、原煤以及灰渣降低量最为明显，SO_2 的零排放也对减排效果有重要意义。

表 10-5 生物质发电单位电力环境价值

项目	生物质/[g/（kW·h）]	煤/[g/（kW·h）]	减排量/[g/（kW·h）]	货币价值/（元/t）	减排价值/元
CO_2	453.28	690.01	236.73	22	0.005 208
NO_x	2.14	6.8	4.66	600	0.002 796
SO_2	0	6.92	6.92	600	0.004 152
烟尘	0.64	13.32	12.68	275	0.003 487
灰渣	0.005	110.9	110.895	120	0.013 307
原油	4.88	0.597	−4.283	8 055.6	−0.034 5
原煤	1.312	505.935	504.623	197.43	0.099 628
原铁矿	2.527	2.861	0.334	416.87	0.000 139
原铜矿	0.144	0.349	0.205	4 893.81	0.001 003
石灰石	2.125	2.159	0.034	85.83	2.92×10^{-6}

数据来源：① 调研数据；

② 陈建华，郭菊娥，席酉民，等. 秸秆替代煤发电的外部效应测算分析[J]. 中国人口·资源与环境，2009，19（4）：165-171。

综上所述，生物质（蔗渣）发电项目代替燃煤发电项目可实现 0.029 0 元/（kW·h）排放物减排效果以及 0.066 3 元/(kW·h)资源节约，共计创造环境价值 0.095 2 元/(kW·h)。此结果比案例一略低，但相差不多，可证明不同生物质发电项目创造环境价值略有差别，但基本保持在单位电量 0.095 元左右。

结合项目发电量计算，该项目共实现环境价值 11 117 091.9 元，外部性的度量为下文政策优化讨论提供重要参考价值。

10.4 案例项目产业链不同环节补贴政策优化

10.4.1 案例项目多目标规划应用模型构建

1. 目标约束的确立

根据前文计算得出生物质（蔗渣）发电项目实现的节能减排效果，即排放物减排价值 0.029 0 元/（kW·h）和资源节约价值 0.066 3 元/（kW·h），以及该电厂为公众所实现的环境效益 11 117 091.9 万元，可得公众社会环境效益最大化目标函数：

$$0.095\,2Q_t + d_1^- - d_1^+ = 11\,117\,091.9 \tag{10-1}$$

影响企业利润最大化目标的主要参数包括标杆电价 0.427 8 元/（kW·h）、生物质优惠上网电价 0.75 元/（kW·h）、厂用电率 12%、发电项目含税总成本 0.48 元/（kW·h），以及项目营业外收入 120 万元。当前企业上网电价补贴已纳入补贴名单，但实际补贴金额尚未获得，因此三种补贴组合情境下的企业利润最大化公式可表示为：

情景一：

$$(0.427\,8+X_1)\times 0.88Q_t-0.48\times Q_t+d_{21}^{+}-d_{21}^{-}=-4\,894\,344.623\,4 \quad (10\text{-}2)$$

情景二：

$$0.75\times 0.88\times Q_t-0.48\times Q_t+X_2+X_3\times 0.88\times Q_t+d_{22}^{+}-d_{22}^{-}=-4\,894\,344.623\,4 \quad (10\text{-}2)$$

情景三：

$$(0.427\,8+X_1)\times 0.88\times Q_t-0.48\times Q_t+X_2+X_3\times 0.88\times Q_t+d_{22}^{+}-d_{22}^{-}=-4\,894\,344.623\,4 \quad (10\text{-}3)$$

政府补贴最小化目标中，补贴主要包含上网电价补贴，即 0.75 元/（kW·h）中标杆电价 0.427 8 元/（kW·h）以外的 0.322 2 元/（kW·h），项目应获得补贴额为 0.322 2 元/（kW·h）×116 749 897 kW·h=37 616 816.813 4 元。此外，项目还获得市环保局发放蔗渣破碎烘干系统补贴 120 万元。获得补贴共计 38 816 816.813 4 元。

情景一：

$$X+d_3^{-}-d_3^{+}=37\,616\,816.813\,4 \quad (10\text{-}4)$$

情景二：

$$X+d_3^{-}-d_3^{+}=38\,816\,816.813\,4 \quad (10\text{-}5)$$

情景三：

$$X+d_3^{-}-d_3^{+}=38\,816\,816.813\,4 \quad (10\text{-}6)$$

2. 约束条件的确立

（1）原料收购约束

生物质（蔗渣）发电项目 2017 年消耗原料共 31 万 t，其中蔗渣 25 万 t，树皮 3.2 万 t，假设原料发电效率并无明显差异，2017 年项目总发电量 135 053 072 kW·h，可计算得出产生每千瓦时电力约消耗 2.29 kg 蔗渣。在不考虑原料储存的情况下，项目蔗渣收集量与发电原料量相等，应小于等于当地蔗渣最大可获取量。

项目原料来源主要为糖厂生产副产品，崇左市历年糖厂蔗渣产生量统计如表 10-6 所示。

表 10-6　崇左糖厂的蔗渣产量及剩余量统计　单位：t

榨季	甘蔗产量	蔗渣产量	电厂用量	蔗渣剩余量
2011—2012	1 977 000	474 480	—	—
2012—2013	2 050 000	492 000	—	—
2013—2014	2 200 000	528 000	—	—
2014—2015	2 500 000	600 000	214 800	385 200

以 2014—2015 年榨季为例，崇左东亚糖厂制糖副产品蔗渣产生量为 60 万 t，项目电厂 1×170 t/h、30 MW 蔗渣锅炉，按照机组年运行 270 天计算，年原料需求量为 34.33 万 t，仅占糖厂可提供蔗渣量的 57.22%。电厂自发电以来，历年原料用量均在 30 t 左右，糖厂蔗渣产量也一直呈上涨趋势。因此，糖厂蔗渣供应量理论上可以完全满足发电项目需求。具体原料约束可表示为：

$$2.29 \times Q_t = \sum_i Q_{mi} \leqslant 600\,000\,000 \tag{10-7}$$

（2）发电约束

项目装机容量为 30 MW，与案例一理论年最大发电量为 2.628 亿 kW·h 相同。据实际调研中向项目总工程师了解，最小发电量应至少 1 亿 kW·h 才能保证机组维持正常健康运行。因此，生物质（蔗渣）发电项目发电约束可表示为：

$$100\,000\,000 \leqslant Q_t \leqslant 262\,800\,000 \tag{10-8}$$

（3）需求约束

据崇左市供电部门统计显示，该市 2017 年全年全社会用电量总计 65.66 亿 kW·h，其中，第一产业消耗 1.31 亿 kW·h，第二产业消耗 49.27 亿 kW·h，第三产业消耗 4.28 亿 kW·h，城乡居民生活耗电量 10.80 亿 kW·h。崇左市人口约为 248.8 万人，可计算人均用电量约 2 639.07 kW·h。项目所在地扶绥县人口 45 万人，用电需求量约为 1 187 581 500 kW·h，则需求约束可表达为：

$$0.88 \times Q_t \leqslant 1\,187\,581\,500 \tag{10-9}$$

（4）企业利润约束

企业利润与案例一相同，应保证保本微利，表达如下：

$$0 \leqslant \mathrm{EI} / R_{\text{revenue}} \leqslant 22.329\,8\% \tag{10-10}$$

（5）电价约束

崇左市生物质（蔗渣）发电标杆电价为 0.427 8 元/（kW·h），补贴 0.322 2 元/（kW·h），50%范围内变化为 0.161 1～0.483 3 元/（kW·h），则补贴电价变化范围可表达为：

$$0.427\,8 + 0.161\,1 \leqslant 0.427\,8 + X_1 \leqslant 0.427\,8 + 0.483\,3 \tag{10-11}$$

X_2 原料补贴通常为一次性补贴发放，并不与原料数量成直接正比关系，项目 2018 年获得崇左市环保局发放蔗渣破碎烘干系统补贴 120 万元，50%浮动范围为 60 万～180 万元，即：

$$600\,000 \leqslant X_2 \leqslant 1\,800\,000 \tag{10-12}$$

项目入南方电网送电距离为 6 km，依据国家规定补贴标准为 0.01 元/（kW·h），依据假设接网费补贴 X_3 在 50%范围内 0.005～0.015 元/（kW·h）浮动，即：

$$0.005 \leqslant X_3 \leqslant 0.015 \tag{10-13}$$

（6）补贴约束

依据假设控制补贴浮动，避免调整过多，将所有补贴工具与补贴总额均将变动幅度控制在 50%区间以内。

仅考虑上网电价补贴时，补贴浮动上限为 37 616 817×1.5=56 425 225 元，即：

$$0 \leqslant X \leqslant 56\,425\,225 \tag{10-14}$$

崇左市关于生物质（蔗渣）发电的原料补贴主要针对蔗渣补贴，如崇左市环保局发放蔗渣破碎烘干系统补贴 120 万元。关于甘蔗补贴方式和数额都较多，但由于是糖厂原料，并不是生物质（蔗渣）发电直接原料，暂不计入生物质发电补贴。因此，不考虑上网电价补贴时，补贴浮动上限为 180 万元，即：

$$0 \leqslant X \leqslant 1\,800\,000 \tag{10-15}$$

综合考虑所有补贴时，补贴上限 56 425 225 + 1 800 000 = 58 225 225 元，即：

$$0 \leqslant X \leqslant 58\,225\,225 \tag{10-16}$$

3. 应用模型的确立

综上所述，崇左生物质（蔗渣）发电项目所构建的目标函数分以下三种情景。

（1）情景一：政府只针对生物质发电上网电价补贴进行调整：

$$\min z = p_1 d_1^- + p_2 d_2^- + p_3 d_3^+$$

s.t.

$$\begin{cases} 0.095\,2 \times Q_t + d_1^- - d_1^+ = 11\,117\,091.9 \\ (0.427\,8 + X_1) \times 0.88 \times Q_t - 0.48 \times Q_t + d_{21}^+ - d_{21}^- = 21\,905\,655.376\,6 \\ X + d_3^- - d_3^+ = 37\,616\,816.813\,4 \\ 2.29 \times Q_t = \sum_i Q_{mi} \leqslant 600\,000\,000 \\ 100\,000\,000 \leqslant Q_t \leqslant 262\,800\,000 \\ 0.88 \times Q_t \leqslant 1\,187\,581\,500 \\ 0 \leqslant \left[(0.427\,8 + X_1) \times 0.88 \times Q_t - 0.48 \times Q_t\right] / \left[(0.427\,8 + X_1) \times 0.88 \times Q_t\right] \leqslant 22.329\,8\% \\ 0.427\,8 + 0.161\,1 \leqslant 0.427\,8 + X_1 \leqslant 0.427\,8 + 0.483\,3 \\ 0 \leqslant X \leqslant 56\,425\,225 \\ X = X_1 \times Q_t \end{cases}$$

（10-17）

（2）情景二：现行上网电价补贴不变，政府针对生物质原料收购与接网费进行补贴优化调整：

$$\min z = p_1 d_1^- + p_2 d_2^- + p_3 d_3^+$$

s.t.

$$\begin{cases} 0.095\,2 \times Q_t + d_1^- - d_1^+ = 11\,117\,091.9 \\ 0.75 \times 0.88 \times Q_t - 0.48 \times Q_t + X_2 + X_3 \times 0.88 \times Q_t + d_{22}^+ - d_{22}^- = 21\,905\,655.376\,6 \\ X + d_3^- - d_3^+ = 38\,816\,816.813\,4 \\ 2.29 \times Q_t = \sum_i Q_{mi} \leqslant 600\,000\,000 \\ 100\,000\,000 \leqslant Q_t \leqslant 262\,800\,000 \\ 0.88 \times Q_t \leqslant 1\,187\,581\,500 \\ 0 \leqslant \left[0.75 \times 0.88 \times Q_t - 0.48 \times Q_t + X_2 + X_3 \times 0.88 \times Q_t\right] / \left(0.75 \times 0.88 \times Q_t\right) \leqslant 22.329\,8\% \\ 600\,000 \leqslant X_2 \leqslant 1\,800\,000 \\ 0.005 \leqslant X_3 \leqslant 0.015 \\ 0 \leqslant X \leqslant 1\,800\,000 + 0.015 \times Q \\ X = X_2 + X_3 \times Q \end{cases} \tag{10-18}$$

情景三：政府针对生物质原料收购、上网电价、接网费同时进行综合补贴优化调整：

$$\min z = p_1 d_1^- + p_2 d_2^- + p_3 d_3^+$$

s.t.

$$\begin{cases} 0.095\,2 \times Q_t + d_1^- - d_1^+ = 11\,117\,091.9 \\ (0.427\,8 + X_1) \times 0.88 \times Q_t - 0.48 \times Q_t + X_2 + X_3 \times 0.88 \times Q_t + d_{22}^+ - d_{22}^- = 21\,905\,655.376\,6 \\ X + d_3^- - d_3^+ = 38\,816\,816.813\,4 \\ 2.29 \times Q_t = \sum_i Q_{mi} \leqslant 600\,000\,000 \\ 100\,000\,000 \leqslant Q_t \leqslant 262\,800\,000 \\ 0.88 \times Q_t \leqslant 1\,187\,581\,500 \\ 0 \leqslant \dfrac{(0.427\,8 + X_1) \times 0.88 \times Q_t - 0.48 \times Q_t + X_2 + X_3 \times 0.88 \times Q_t}{(0.427\,8 + X_1) \times 0.88 \times Q_t} \leqslant 22.329\,8\% \\ 0.427\,8 + 0.161\,1 \leqslant 0.427\,8 + X_1 \leqslant 0.427\,8 + 0.483\,3 \\ 600\,000 \leqslant X_2 \leqslant 1\,800\,000 \\ 0.005 \leqslant X_3 \leqslant 0.015 \\ 0 \leqslant X \leqslant 58\,225\,225 \\ X = (X_1 + X_3) \times Q + X_2 \end{cases} \tag{10-19}$$

10.4.2　案例项目模型优化结果

运用 Lingo15.0 软件，采用序贯算法依次对各个优先级目标进行求解。

对于假设只存在电价补贴的情景一，在 Lingo 软件中输入代码，依次求得多目标模型在环境效益最大化、企业利润最大化以及政策补贴最小化目标之下模型最优解，最终得 X_1=0.161 1 元/（kW·h），Q=116 819 000 kW·h，此时生物质（蔗渣）发电项目可以实现社会环境效益 11 121 168.8 元，企业经济利润 4 466 224.008 元，政府付出补贴 18 819 540.9 元。

针对电价补贴固定不变，调节原料补贴与接网费补贴的情景二，求得原料补贴调整为 X_2=1 800 000 元，X_3=0.01 元/（kW·h），发电量 Q=100 000 000 kW·h，此时项目可以实现社会环境效益 9 520 000 元，企业经济利润 20 680 000 元，政府付出补贴 2 800 000 元。

关于综合考虑电价补贴、原料补贴以及接网费补贴的情景三，得到最终解 X_1=0.161 1 元/（kW·h），X_2=1 200 000 元，X_3=0.01 元/（kW·h），发电量 Q=100 000 000 kW·h，此时项目实现社会环境效益 21 903 920.64 元，企业经济利润 12 021 273.062 4 元，政府付出补贴 40 567 235.52 元。

与案例一相同，在模型求解过程中，以环境效益和经济利润为最大化目标时的求解结果会增加政府补贴成本，加重政府财政压力；而政府补贴的不及时、不合理则会影响项目环境效益的实现，甚至阻碍项目发展。因此，唯有兼顾项目发展的多重目标，才能求得较优解，实现项目整体效益最大化。

10.4.3　案例项目模型结果对比分析

1. 优化结果对比分析

比较分析三种补贴情景之下的各目标结果，判断针对此项目哪（几）种情景更具合理性。情景一以较高补贴成本达到三种情景中次高环境效益和最低的经济利润：其中环境效益高于情景二 16.82%，低于情景三 49.23%，处于中间水平；然而经济利润水平较低，低于情景二 78.40%，低于情景三 62.85%；所付出的补贴成本同样处于中间水平。情景二以最低的补贴成本实现最大经济利润水平和较好的环境效益，其中环境效益虽然是三种情景中最低，但与情景一相差较小，不存在明显不足。情景三用最高补贴成本实现最好的环境效益和次高经济利润，也达到了不错的总效益：其中环境效益高于情景一 96.96%，高于情景二 130.08%，具有明显优势，具体比较如图 10-1 所示。

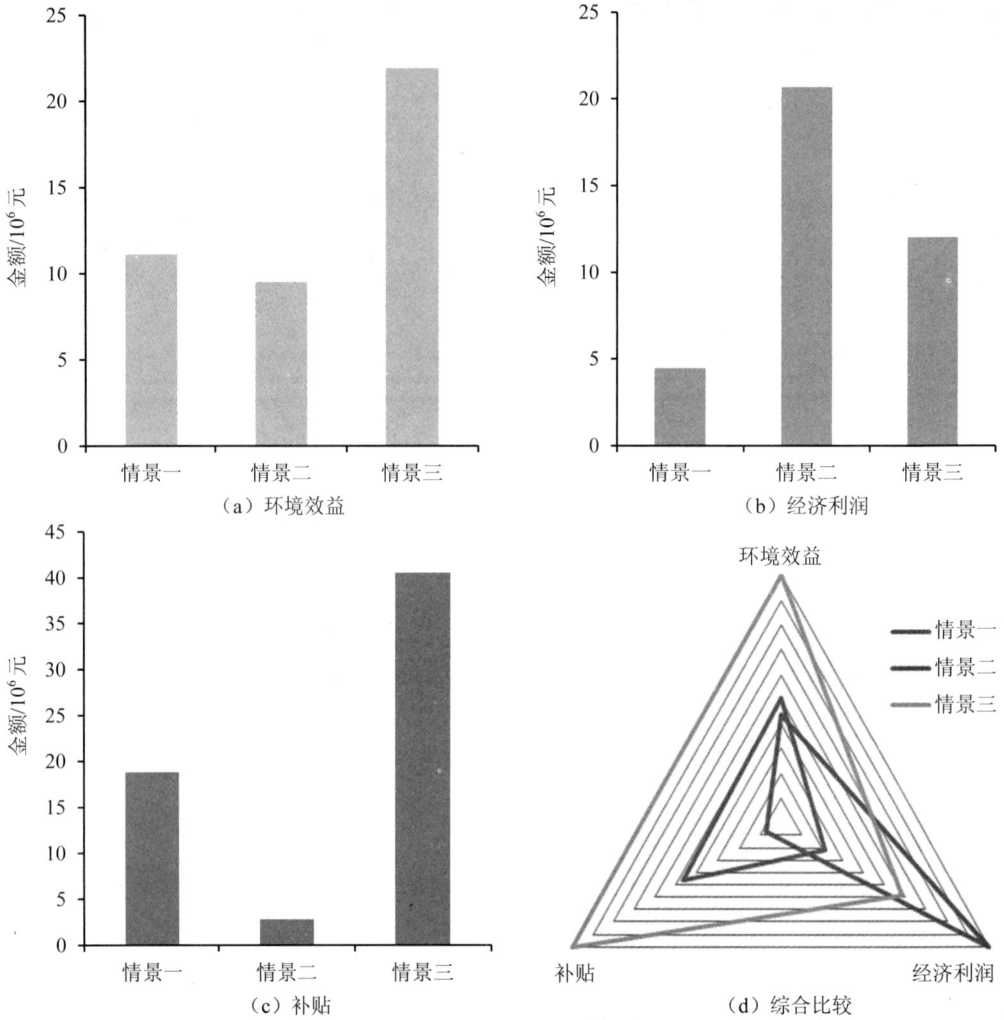

图 10-1　不同情景下优化结果对比

情景一付出较高的补贴成本 1 882 万元，但实现的经济利润仅为 446 万元，环境效益也没有突出成果，故认为仅仅针对上网电价进行调节的补贴政策并不具有优越性。情景二以极低的补贴成本 280 万元，实现假设中最高的经济利润 2 068 万元，极大地促进了企业生产积极性，利于产业发展，环境效益虽在各情景中最低，但 952 万元的环境效益与其他情景相比却相差无几，故认为情景二是优于情景一的选择，即维持现有电价不变，对原料收集补贴与生物质电力上网接电费补贴调整方案是可行的。情景三补贴成本高达 4 057 万元，带来显著的环境效益 2 190 万元以及较高的经济利润 1 202 万元，实现了环境与经济的共赢，因此，兼顾各个环节补贴的情景三在政府财政能力可承受的情况下是较优的选择。

同第 9 章案例所得结论相同，考虑到产业不同环节的重要性（详见第 9 章），对于生物质（蔗渣）发电项目，对产业中多个环节（原料环节、发电环节、上网环节）进行补贴搭配、组合调节的方案优于只考虑上网电价补贴的情形。

2. 优化结果与实际情况对比分析

三种情景优化结果与实际情况对比雷达图如图 10-2 所示。

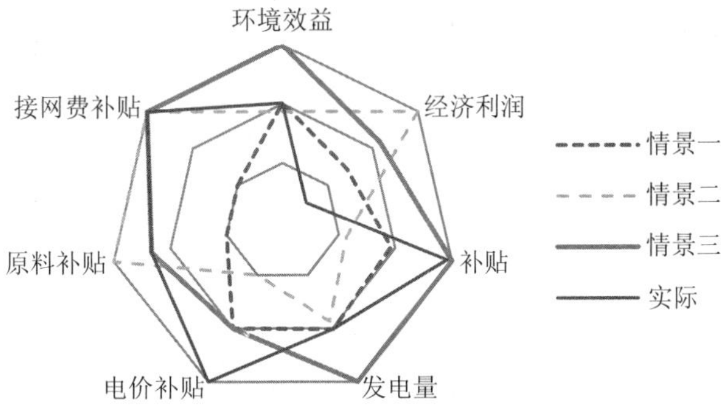

图 10-2　情景优化结果与实际情况对比

通过将三种假设情景结果与实际情况相比较，可得如下结论：① 情景三与实际情形中补贴额度基本持平，但情景三却实现了环境效益和经济利润的提升，尤其是经济利润不仅扭亏为盈还获得较高利润，因此证明在补贴总额不变的情况下，可通过补贴方式、补贴额度等不同组合调整以提高补贴效率，实现更高的环境效益和经济效益。② 实际情形中支出补贴额度与假设情景相当或更高，而实现环境效益基本相当或更低，经济利润则明显低于全部三种情景，综合三个指标来看，假设情景证明可以与实际相当或更低的补贴成本提高生物质发电项目的经济利润，而且并不影响环境效益。③ 三种情景假设结果中，上网电价补贴所得最优值均小于实际，原料补贴持平或提高，接网费补贴保持不变，该结果说明现行电价补贴作出适当下调，将节约资金更多地用于原料补贴环节，一定程度上能提高补贴效率，可推动产业发展。

以上结果与第 9 章案例主要结果较为相似，都证明了多环节补贴优于单环节补贴，合理的补贴方式和额度调整可以提高补贴效率等。

10.5 案例项目不同发展阶段补贴政策优化

10.5.1 案例项目不同发展阶段补贴模型构建

结合产业通用数据、广西壮族自治区标杆数据（表 10-7），运用内部收益率（IRR）公式，计算生物质（蔗渣）发电项目在各发展阶段的合理补贴额度。

表 10-7 广西壮族自治区标杆数据

名称	数据取值及方式
上网电价	0.75 元/（kW·h）
标杆电价	0.427 8 元/（kW·h）
售热价格	160 元/t；38 元/GJ
供热量	热电比=2 时的供热量
原料价格	300 元/t
燃油价	8 055.6 元/t
职工薪酬水平	48 000 元/年
项目投资	25 454 万元
建设期利息率	5.58%
水费	2.1 元/m^3
税费	增值税：即征即退； 所得税："两免三减半" 0，7.5%，15%

10.5.2 案例项目不同发展阶段补贴模型测算

1. 案例项目培育期扶持补贴

生物质（蔗渣）发电项目由于其依托糖厂生产、原料成本较低的特殊性，只要保证 0.75 元/（kW·h）电价补贴的即时到位就可保证培育期满 10 年时 5.2%的内部收益率。然而项目虽已被纳入第七批可再生能源补贴名单，但近几年补贴尚未支付，项目仍处于亏损状态。

根据第 8 章生物质发电分阶段动态模型，制定项目现金流量表，计算培育期内不同 IRR 以及不同年份补贴额度（表 10-8 和表 10-9）。计算得到仅需要在崇左市标杆电价 0.427 8 元/（kW·h）之外额外补贴 0.257 元/（kW·h），即可实现项目内部收益率盈亏平衡，此时培育期内需补贴资金 3.19 亿元，低于现行电价补贴 0.065 2 元/（kW·h），共减少 8 097.84 万元。若计划使项目实现 1%、3%或 5%收益率，标杆电价外补贴需达到 0.268 6 元/（kW·h）、0.293 2 元/（kW·h）、0.319 5 元/（kW·h），培育期内分别需补偿资金总额 3.34 亿元、3.64 亿元、3.97 亿元。与第 9 章案例不同的是，本章案例培育期所需补贴额度均小于国家规定 0.75 元/（kW·h）生物质电价补贴，与案例项目原料来源成本较低有很大联系。因其显著的成本优势，本章案例内部收益率高于成本较高的第 9 章案例，所需补贴也相对较低。

表 10-8　不同 IRR 下培育期补贴额度（1）

补贴情况	IRR	单位补贴/［元/（kW·h）］	培育期补贴总额/万元
0.75 标杆电价补贴时	5.20%	0.322 2	40 017.24
标杆电价外补贴	0	0.322 2～0.065 2	40 017.24～8 097.84
标杆电价外补贴	1%	0.322 2～0.053 6	40 017.24～6 657.12
标杆电价外补贴	3%	0.322 2～0.029 0	40 017.24～3 601.80
标杆电价外补贴	5%	0.322 2～0.002 7	40 017.24～335.34

表 10-9　不同 IRR 下培育期补贴额度（2）

培育期年数		3	4	5	6	7	8	9	10
发电量/MW		72 000	120 000	150 000	180 000	180 000	180 000	180 000	180 000
补贴/万元	0	1 850	3 084	3 855	4 626	4 626	4 626	4 626	4 626
	1%	1 934	3 223	4 029	4 835	4 835	4 835	4 835	4 835
	3%	2 111	3 518	4 398	5 278	5 278	5 278	5 278	5 278
	5%	2 300	3 834	4 793	5 751	5 751	5 751	5 751	5 751

2. 案例项目成熟期扶持补贴

生物质（蔗渣）项目成熟期内项目技术不断进步、经济利润水平不断提高，所需补贴额度比培育期大幅降低。以培育期项目内部收益率 3%的情形为例，在发电利用小时数分别为 7 000 h 和 8 000 h 时，单一发电项目需补贴 0.061 5 元/（kW·h）和 0.062 8 元/（kW·h）即可保证内部收益率上涨 1%；如果项目发展热电联产并有售热收入，项目仅需高于标杆电价 0.003 8 元/（kW·h）和 0.005 3 元/（kW·h）的补贴即可使项目维持 4%的收益率。其他不同内部收益率情形下单位补贴额与补贴总额如表 10-10 所示。

表 10-10 不同 IRR 下成熟期补贴额度

培育期 IRR	成熟期 IRR	利用小时数/h	无热电联产时补贴		有热电联产时补贴	
			单位补贴/［元/（kW·h）］	补贴总额/万元	单位补贴/［元/（kW·h）］	补贴总额/万元
0	0.5%	7 000	0.059 1	6 205.5	0.001 5	157.5
	1%	8 000	0.059 2	7 104	0.001 5	183.6
1%	1.5%	7 000	0.059 8	6 279	0.002 3	241.5
	2%	8 000	0.060 3	7 236	0.002 6	312
3%	3.5%	7 000	0.061 5	6 457.5	0.003 8	399
	4%	8 000	0.062 8	7 536	0.005 3	636
5%	5.5%	7 000	0.063 5	6 667.5	0.005 8	609
	6%	8 000	0.066 2	7 944	0.008 8	1056

总体来看：① 成熟期补贴额度明显小于培育期，以 IRR=0 为例，单一发电项目成熟期所需补贴比培育期低 0.197 9 元/（kW·h）；② 成熟期内补贴额度均与标杆电价差额甚少，不超过 0.07 元/（kW·h），项目在发展热电联产的前提下，只需要补贴 0.001 5 元/（kW·h）即可保证项目收益平衡，一定程度上说明生物质（蔗渣）发电项目经济效益表现较好，在成熟期期间所需补贴极少。③ 发展热电联产并出售热力可以有效提高项目经济利润，减少项目补贴需求，是今后具备供热条件的生物质发电项目的优化选择。④ 在相同内部收益率水平下，发电小时数由 7 000 增至 8 000，会引起补贴额度小幅上涨，其原因可能是发电量的增加提高了补贴成本或过高的发电小时数增加了企业技术成本。

3. 案例项目不同发展阶段补贴额度推荐

总结以上生物质（蔗渣）发电项目培育期与成熟期分析，对项目各阶段合理补贴额度提出建议（表 10-11）。

表 10-11 不同阶段补贴额度范围推荐

培育期	含标杆电价补贴	单位补贴/［元/（kW·h）］	0.268 6～0.293 2	
		补贴总额/万元	33 360.12～36 415.44	
	额外补贴	单位补贴/［元/（kW·h）］	−0.053 6～−0.029 0	
		补贴总额/万元	−6 657.12～−3 601.80	
成熟期	利用小时数/h		7 000	8 000
	无热电联产	单位补贴/［元/（kW·h）］	0.059 8～0.061 5	0.060 3～0.062 8
		补贴总额/万元	6279～6 457.5	7 236～7 536
	有热电联产	单位补贴/［元/（kW·h）］	0.002 3～0.003 8	0.002 6～0.005 3
		补贴总额/万元	241.5～399	312～636

鉴于生物质（蔗渣）发电的公共产品属性，选取使项目保本微利内部收益率保证在1%～3%的补贴额作为推荐。其中，培育期建议以低于现行 0.75 元/（kW·h）电价补贴−0.053 6～−0.029 0 元/（kW·h），即标杆电价外补贴 0.268 6～0.293 2 元/（kW·h）额度进行补贴，该范围内补贴的即时到账即可使项目盈利，促进企业生产积极性。当项目步入成熟期阶段，对于没有售热收益的情况，应补贴 0.059 8～0.062 8 元/（kW·h）为宜；若项目发展热电联产并取得售热收益，项目仅需获得 0.002 3～0.005 3 元/（kW·h）补贴即可保证其经济利润。

10.6　本章小结

本章运用崇左市生物质（蔗渣）发电项目为例进一步对第 5 章到第 8 章生物质补贴研究内容进行探讨佐证。

案例经济成本价值与燃煤发电相比不具有优势，成本略高于标杆电价，项目经济效益较差，市场竞争力较弱，此结果与第 9 章案例以及其他学者研究相似。存在差异的是，由于此案例依托当地制糖企业而建，原料为糖厂副产品蔗渣，因而具有明显原料收集和成本优势，项目经济成本与第 9 章案例等其他生物质发电项目相比较低。

与第 9 章案例相同，此项目具有显著环境价值，项目环境排放与资源消耗集中在碳排放以及原油消耗，环境外部影响成本共计 618.0 974 万元/a。与燃煤发电项目相比，单位电力可实现 0.029 0 元/（kW·h）排放物减排效果以及 0.066 3 元/（kW·h）资源节约效应，共计创造环境价值 0.095 2 元/（kW·h）。

产业链不同环节政策优化多目标规划模型结果与第 9 章案例具体求解值存在差异但结论类似，均证明兼顾产业原料、发电、电力上网等多环节的补贴组合方案优于单一上网电价补贴的情景。其中，较优组合情景二保持电价补贴不变、原料补贴增加至 180 万元，接网费补贴依然为 0.01 元/（kW·h），情景三将电价补贴下调至 0.161 1 元/（kW·h），原料补贴与接网费补贴保持不变，将各情景达到目标值与实际相比较，证明在补贴总额不变的情形下，可通过补贴方式、补贴额度等不同组合调整以提高补贴效率，实现更高的环境、经济效益。

经不同发展阶段补贴额度模型测算，建议培育期补贴 0.268 6～0.293 2 元/（kW·h），成熟期补贴 0.002 3～0.062 8 元/（kW·h）为宜。该结果整体低于第 9 章案例，与此项目较低原料成本有直接关系。与第 9 章案例相同的是成熟期补贴额度均明显小于培育期；发展热电联产销售热力可有效提高项目经济利润，使项目补贴需求明显低于单一发电情形。

综上所述，第 9 章与第 10 章案例分析结果虽存在个体差异，但重要结果大体相同，均对本书补贴政策优化研究做出了可行性证明。

第 11 章

生物质发电补贴政策优化建议

11.1 重视补贴政策在产业中的应用

11.1.1 明确补贴范围

补贴政策涉及内容较多，补贴投入之前，应考虑地区生物质发电产业发展、国家及地方财政能力等多方因素，在国家总体战略目标引导下，明确补贴范围和合理渠道。对生物质发电技术研发领域，明确甄别国内核心技术以及设备生产制造所需达到的技术高度，政府招标建立研究机构、实验室以及掌握先进生产力的设备生产商，并对其进行财政补贴。对项目主体的直接投入，补贴标准为生物质发电成本与传统能源电力的差距，补贴方式为原料补贴、电价补贴、接网费补贴等，对于许多运营较艰难的示范项目，政府直接补贴也是较为常见的形式。对消费者提供补贴，如分布式设备的购买也是鼓励生物质发电消费的重要渠道。智能电网的建设也是产业发展的重要保障，也应纳入财政补贴范围之内。以上部分补贴范围和渠道可依据国家标准执行，但更多领域缺乏技术标准、运行标准，导致补贴执行遇到困难。因此，生物质发电领域的标准化建设迫在眉睫。

11.1.2 加大补贴力度

财政补贴是生物质发电产业发展的“催化剂”，无论何种可再生能源，甚至是传统能源，在其实现商业化、市场化之前都需要不间断的大量资金投入。相比于我国政府对传统能源的补贴，可再生能源领域的补贴仅仅算杯水车薪，尚无法满足当前产业发展的需要。包含生物质发电产业在内的可再生能源符合绿色生态的要求，又有永续的资源利用，政府应将更多的传统能源补贴逐渐转向可再生能源领域。

11.1.3 调动地方政府积极性

依据地区特色，出台相关政策调动适于发展生物质发电产业地方政府的积极性，推行优惠奖励政策以鼓励社会资本投入。生物质发电产业的发展有较高的资源依赖性，不同地区的资源特点和发展环境存在较大差异，较之于国家级机构，地方政府拥有更丰富、更实时的信息资料，也更容易直接了解和考察各项目的具体开展情况。因此，在中央政府颁布全国性生物质发电产业政策的同时，不能忽视对地方政府参与生物质发电产业积极性的推动，制定更符合地区特点的相关补贴政策。

11.2 兼顾产业链各环节补贴分配

为保证生物质发电相关补贴政策的系统性和有效性，应综合考虑多方利益的协调，本书产业链各环节政策优化就是基于各主体不同目标平衡基础上讨论的。又由于合理的补贴结构、补贴对象、补贴方式对生物质发电产业发展至关重要，可以提升补贴效率，在现有技术水平、资源条件下实现经济与环境的双赢局面。因此，在补贴方案设计优化时应对产业链各环节进行综合考虑，使之尽量包括技术研发、原料获取、运输、生产运营、消费等各个环节。

11.2.1 研发环节

技术与设备是影响生物质发电产业发展的关键因素之一，贯穿于产业全过程。无论是生物质发电原料收割、预处理与转化等原料技术，还是生产效率、联合燃烧等生产技术都有待进一步突破。然而产业技术研发往往花销大、用时长并存在一定风险，这些特征都决定了政府对产业研发进行补贴支持的重要性。然而，纵观现有生物质发电政策中，研发技术政策多以提供科技信息和指导目标规划的形式出现，补贴政策只涉及《关于加快推进生态文明建设的意见》中指出的“丰富财政资金对于先进行业适用技术以及研发示范项目等给予支持”，并没有给出具体补贴方案。

因此，建议设立生物质能源研发专项资金以保障研发环节的资金可持续性；成立生物质能源技术研究机构或在高校中设立相关实验室，推进“产、学、研”进程，提升技术转化率；政府可通过对生物质发电企业贷款进行贴息方式激励企业加大研发投入。

同时，分布式发电和热电联产将是今后生物质发电的应用方面，增强对其中支撑技术的研发补贴也将是今后发展的重点。

11.2.2　投资环节

投资环节补贴的根本目的是使生物质发电项目具备可计算的、持久稳定的收益率。对于生物质发电的投资补贴有政府直接补贴以及贷款贴息两种形式。前者具有较强的时效性，可以在较短时间内发挥政策作用，直接激励投资者向产业投资的积极性，是产业内使用较多的形式。后者是推动生物质发电产业长期发展的政策选择，该方式不仅是政府单方面的支持，还将银行或其他金融机构信贷资金引入其中，多方配合协作。

在今后生物质发电产业中，政府应出台相关政策引导金融机构向更多有发展前景的企业发放低息或者无息贷款，必要时使用政府资金进行补贴，如对生物质发电企业固定投资额以一定比例（30%）进行补贴，帮助其解决资金短缺、融资难的问题；同时考虑企业投资回收期较长，可适当延长贷款回收时间；对于部分已实现商业化的企业和项目，政府要做好规划引导，坚定市场信心，鼓励更多社会资本进入产业。

同时，基础设施建设也是生物质发电产业链中不可忽视的重要环节，政府也应注重智能电网、热力管网的建设，科学规划电网设置，提高送电供热效率。

11.2.3　原料环节

现行生物质发电补贴政策应引导更多补贴关注原料收储运环节，因为原料环节补贴可以鼓励更多农户、林户、第三方经纪人以及原料公司更多地参与原料收集。不仅可以保障发电项目原料供应，更多利用可能产生污染的废物，还减少了秸秆等露天燃烧产生的污染排放。

原料环节首先应重视对秸秆等农林废物收储运体系进行补贴，要求进一步推动农林废物“三化”利用，探索综合利用模式，加强收储运新工艺研发，推动废物产业化，禁止直接露天焚烧。构建以生物质发电企业为龙头，当地农户、林户共同参与，各级政府进行监管并以补贴推动，并逐步向市场化发展推广的农林废物收集—储存—运输体系。

原料环节的补贴，不应只局限于生物质发电企业收购原料的补贴，还应该关注农户、原料第三方企业、农机组织等。对收购农林废物并促进实施其能源化利用的个人或企业，依据农林废物收购数量给予财政性奖励和补贴；对符合补贴条件的发电企业，依据企业年度农林废物发电量给予一次性综合性补助；增加对农机部门的补贴，规范农林废物机械化作业流程，制定作业标准，提高农林废物收储运效率。

对于适宜建设能源林基地的地区，依据林业基地与农业基地给予每亩一定标准补贴。

11.2.4 生产环节

生物质发电生产环节补贴主要为针对生物质电力上网电价的补贴，当前 0.75 元/（kW·h）的上网电价已成为最主要补贴之一，也是当前影响大多数企业是否可以维持生产经营的关键，推进了整个产业的发展。然而，需要注意的是，电价补贴政策应避免对产业的过度保护，不能被企业过度依赖，补贴额度和补贴方式应随企业发展而不断调整，以激励企业不断进行创新进而提高生产力。

据本书第 7 章产业链不同环节生物质发电补贴政策优化研究，上网电价对于产业发展有重要意义。然而运用实际案例证明对生物质发电产业链多个环节的补贴组合方案优于单一上网电价补贴方案，且实现较好环境经济效益的情景二（保持当前上网电价不变，调节原料补贴和接网费补贴）与情景三（同时对电价补贴、原料补贴、接网费补贴调整）电价补贴最优额度值并不高于实际电价补贴。

因此，建议生物质发电补贴政策在完善现行上网电价补贴的同时，可以适当根据模型计算结果将电价补贴额度调低，以期统筹兼顾其他各环节补贴。

由于书中两则典型案例较优情景下上网电价最优额度存在较大差异，因此建议，不同地区不同项目上网电价补贴应根据地区实际情况与案例项目发展水平区分判断。

11.2.5 消费环节

市场推广同样也是生物质发电补贴政策需要开发的又一重要领域，在补偿可再生能源消费者消费剩余损失的同时，合理引导和约束能源消费方向，缓解部分地区能源过剩情况。

生物质发电最终消费者多为居民或企业，对其进行补贴旨在培养低碳节能的消费习惯，扩大可再生能源电力市场的需求。当前可再生能源领域中的补贴主要集中于新能源汽车消费者以及太阳能热水器的终端用户，而对生物质能源补贴主要集中在产业链前端环节，对于适合居民或企业的分布式发电项目所需设备尚没有补贴规定。分布式能源是未来能源的发展趋势，然而由于成本较高、技术难度较大的原因，居民或企业安装相关设备的积极性较低。为促进生物质发电推广分布式形式，建议政府对适合的居民或企业按照设备安装成本的固定比例实施激励补贴，并注重分布式技术开发。

政府自身也是生物质发电的重要消费者，应充分发挥其采购功能所具有的引导商品生产和推广的有效机制。完善可再生能源采购细则与相关能源认证规定，对于政府主导的基础建设、公共建筑、公益项目、示范基地中，可以推广生物质发电等绿色采购。

11.3　根据产业不同发展阶段调整补贴

通过第 8 章生物质发电产业不同发展阶段动态补贴政策优化讨论，对于不同发展阶段生物质发电项目，补贴额度也应分阶段设计。

生物质发电项目的发展大致可分为研发期、培育期和成熟期三个阶段。政府在以上各个阶段所发挥的功能是不同的，而当前生物质发电产业的相关政策并未充分考虑以不同补贴政策来引导不同阶段项目的发展。合理的生物质发电补贴项目应依据产业发展规划，保证补贴政策公正、稳定持续的同时，根据各阶段成本特点进行补贴预期，并相应调整配套措施。

11.3.1　培育期阶段

在生物质发电培育期，需要加大补贴投入才可以推动生物质发电产业化发展。无论是研发期的项目立项审批、配套能源林建设、原料收储运系统构建、电力入网基础设施建设、项目资金筹措机制，还是培育期原料长期供应链的稳定、生产发电效率的提高、生物质电力入网衔接等问题，政府部门都是这些环节的关键参与者与决策者，承担着较重的补贴责任。在培育期中后期，在建立起较完善生物质发电产业体系的基础上，政府补贴的任务是引导企业降低生产成本，逐步培育消费市场，为产业的商业化利用打好基础。

具体来讲，生物质发电项目保本或取得基本收益是以维持产业发展为目的补贴的最低要求。为此，建议培育期计算可以使项目投资内部收益率（IRR）分别等于 0、1%、3%、5%时，政府部门应给予项目多少额外补贴，才能使项目持续发展。单一通过电价补贴调节 IRR 在加重政府财政负担的同时，也不能激励所有生物质发电产业的参与者。因此，建议额外补贴并不仅仅指电价补贴，还包括分摊到每单位电力的其他补贴，如投资补贴、研发补贴、原料补贴等各类专项补贴，种种因素的变化都可以在额外补贴数据中表现出来。

11.3.2 成熟期阶段

在生物质发电的成熟期，必须对诸多补贴政策作出调整，政府主要承担监督管理责任，更多发挥市场机制作用：一是考虑许多现有政策的“毕业”时间，电价补贴逐渐取消，只在必要环节给予较低补贴，使生物质发电产业与其他能源产业逐步自由竞争；二是制定更符合成熟期，以降低成本和激励生产效率提高为目的的补贴机制，鼓励更多国内企业拥有自主生产设备和专业核心技术的开发能力，不再依赖国外技术。

具体来说，此阶段企业效益逐步提高，政府补贴相应不断减少，社会资本优势将得到更多的体现。建议在培育期不同 IRR 基础上，计算增加 0.5%与 1%时的单位补贴和总补贴额度，并分类考虑项目在发电小时数为 7 000 与 8 000 的补贴额度，以及是否向热电联产转型情景下的不同补贴额度，对于发电企业引导向热电联产方向发展，项目售热收益可进一步降低补贴需求。

最后，综合考虑不同内部收益率数据的特点，总结案例项目合适的补贴额度作为政策推荐。

11.4 其他配套措施

11.4.1 加强顶层设计

生物质发电产业的发展需要资源评估、技术研发、原料收集、设备制造、市场开拓等多环节共同发展，然而我国目前尚无可再生能源统一管理机构，政出多门的领导系统对包括生物质发电在内的可再生能源形成了不利影响，难以集中力量快速有效地解决产业中遇到的问题，也难以协调各方利益冲突。

因此，建议政府设置国家级别统一监督管理可再生能源发展的国家级机构，并下设太阳能、风能、水能、生物质能、地热能等部门分别对各类型可再生能源进行管理，统筹协调产业发展、引导产业方向、实施主体监督、指导技术创新、管控排放标准并部署补贴工作，为生物质发电产业发展提供机构保障，营造持续、稳定的体制环境。

11.4.2 建立配额制与绿色证书交易机制

“十三五”规划对我国生物质发电总体目标制定有明确规定，但没有对地区目标作出具体限制，尤其对各地电网企业尚无不同能源类型上网份额要求，以上均是影响生物质电力顺利上网的限制因素。因此，为鼓励生物质发电产业发展，建议将可再生能源配额制纳入中央及各地方政府企业必须履行的硬性规定或法律义务。

我国目前尚未建成绿色证书交易机制，只有少数企业在国际市场加入清洁发展机制（CDM）交易，且该交易属于自愿形式，并不具有强制执行力。国内绿色证书交易机制的构建应注意以下问题：首先，应根据可再生能源类型的不同制定差别绿色证书定价机制。由于各类可再生能源产业成熟度、投资成本、资源成本以及环境影响都不尽相同，对于环境效益明显、发展较为成熟的产业或项目，给予单位电量较少的绿色证书（如 1 000 kW·h 给予 1 000 kW·h 证书），而对于成本较高、发展相对落后需要更多支持的产业单位电量尽量给予更多绿色证书（如 1 000 kW·h 给予 2 000 kW·h 证书）。如此规定可以更充分体现不同可再生能源成本资源特点，有效反映政府政策引导方向。其次，在国内构建可进行绿色证书买卖的交易市场，为包括生物质发电项目在内的可再生能源项目与绿色交易购买者之间建立交易途径。适当引入风险投资与金融机构参与，扩充可再生能源产业融资途径，促进产业发展。最后，在全球气候规则逐渐被广泛认识的情形下，我国绿色证书交易市场应尝试与国际市场衔接，实现国内外交易信息共享，获得更多国际交易收益，并逐渐规范交易标准。

11.4.3　优化可再生能源基金管理

可再生能源基金目前是包括生物质发电在内的可再生能源获得补贴的最主要途径，占据了生物质发电项目收入所得的较大一部分。然而，由于目前管理政策问题，许多生物质发电项目补贴往往无法及时到账，滞后半年以上是较为普遍的现象，严重影响了项目的顺利进展。因此，建议政府督查该基金根据生物质发电量按时支付补贴，同时按月测算资金平衡定期向政府部门报备。在可再生能源基金内部可以设置各类专项资金，对薄弱环节进行重点扶持，如将生物质发电研发纳入政府科技发展规划，启用基金提升技术创新能力，引进学习并改进国外先进技术和先进设备，提高设备开发技术、配套零部件制造能力，努力以更低成本形成核心创造能力。

11.4.4　发挥市场机制作用

目前我国电力市场仍由国家统一管理控制，生物质发电也主要以国有投资为主，进入该行业的社会资本往往规模较小且面临较大风险处于竞争劣势，影响了产业大规模吸引社会资金，发挥市场作用。此外，生物质发电产业所需资金投入较大，除政府补贴资金外，离不开资本市场的支持。同时，从生物质发电发展阶段来看，初期阶段需要政府财政补贴政策的支持，保护产业成长。但随着产业发展，政府无法及时有效掌握市场信息、政策往往导致寻租行为发生，也不利于企业提高自主创新积极性。因此，政府应权衡在生物质发电产业中的干预程度，逐渐从主导地位转变为监督者地位，后期多制定市场化政策，逐步引入市场机制。只有引入市场机制，才能使生物质发电产业资源与资本得到合理配置，有效降低经营成本，提高企业竞争力。因此，为支持生物质发电产业的发展，政府应明确政策方向，坚定资本市场支持该产业的动力，根据生物质发电产业实际发展情形，选择合适时机引入市场机制，同时采取贴息等优惠政策吸引金融机构进入，解决产业资金筹集困难的问题，保证产业长期可持续发展。

11.5 本章小结

在全书的基础上，本章尝试对生物质发电提出补贴政策优化建议：① 鉴于补贴政策对生物质发电产业至关重要的影响作用，应重视其健康发展，明确补贴范围、优化基金管理并充分调动地方政府积极性；② 从生物质发电产业链角度，建议补贴应兼顾每一环节的分配；③ 从生物质发电项目发展阶段维度，建议补贴政策要及时根据不同发展阶段作出动态调整；④ 重视其他配套措施的改进，如加强顶层设计重视生物质发电管理部门的设置，建立配额制、绿色证书交易机制，以及充分发挥市场机制作用等。

第12章
研究结论与展望

12.1 研究结论

本研究基于现行生物质发电补贴政策现状及其对产业的正向影响，通过对生物质发电所具有的经济、环境成本构成和价值分析，探讨生物质发电产业链各环节以及产业不同发展阶段补贴政策优化设计路径，得到主要结论如下：

一是从理论与实证两个角度探讨生物质发电补贴政策对企业乃至整个行业的正向影响。理论角度，运用经济学原理分析了补贴政策对成本补偿效应、产量效应以及对社会整体福利效应影响；实证方面，运用面板模型证明了生物质发电产业的财政政策，尤其是合适的财政补贴政策对个体企业和整体产业发展都有着显著促进作用。

二是运用政策文本工具对当前生物质发电现行政策分析发现，各类政策的全面运用，有利于构建生物质发电综合政策体系，然而其中尚存在诸多结构性不足，如环境型与供给型政策冗余，政策集中于产业链中间；补贴税收等工具较为欠缺等。同时，针对生物质发电补贴政策进行专项分析，总结其变迁发展和产业频数分布，得出补贴政策存在数量少、可实施程度低、各环节分布不均、缺乏动态政策调整等问题。

三是从经济角度讨论了生物质发电补贴政策优化基础，即成本构成与价值分析。分析原料获取环节、运输环节、生产运营环节生物质发电的经济成本构成，以及经济收入组成，判断经济收入与成本是否可以实现平衡。以上是政府制定生物质发电补贴政策的经济基础，对于项目是否需要补贴、具体补贴环节、补贴额度的计算都有借鉴意义。经实际案例证明生物质发电成本主要集中于原料获取环节，经济收入与成本无法平衡，项目经济效益较差。

四是从环境角度讨论了生物质发电补贴政策优化基础，即成本构成与价值分析。构建生物质发电生命周期范围框架，划分原料获取环节、运输环节和生产发电环节逐步核算，实证发现原料获取环节产生环境成本最高，其次为运输环节，最少为生产环节。通过与燃煤发电项目对比，计算生物质发电单位电力减排环境价值以及资源节约价值，探讨在哪一环节生物质环境价值更大、对于哪些排放物有明显减排效果、哪些资源有显著节约意义，以上即为生物质发电项目可实现的环境价值，该价值对补贴政策如何补贴、补贴额度计算有着重要参考意义。

五是运用多目标非线性规划模型对生物质发电产业链不同环节三类补贴从量化角度进行探讨。多目标规划的方法可以在满足各种限制约束下，力求各目标的合理优化与各相关主体的利益平衡，即最佳合作策略。通过三种补贴组合情景优化结果对比发现，统筹原料补贴、上网电价补贴与接网费补贴的情景是较为合理的方案，可以通过较低的补贴成本实现环境效益和经济效益的提高，意味着合理的补贴结构与补贴方式对生物质能源产业发展至关重要，能够在现有技术水平、资源条件下实现经济与环境的双赢局面。

六是基于生物质发电项目不同发展阶段界定，分析补贴政策长效动态政策优化。构建运用内部收益率（IRR）方法的不同发展阶段补贴测算模型，结合行业数据和地区数据，计算案例项目不同 IRR、不同发电小时数以及是否存在热电联产等情形下培育期以及成熟期政府补贴额度。结果证明成熟期补贴额度均明显小于培育期；发展热电联产销售热力可有效提高项目经济利润，使项目补贴需求明显低于单一发电情形。

12.2 研究不足

本研究存在的不足如下：

一是数据相对不足。由于生物质发电产业起步较晚且尚不成熟，行业相关统计数据类目较少、统计年限较短，相关企业数量尤其是成熟企业数量有限，限制了许多计量统计方法运用。同时，由于行业标准体系尚不完善，项目发展不成熟，导致项目中一些具体数据并未统计、较难获得。因此基于整个产业的定量计量有待加强，基于案例的价值评价有待进一步精确。

二是与大部分生物质发电研究类似，本书也主要通过典型案例示范项目进行价值计量及补贴政策优化研究。但由于地区差异性，项目异质性，案例经验并不一定能推广到全国地区适用于所有项目，有一定局限性。

三是生物质发电补贴定量分析研究较少，本书基于多目标规划模型和内部收益率

（IRR）方法对发电补贴政策优化路径的探讨缺乏学者在生物质发电补贴领域的探索，只是借鉴其他能源研究相关经验加以改进，可能研究尚不成熟，需要进一步完善。

12.3　展望

农林生物质发电对于实现能源安全、环境保护、乡村振兴的重要性已逐渐显现，对于其技术研发、价值讨论、补贴政策设计的理论与实践探索也在逐步增加。本研究尚存在一些不足，需在今后研究中继续深入探索：

一是增加典型案例讨论，选取不同地区、不同原料项目、不同发展水平的示范项目进行评价，综合补充补贴政策的适用性。

二是针对生物质发电经济、环境价值评价，产业链和生命周期的评价方法有待进一步研究，如产业环节的划分、清单分析数据获取都需要进一步改进与精确。

三是生物质发电补贴政策优化是一项庞大且复杂的工作，本书只针对不同产业链环节、不同发展阶段探讨补贴优化路径，对于补贴区域化差异、补贴标准制定等重要问题，将在今后展开研究。

参考文献

[1] Abbas D，Handler R，Dykstra D，et al. Cost Analysis of Forest Biomass Supply Chain Logistics[J]. Journal of Forestry，2013，111（4）：271-281.

[2] Akhtari S，Sowlati T，Day K. The effects of variations in supply accessibility and amount on the economics of using regional forest biomass for generating district heat[J]. Energy，2014，67（8）：631-640.

[3] Altman I，Bergtold J，Sanders D，et al. Willingness to supply biomass for bioenergy production：A random parameter truncated analysis[J]. Energy Economics，2015，47：1-10.

[4] Bai Y，Ouyang Y，Pang J S. Biofuel supply chain design under competitive agricultural land use and feedstock market equilibrium[J]. Energy Economics，2012，34（5）：1623-1633.

[5] Bensah E C，Kemausuor F，Miezah K，et al. African perspective on cellulosic ethanol production[J]. Renewable & Sustainable Energy Reviews，2015，49：1-11.

[6] Bertrand V，Dequiedt B，Cadre E L. Biomass for electricity in the EU-27：potential demand，CO_2 abatements and breakeven prices for co-firing[J]. Energy Policy，2014，73（5）：631-644.

[7] Bilgili F，Ozturk I. Biomass energy and economic growth nexus in G7 countries：evidence from dynamic panel data[J]. Renewable & Sustainable Energy Reviews，2015，49：132-138.

[8] Breuss F，Steininger K. Biomass Energy Use to Reduce Climate Change：A General Equilibrium Analysis for Austria[J]. Journal of Policy Modeling，1998，20（4）：513-535.

[9] Cambero C，Sowlati T. Incorporating social benefits in multi-objective optimization of forest-based bioenergy and biofuel supply chains[J]. Applied Energy，2016，178：721-735.

[10] Chunhsion L，Honloong L. Biomass supply chain optimisation via novel Biomass Element Life Cycle Analysis（BELCA）[J]. Applied Energy，2016，161：733-745.

[11] Cotti C，Skidmore M. The impact of state government subsidies and tax credits in an emerging industry：ethanol production 1980-2007[J]. Southern Economic Journal，2010，76（4）：1076-1093.

[12] Dyken S V，Bakken B H，Skjelbred H I. Linear mixed-integer models for biomass supply chains with transport，storage and processing[J]. Energy，2010，35（3）：1338-1350.

[13] Eker S，Daalen E V. A model-based analysis of biomethane production in the Netherlands and the effectiveness of the subsidization policy under uncertainty[J]. Energy Policy，2015，82（1）：178-196.

[14] Fahd G，Sheble G B. Optimal power flow emulation of interchange brokerage systems using linear programming[J]. IEEE Transactions on Power Systems，2002，7（2）：497-504.

[15] Finn P，Fitzpatrick C. Demand side management of industrial electricity consumption：Promoting the use of renewable energy through real-time pricing[J]. Applied Energy，2014，113（6）：11-21.

[16] Frei C W，Haldi P A，Sarlos G. Dynamic formulation of a top-down and bottom-up merging energy policy model[J]. Energy Policy，2003，31（10）：1017-1031.

[17] Girma S，Görg H，Strobl E，et al. Creating jobs through public subsidies：An empirical analysis[J]. Labour Economics，2008，15（6）：1179-1199.

[18] Gorter H D，Tsur Y. Cost–benefit tests for GHG emissions from biofuel production[J]. Social Science Electronic Publishing，2010，37（2）：133-145.

[19] Havlíčková K，Weger J，Knápek J. Modelling of biomass prices for bio-energy market in the Czech Republic[J]. Simulation Modelling Practice & Theory，2011，19（9）：1946-1956.

[20] Hofmann M，Morris G，Ballard-Tremeer G，et al. Financing of Biofuel Projects in Africa[M]. Springer Netherlands，2012：363-373.

[21] Hood C，Margetts Z. The Looking Ahead：Tools of Government in the Digital Age[M]. London：Palgrane Macmillan，2007.

[22] Hood C. The tools of government[J]. Brain Behavior & Evolution，1983，42（4-5）：265-272.

[23] Hutchinson E，Kennedy P W，Martinez C. Subsidies for the Production of Cleaner Energy：When Do They Cause Emissions to Rise？[J]. B.E.journal of Economic Analysis & Policy，2010，10（1）：28.

[24] Jaccard M，Nyboer J，Bataille C，et al. Modeling the Cost of Climate Policy：Distinguishing Between Alternative Cost Definitions and Long-Run Cost Dynamics[J]. Energy Journal，2003，24（1）：49-73.

[25] Kamimura K，Kuboyama H，Yamamoto K. Wood biomass supply costs and potential for biomass energy plants in Japan[J]. Biomass & Bioenergy，2012，36（328）：107-115.

[26] Khoshnevis S，Gross T，Rotte C，et al. Financial allocation strategy for the regional pollution abatement cost of reducing sulfur dioxide emissions in the thermal power sector in China[J]. Energy Policy，2010，38（5）：2131-2141.

[27] Kusiima J M，Powers S E. Monetary value of the environmental and health externalities associated with production of ethanol from biomass feedstocks[J]. Energy Policy，2010，38（6）：2785-2796.

[28] Lee J D，Park J B，Kim T Y. Estimation of the shadow prices of pollutants with production/environment inefficiency taken into account：a nonparametric directional distance function approach[J]. Journal of Environmental Management，2002，64（4）：365-375.

[29] Lee M，Zhang N. Technical efficiency，shadow price of carbon dioxide emissions，and substitutability for energy in the Chinese manufacturing industries[J]. Energy Economics，2012，34（5）：1492-1497.

[30] Linder S H，Peters B G. Instruments of Government：Perceptions and Contexts[J]. Journal of Public Policy，1989，9（1）：35-58.

[31] Liu L，Ye J，Zhao Y，et al. The plight of the biomass power generation industry in China - A supply chain risk perspective[J]. Renewable & Sustainable Energy Reviews，2015，49：680-692.

[32] Menanteau P，Finon D，Lamy M L. Prices versus quantities：choosing policies for promoting the development of renewable energy[J]. Energy Policy，2003，31（8）：799-812.

[33] Moiseyev A，Solberg B，Kallio A M I. The impact of subsidies and carbon pricing on the wood biomass use for energy in the EU[J]. Energy，2014，76（76）：161-167.

[34] Molayudego B，Aronsson P. Yield models for commercial willow biomass plantations in Sweden[J]. Biomass & Bioenergy，2008，32（9）：829-837.

[35] Muñoz M，Oschmann V，Tàbara J D. Harmonization of renewable electricity feed-in laws in the European Union[J]. Energy Policy，2007，35（5）：3104-3114.

[36] Murphy C W，Parker N C. Impact of air pollution control costs on the cost and spatial arrangement of cellulosic biofuel production in the U.S[J]. Environmental Science & Technology，2014，48（4）：2157-2164.

[37] Nasiri F，Zaccour G. An exploratory game-theoretic analysis of biomass electricity generation supply chain[J]. Energy Policy，2009，37（11）：4514-4522.

[38] Nickerson T A，Hathaway B J，Smith T M，et al. Economic assessment of solar and conventional biomass gasification technologies：Financial and policy implications under feedstock and product gas price uncertainty[J]. Biomass & Bioenergy，2015，74：47-57.

[39] Owen A D. Renewable energy：Externality costs as market barriers[J]. Energy Policy，2006，34（5）：632-642.

[40] Peri M，Baldi L. Vegetable oil market and biofuel policy：An asymmetric cointegration approach[J]. Energy Economics，2010，32（3）：687-693.

[41] Ren J，Dong L，Sun L，et al. Life cycle cost optimization of biofuel supply chains under uncertainties based on interval linear programming[J]. Bioresource Technology，2015，187：6-13.

[42] Resnier M，Wang C，Du P，et al. The promotion of sustainable development in China through the optimization of a tax/subsidy plan among HFC and power generation CDM projects[J]. Energy Policy，2007，35（9）：4529-4544.

[43] Roni M S，Eksioglu S D，Searcy E，et al. Estimating the variable cost for high-volume and long-haul transportation of densified biomass and biofuel[J]. Transportation Research Part D，2014，29（6）：40-55.

[44] Salamon L M. The tools of government：A guide to the new governance[M]. Oxford University Press，2002.

[45] Saunders A M，Aguilar F X，Dwyer J P，et al. Cost structure of integrated harvesting for woody biomass and solid hardwood products in southeastern Missouri[J]. Journal of Forestry Washington，2012，110（110）：7-15.

[46] Shabani N，Sowlati T，Ouhimmou M，et al. Tactical supply chain planning for a forest biomass power plant under supply uncertainty[J]. Energy，2014，78：346-355.

[47] Thomas J，Ashok S，Jose T L. A Pricing Model for Biomass-based Electricity[J]. Energy Sources，2015，10（1）：103-110.

[48] Thornley P，Gilbert P，Shackley S，et al. Maximizing the greenhouse gas reductions from biomass：The role of life cycle assessment[J]. Biomass & Bioenergy，2015，81：35-43.

[49] Tyner W E，Quear J. Comparison of a Fixed and Variable Corn Ethanol Subsidy[J]. Choices，2011，21（3）.

[50] Tyner W E，Taheripour F. Renewable Energy Policy Alternatives for the Future[J]. American Journal of Agricultural Economics，2007，89（5）：1303-1310.

[51] Valle C R，Perales A L V，Vidalbarrero F，et al. Integrated economic and life cycle assessment of thermochemical production of bioethanol to reduce production cost by exploiting excess of greenhouse gas savings[J]. Applied Energy，2015，148：466-475.

[52] Wang C，Zhang L，Chang Y，et al. Biomass direct-fired power generation system in China：An integrated energy，GHG emissions，and economic evaluation for Salix[J]. Energy Policy，2015，84：155-165.

[53] Yin R K. The Case Study Anthology[M]. Los Angeles：SAGE Publications，2004.

[54] Zhang F L，Johnson D M，Johnson M A. Development of a simulation model of biomass supply chain

for biofuel production[J]. Renewable Energy，2012，44（4）：380-391.

[55] Zhang X，Luo K，Tan Q. A feedstock supply model integrating the official organization for China's biomass generation plants[J]. Energy Policy，2016，97：276-290.

[56] Zhao H R，Guo S，Fu L W. Review on the costs and benefits of renewable energy power subsidy in China[J]. Renewable & Sustainable Energy Reviews，2014，37（3）：538-549.

[57] 安伟伟. 大兴沟林业局天然林保护工程生态环境影响动态经济评价[D]. 东北林业大学，2011.

[58] 白鹏. 低碳金融：商业银行支持新能源产业发展的路径创新[J]. 贵州农村金融，2012（9）：9-12.

[59] 白伟荣，王震，江映其. 基于生命周期评价方法的木质家具碳足迹核算[J]. 木材工业，2013，27（6）：29-32.

[60] 蔡火娣. 二氧化碳排放效率及影子价格研究[D]. 暨南大学，2015.

[61] 曹俐. 我国液态生物质燃料补贴政策效应评价研究[J]. 经济问题，2016（4）：63-68.

[62] 曾绍伦，任玉珑. 四川水能资源开发利用的生态补偿机制研究[J]. 四川理工学院学报（自然科学版），2006，19（6）：101-107.

[63] 陈建华，郭菊娥，席酉民，等. 秸秆替代煤发电的外部效应测算分析[J]. 中国人口·资源与环境，2009，19（4）：165-171.

[64] 陈娟. 湖北省农村生物质能源产业布局与发展研究[D]. 华中农业大学，2012.

[65] 陈庆云. 公共政策分析[M]. 2 版. 北京：北京大学出版社，2011.

[66] 陈诗一. 工业二氧化碳的影子价格：参数化和非参数化方法[J]. 世界经济，2010（8）：93-111.

[67] 陈振明. 政策科学——公共政策分析导论[M]. 2 版. 北京：中国人民大学出版社，2003.

[68] 陈振明，薛澜. 中国公共管理理论研究的重点领域和主题[J]. 中国社会科学，2007（3）：140-152.

[69] 陈忠卫，张广琦，陈佳琪. 案例研究法在国内工商管理学中应用及其发展趋势——以 2005—2011 年《管理学报》和《管理世界》刊发文献为依据[J]. 管理学报，2013，10（10）：1410.

[70] 戴玉才，杨洪云，李倩，等. 关于发展可再生能源政策组合的初步分析[J]. 农业工程技术（新能源产业），2009（10）：1-6.

[71] 方海燕，达庆利. 基于差异产品的政府最优 R&D 补贴策略研究[J]. 中国管理科学，2009，17（3）：166-172.

[72] 冯之浚，牛文元. 低碳经济与科学发展[J]. 中国软科学，2009（8）：13-19.

[73] 高峰，孟丽娟. 可再生能源电厂并网对地区电网的影响与对策[C]. 中国电机工程学会年会，2011.

[74] 高红贵. 中国绿色经济发展中的诸方博弈研究[J]. 中国人口 • 资源与环境，2012，22（4）：13-18.

[75] 高建刚. 再生能源生产和消费中的外部性与最优政策——以生物质能为例[J]. 北京理工大学学报

（社会科学版），2016，18（1）：38-44.

[76] 高建伟，张昊渤，纵翔宇. 生物质电厂秸秆收购优化方案及其成本估算模型[J]. 可再生能源，2017，35（1）：141-147.

[77] 高洁，盛昭瀚. 演化博弈论及其在电力市场中的应用[J]. 电力系统自动化，2003，27（18）：18-21.

[78] 高小琼. 加快推进金融与新能源产业互动发展[J]. 中国金融，2010（14）：65-66.

[79] 豪利特 • M，拉米什 • M. 公共政策研究：政策循环与政策子系统[M]. 北京：三联书店，2006.

[80] 何寅昊，赵媛. 国外风电定价方式比较及其对我国的建议[J]. 能源研究与利用，2008（5）：54-56.

[81] 黄彬彬，王先甲，桂发亮，等. 不完备信息下生态补偿中主客体的两阶段动态博弈[J]. 系统工程理论与实践，2011，31（12）：2419-2424.

[82] 黄珺仪. 可再生能源发电产业电价补贴机制研究[J]. 价格理论与实践，2016（2）：95-98.

[83] 黄思维，周定国. MDF 企业木废料颗粒燃料和煤的生命周期评价[J]. 四川林业科技，2014，35（1）：73-77.

[84] 霍丽丽，田宜水，孟海波，等. 生物质固体成型燃料全生命周期评价[J]. 太阳能学报，2011，32（12）：1875-1880.

[85] 贾顺平，毛保华，刘爽，等. 中国交通运输能源消耗水平测算与分析[J]. 交通运输系统工程与信息，2010，10（1）：22-27.

[86] 姜洋. 林木生物质能源清洁发展机制建立的博弈分析[J]. 安徽农业科学，2011，39（15）：8935-8937.

[87] 蒋园园，杨秀云. 我国文化创意产业政策与产业生命周期演化的匹配性研究——基于内容分析的方法[J]. 当代经济科学，2018（1）：94-105.

[88] 孔令丞，骆唐杰. 基于合同理论的逆向供应链定价策略研究[J]. 管理学报，2012，9（4）：594.

[89] 孔令丞，谢家平. 循环经济的合作模式与推进效果[M]. 上海：复旦大学出版社，2012.

[90] 蓝澜. 新能源发电特性与经济性分析研究[D. 华北电力大学，2014.

[91] 李钢. 我国光伏发电并网定价的对策研究[J]. 价格理论与实践，2009（7）：33-34.

[92] 李钢，张磊，姚磊磊. 中国风力发电社会成本收益分析[J]. 经济研究参考，2009（52）：44-49.

[93] 李国平，华晓龙. 我国非再生能源资源定价改革构想[J]. 华东经济管理，2008，22（6）：33-38.

[94] 李泓泽，赵会茹，王宝，等. 风电并网发电的外部价值测算[J]. 现代电力，2012，29（4）：83-88.

[95] 李嘉龙，王炳焱. 上网电价定价方法比较[J]. 能源技术经济，2006，18（3）：13-16.

[96] 李晓平，周定国，于艳春. 利用生命周期评价法评价农作物秸秆人造板的环境特性[J]. 浙江农林大学学报，2010，27（2）：210-216.

[97] 李星光，武春友. 可再生能源发展促进政策的经济学分析[J]. 科技管理研究，2008（3）：49-52.

[98] 李娅楠，林军. 政府补贴政策对生物质利用率的影响——基于生物质供应链的视角[J]. 系统工程，2015（9）：68-73.

[99] 李越. 中国风电特许权项目综合分析及改进建议研究[D]. 华北电力大学（北京），2007.

[100] 林伯强. 能源革命促进中国清洁低碳发展的“攻关期”和“窗口期”[J]. 中国工业经济，2018（6）.

[101] 林伯强. 能源经济学视角的科学发展观的理论探索——评《节能减排、结构调整与工业发展方式转变研究》[J]. 经济研究，2012（3）：154-159.

[102] 林永明. 生物质直燃发电厂燃料组织关键问题分析[J]. 广西电力，2009，32（2）：5-10.

[103] 刘东海，胡安琪，张伟波. 水电工程投资、工期与电价对资本金内部收益率的影响分析[J]. 水力发电，2017，43（3）：94-97.

[104] 刘华军，闫庆悦，秦阳. 中国生物质能发电定价机制与模式研究[J]. 中国科技论坛，2011（9）：121-127.

[105] 刘慧媛. 能源、环境与区域经济增长研究[D]. 上海交通大学，2013.

[106] 刘健，牛东晓，邢棉，等. 基于动态电价的新能源实时调度定价与策略研究[J]. 电网技术，2014，38（5）：1346-1351.

[107] 刘明磊，朱磊，范英. 我国省级碳排放绩效评价及边际减排成本估计：基于非参数距离函数方法[J]. 中国软科学，2011（3）：106-114.

[108] 刘喜梅. 电力市场改革中的电价问题研究[J]. 价格理论与实践，2003（12）：36-37.

[109] 刘秀杰. 基于全寿命周期成本理论的绿色建筑环境效益分析[D]. 北京交通大学，2012.

[110] 刘岩，于渤，洪富艳. 可再生能源价值构成与定价模型研究[J]. 预测，2011，30（1）：61-65.

[111] 刘叶志. 户用沼气能源温室气体减排的环境效益评价[J].长江大学学报（自然科学版）农学卷，2009，6（1）：81-84，114.

[112] 刘贞，贺良萍，朱开伟，等. 电价补偿对生物质发电厂经营发展的影响[J]. 重庆理工大学学报：社会科学版，2016，30（10）：39-46.

[113] 刘贞，张希良，何建坤. 基于动态成本曲线的可再生能源发电目标分解模型[J]. 中国电机工程学报，2012，32（11）：9-15.

[114] 刘卓，何金凤，周攀. 德国光伏产业扶持政策借鉴及启示[J]. 知识经济，2012（17）：118-119.

[115] 卢至燕. “家电下乡”价格补贴形式效率的经济分析——兼与现金补贴形式的比较[J]. 特区经济，2010（8）：286-287.

[116] 罗宝华，张彩虹，牛志蕾. 基于ISM的沙区生物质发电产业影响因素分析[J]. 林业经济问题，2016

（2）：162-168.

[117] 马国庆. 绿色能源发电侧定价机制研究[D]. 河北工业大学，2010.

[118] 马丽梅，史丹，裴庆冰. 中国能源低碳转型（2015—2050）：可再生能源发展与可行路径[J]. 中国人口 • 资源与环境，2018，28（2）：8-18.

[119] 孟卫东，范波，马国旺. 基于技术风险的研发联盟政府补贴政策研究[J]. 华东经济管理，2011，25（11）：95-98.

[120] 莫凡. 产业生命周期视角下政府补贴对企业绩效影响的实证研究[D]. 集美大学，2017.

[121] 帕克 • S P. 能源百科全书[M]. 北京：科学出版社，1992.

[122] 钱科军，袁越，石晓丹，等. 分布式发电的环境效益分析[J]. 中国电机工程学报，2008（29）：11-15.

[123] 邱霈恩. 国家公务员公共服务能力——国家公务员通用能力建设系列丛书[M]. 北京：中国社会科学出版社，2004.

[124] 任东明. 关于建立我国可再生能源发展总量目标制度若干问题探讨[J]. 中国能源，2005，27（4）：21-25.

[125] 邵俊岗，沈言言，李振. 基于双层规划模型的 PPP 项目定价与政府补偿分析——以茂名市为例[J]. 价格理论与实践，2016（9）：144-147.

[126] 沈建，吴金卓，林文树. 锯材产品生命周期影响环境的评价方法与应用[J]. 东北林业大学学报，2014（10）：135-140.

[127] 生延超. 创新投入补贴还是创新产品补贴：技术联盟的政府策略选择[J]. 中国管理科学，2008，16（6）：184-192.

[128] 时璟丽. 可再生能源电力费用分摊政策研究[J]. 中国能源，2010，32（2）：15-18.

[129] 时璟丽. 可再生能源电价附加补贴资金效率分析[J]. 风能，2013（12）：50-52.

[130] 史丹. 新能源定价机制、补贴与成本[M]. 北京：经济管理出版社，2015.

[131] 孙丙香，姜久春，张维戈，等. 基于内部收益率法的动力电池租赁价格测算[J]. 电力系统自动化，2011，35（13）：27-30.

[132] 孙春玲，徐叠元. 利益均衡视角下的 PPP 项目定价研究[J]. 价格理论与实践，2015（10）：123-125.

[133] 孙凤莲. 林木生物质能源开发利用及其产业支撑体系构建研究[D]. 华中农业大学，2010.

[134] 孙凤莲，王雅鹏，王薇薇. 我国林木生物质能源产业发展的区域定位和替代潜力及开发利用对策[J]. 农业现代化研究，2010（3）：325-329.

[135] 孙慧，李磊. 博弈视角下 PPP 项目定价与特许权期决策模型[J]. 武汉理工大学学报（信息与管理工程版），2016，38（1）：52-56.

[136] 覃颖聪. 基于多目标规划的轨道交通 PPP 项目定价与政府补贴[J]. 项目管理技术，2016，14（12）：112-115.

[137] 檀勤良，王婷然，张一梅，等. 多期生物质发电燃料供应链优化[J]. 工业技术经济，2017，36（11）：21-28.

[138] 檀勤良，杨海平，张兴平，等. 生物质发电燃料收集成本测算模型及实证分析[J]. 中国科技论坛，2014（5）：117-123.

[139] 唐权，杨立华. 再论案例研究法的属性、类型、功能与研究设计[J]. 科技进步与对策，2016，33（9）：117-121.

[140] 陶学荣. 公共政策概论[M]. 北京：中国人事出版社，2006.

[141] 佟琼，张晶. 基于外部效应的北京城市轨道交通补贴额度研究[J]. 北京交通大学学报（社会科学版），2011，10（2）：40-46.

[142] 涂正革. 工业二氧化硫排放的影子价格：一个新的分析框架[J]. 经济学（季刊），2010，9（1）：259-282.

[143] 王海啸，缪小明. 我国新能源汽车研发补贴的博弈研究[J]. 软科学，2013，27（6）：29-32.

[144] 王镜. 基于博弈分析的城市公共交通定价及补贴的理论与方法研究[D]. 北京交通大学，2008.

[145] 王满船. 公共政策手段的类型及其比较分析[J]. 国家行政学院学报，2004（5）：34-37.

[146] 王寿兵，吴峰. 产业生态学[M]. 北京：化学工业出版社，2006.

[147] 王思斯. 基于随机前沿分析的二氧化碳排放效率及影子价格研究[D]. 南京航空航天大学，2012.

[148] 王晓天，薛惠锋，张强. 可再生能源发电并网利益协调演化博弈分析[J]. 系统工程，2012（4）：94-99.

[149] 王雁凌，徐丹蕾，马洪宇，等. 天然气分布式能源分阶段补贴机制[J]. 电力系统自动化，2018（4）：202-207.

[150] 王燕. 内蒙古电力公司电力营销信息系统[D]. 天津大学，2010.

[151] 魏学好，周浩. 中国火力发电行业减排污染物的环境价值标准估算[J]. 环境科学研究，2003（1）：53-56.

[152] 仙昀让. 甘肃省生物质能源发展利用及预测研究[D]. 兰州大学，2013.

[153] 休斯 • 欧文 • E. 公共管理导论[M]. 北京：中国人民大学出版社，2001：4-15.

[154] 徐剑琦，张彩虹，张大红. 木质生物质能源树种生物量数量分析[J]. 北京林业大学学报，2006，28（6）：98-102.

[155] 许洁，袁振宏，姜洋，等. 基于学习曲线的生物质成型燃料补贴政策研究[J]. 林产化学与工业，

2016，36（2）：134-138.

[156] 许骏，那伟. 我国农村生活能源消费成本分析——以吉林省为例[J]. 经济纵横，2013（6）：89-92.

[157] 杨冬. 影子价格在工程环境评价中的应用研究[D]. 东华大学，2011.

[158] 杨继波，孔令丞. 可再生能源并网定价文献评述——以光伏产业为例[J]. 经济问题探索，2014(9)：141-147.

[159] 杨艳，朱庚富，王圣，等. 秸秆发电环保性能研究[J]. 环境科学与管理，2011，36（6）：139-142，163.

[160] 叶斌，唐杰，陆强. 碳排放影子价格模型——以深圳市电力行业为例[J]. 中国人口•资源与环境，2012，22（11）：172-176.

[161] 叶晓甦，杨俊萍. 基于多目标规划模型的 PPP 项目定价方式研究[J]. 统计与决策，2012(6)：74-77.

[162] 叶泽，裴小妮，马冠华. 国外风电价格政策及其对我国的启示[J]. 现代商贸工业，2010，22（12）：1-2.

[163] 易欣. 基于动态多目标的 PPP 轨道交通项目定价机制[J]. 技术经济，2015，34（12）：108-115.

[164] 尹天佑. 生物质能源技术开发利用与产业化[M]. 长春：吉林大学出版社，2005.

[165] 于立宏，郁义鸿. 纵向结构特性与电煤价格形成机制[J]. 中国工业经济，2010（3）：65-75.

[166] 翟明岭，张旭，程飞，等. 农户秸秆处置及供生物质电厂成本分析[J]. 同济大学学报（自然科学版），2016，44（3）：440-445.

[167] 翟明岭，张旭，程飞，等. 生物质发电中农户秸秆供应成本敏感性分析[J]. 动力工程学报，2016，36（7）：569-574.

[168] 张保银，汪波，吴煜. 基于循环经济模式的政府激励与监督问题[J]. 中国管理科学，2006，V（1）：136-141.

[169] 张彩虹，张兰，宋维明. 低碳经济与林木生物质能源发展[M]. 北京：中国林业出版社，2015.

[170] 张成福. 公共危机管理：全面整合的模式与中国的战略选择[J]. 中国行政管理，2003（7）：5-10.

[171] 张成福，党秀云. 公共管理学：（修订版）[M]. 北京：中国人民大学出版社，2007.

[172] 张国兴，郭菊娥，席酉民，等. 政府对秸秆替代煤发电的补贴策略研究[J]. 管理评论，2008，20（5）：33-36.

[173] 张国兴，张绪涛，程素杰，等. 节能减排补贴政策下的企业与政府信号博弈模型[J]. 中国管理科学，2013，21（4）：129-136.

[174] 张晶. 火力发电企业环境成本内部化研究[D]. 华北电力大学，2012.

[175] 张兰. 中国林木生物质发电原料供应与产业化研究[D]. 北京林业大学，2010.

[176] 张谦. 新能源风电运营不确定性收益管理方法及信息系统研究[D]. 华北电力大学，2014.

[177] 张群洪. 中国可再生能源定价的 SWOT 分析与政策选择[J]. 福建行政学院学报，2012（2）：80-87.

[178] 张巍. 生物质直燃发电项目上网电价测算与分析[J]. 电力建设，2008，29（2）：72-74.

[179] 张晓娣. 经济与环境多目标体系下的公共财政政策优化——基于 CGE 框架下的多目标系统决策模型[J]. 上海经济研究，2017（3）：3-16.

[180] 张轶姿. 分布式光伏发电动态补偿模型及实证研究[D]. 华北电力大学（北京），2016.

[181] 章铮. 边际机会成本定价——自然资源定价的理论框架[J]. 自然资源学报，1996，11（2）：107-112.

[182] 赵浩亮，张旭，翟明岭. 秸秆直燃生物质电厂动态发电成本分析[J]. 动力工程学报，2015，35（5）：412-417.

[183] 赵莉，乔鹏程. 浅议案例研究法在经济管理研究中的应用[J]. 新会计，2013（5）：3-4.

[184] 赵麦换，徐晨光. 基于博弈论的水电厂竞价上网[J]. 水电与抽水蓄能，2005，29（6）：3-5.

[185] 赵珊珊，张东霞，印永华，等. 风电的电价政策及风险管理策略[J]. 电网技术，2011，35（5）：142-145.

[186] 赵源，欧国立. 城市轨道交通不同运营阶段的补贴模式选择[J]. 物流技术，2012（17）：1-3.

[187] 赵子健，赵旭. 非线性投入产出关系的可再生能源电力补贴政策研究[J]. 生态经济（中文版），2012（12）：124-127.

[188] 周健驹，李美儒，葛佳颖，等. 浅析生物质能源的可持续利用对生态环境的影响[J]. 能源与环境，2016（2）：55-56.

[189] 邹伟进，胡畔. 政府和企业环境行为：博弈及博弈均衡的改善[J]. 理论月刊，2009（6）：161-164.

[190] 邹治平，马晓茜. 太阳能热力发电的生命周期分析[J]. 可再生能源，2004（2）：12-15.

附　　录

生物质发电政策文本内容单元编码

序号	政策文号	政策名称	内容分析单元	编码
1	—	《中华人民共和国可再生能源法》	编制可再生能源开发利用规划，应当遵循因地制宜、统筹兼顾、合理布局、有序发展的原则，对风能、太阳能、水能、生物质能、地热能、海洋能等可再生能源的开发利用作出统筹安排	1-2-9
2	—	《中华人民共和国可再生能源法》	国务院标准化行政主管部门应当制定、公布国家可再生能源电力的并网技术标准和其他需要在全国范围内统一技术要求的有关可再生能源技术和产品的国家标准	1-3-10
3	—	《中华人民共和国可再生能源法》	按照全国可再生能源开发利用规划，确定在规划期内应当达到的可再生能源发电量占全部发电量的比重，制定电网企业优先调度和全额收购可再生能源发电的具体办法，并由国务院能源主管部门会同国家电力监管机构在年度中督促落实	1-4-14
4	—	《中华人民共和国可再生能源法》	可再生能源发电项目的上网电价，由国务院价格主管部门根据不同类型可再生能源发电的特点和不同地区的情况，按照有利于促进可再生能源开发利用和经济合理的原则确定，并根据可再生能源开发利用技术的发展适时调整。上网电价应当公布	1-5-19
5	—	《中华人民共和国可再生能源法》	国家财政设立可再生能源发展基金，资金来源包括国家财政年度安排的专项资金和依法征收的可再生能源电价附加收入等	1-6-24
6	—	《中华人民共和国可再生能源法》	电网企业未按照规定完成收购可再生能源电量，造成可再生能源发电企业经济损失的，应当承担赔偿责任，并由国家电力监管机构责令限期改正；拒不改正的，处以可再生能源发电企业经济损失额一倍以下的罚款	1-7-29

序号	政策文号	政策名称	内容分析单元	编码
7	—	《中国应对气候变化国家方案》	加强能源战略规划研究与制定。研究提出国家中长期能源战略，并尽快制定和完善中国能源的总体规划以及煤炭、电力、油气、核电、可再生能源、石油储备等专项规划，提高中国能源的可持续供应能力。推进生物质能源的发展。以生物质发电、沼气、生物质固体成型燃料和液体燃料为重点，大力推进生物质能源的开发和利用。在粮食主产区等生物质能源资源较丰富地区，建设和改造以秸秆为燃料的发电厂和中小型锅炉。在经济发达、土地资源稀缺地区建设垃圾焚烧发电厂	2-4-1
8	—	《可再生能源中长期发展规划》	根据我国经济社会发展需要和生物质能利用技术状况，重点发展生物质发电、沼气、生物质固体成型燃料和生物液体燃料。到 2010 年，生物质发电总装机容量达到 550 万千瓦，到 2020 年，生物质发电总装机容量达到 3 000 万千瓦	3-6-2
9	国家电力监管委员会令第 25 号	《电网企业全额收购可再生能源电量监管办法》	电力调度机构应当按照国家有关规定和保证可再生能源发电全额上网的要求，编制发电调度计划并组织实施	4-2-8
10	国家电力监管委员会令第 25 号	《电网企业全额收购可再生能源电量监管办法》	电网企业应当严格按照国家核定的可再生能源发电上网电价、补贴标准和购售电合同，及时、足额结算电费和补贴。可再生能源发电机组上网电价、电费结算按照国家有关规定执行	4-2-11
11	国家电力监管委员会令第 25 号	《电网企业全额收购可再生能源电量监管办法》	电力监管机构依法对电网企业、可再生能源发电企业、电力调度机构进行现场检查，被检查单位应当予以配合，提供与检查事项有关的文件、资料，并如实回答有关问题	4-3-16
12	财税〔2008〕47 号	《财政部　国家税务总局关于执行资源综合利用企业所得税优惠目录有关问题的通知》	企业自 2008 年 1 月 1 日起以《目录》中所列资源为主要原料，生产《目录》内符合国家或行业相关标准的产品取得的收入，在计算应纳税所得额时，减按 90%计入当年收入总额。享受上述税收优惠时	5-1
13	环发〔2008〕82 号	《关于进一步加强生物质发电项目环境影响评价管理工作的通知》	（一）切实做好生物质发电项目的选址和论证工作。（二）做好污染预防、厂址周边环境保护和规划控制工作。（三）结合生物质发电项目的发展现状，明确严格的污染物治理措施，确保污染物排放符合国家和地方规定的排放标准。（四）采用农林生物质、生活垃圾等作为原燃料的生物质发电项目，在环境影响评价中必须考虑原燃料收集、运输、贮存环节的环境影响。（五）加强环境风险防范工作	6-5

序号	政策文号	政策名称	内容分析单元	编码
14	发改价格〔2010〕1579号	《国家发展改革委关于完善农林生物质发电价格政策的通知》	对农林生物质发电项目实行标杆上网电价政策。未采用招标确定投资人的新建农林生物质发电项目，统一执行标杆上网电价每千瓦时0.75元（含税，下同）	7-1
15	发改价格〔2010〕1579号	《国家发展改革委关于完善农林生物质发电价格政策的通知》	已核准的农林生物质发电项目，上网电价低于上述标准的，上调至每千瓦时0.75元；高于上述标准的国家核准的生物质发电项目仍执行原电价标准	7-2
16	发改价格〔2010〕1579号	《国家发展改革委关于完善农林生物质发电价格政策的通知》	农林生物质发电上网电价在当地脱硫燃煤机组标杆上网电价以内的部分，由当地省级电网企业负担；高出部分，通过全国征收的可再生能源电价附加分摊解决	7-3
17	发改能源〔2010〕1803号	《国家发展改革委关于生物质发电项目建设管理的通知》	重视生物质发电规划工作：科学分析各种生物质资源量，统筹协调生物质资源的合理利用，在充分考虑生物质资源其他用途的基础上，根据剩余资源的分布特点，合理制定生物质发电目标和建设布局	8-1
18	发改能源〔2010〕1803号	《国家发展改革委关于生物质发电项目建设管理的通知》	合理确定生物质电站建设场址和规模：场址选择除满足安全、环境条件外，应统筹考虑各类资源的分布特点，结合城市供暖或工业园区用热需要，优先建设生物质热电联产发电厂	8-2
19	发改能源〔2010〕1803号	《国家发展改革委关于生物质发电项目建设管理的通知》	落实生物质资源条件和保障措施：任何生物质电站建设，都要开展详细的资源分析评价，全面掌握各类生物质资源的分布和特点，并制定切实可行的生物质资源收集、运输、储存体系，明确生物质资源收集、运输、储存等的技术要求和管理制度，确保生物质资源的安全可靠供应	8-3
20	林造发〔2011〕33号	《能源林可持续培育指南》	为指导和规范能源林培育和开发利用，实现既保障林业生物质能源原料产品品质及可持续供应，又兼顾生态环境和社会环境建设，确保林业生物质能源产业持续健康发展，特制定本指南	9-1-1
21	国发〔2011〕9号	《关于进一步加强城市生活垃圾处理工作的意见》	加强资源利用。全面推广废旧商品回收利用、焚烧发电、生物处理等生活垃圾资源化利用方式。加快生物质能源回收利用工作，提高生活垃圾焚烧发电和填埋气体发电的能源利用效率	10-3-6
22	林造发〔2011〕114号	《国家林业局关于印发〈林业生物能源原料基地检查验收办法〉的通知》	林业生物能源原料基地检查验收实行建设单位自查、省级核查验收和国家抽查的方式开展。省级核查验收采取抽查检查方式。基地建成后，由国家林业局负责组织竣工验收	11-1-2
23	发改价格〔2012〕801号	《国家发展改革委关于完善垃圾焚烧发电价格政策的通知》	进一步规范垃圾焚烧发电价格政策：以生活垃圾为原料的垃圾焚烧发电项目，均先按其入厂垃圾处理量折算成上网电量进行结算，每吨生活垃圾折算上网电量暂定为280千瓦时，并执行全国统一垃圾发电标杆电价每千瓦时0.65元（含税，下同）	12-1

序号	政策文号	政策名称	内容分析单元	编码
24	发改价格〔2012〕801 号	《国家发展改革委关于完善垃圾焚烧发电价格政策的通知》	完善垃圾焚烧发电费用分摊制度：垃圾焚烧发电上网电价高出当地脱硫燃煤机组标杆上网电价的部分实行两级分摊。其中，当地省级电网负担每千瓦时 0.1 元，电网企业由此增加的购电成本通过销售电价予以疏导；其余部分纳入全国征收的可再生能源电价附加解决	12-2
25	发改价格〔2012〕801 号	《国家发展改革委关于完善垃圾焚烧发电价格政策的通知》	切实加强垃圾焚烧发电价格监管	12-3
26	国发〔2012〕65 号	《国务院关于印发生物产业发展规划的通知》	因地制宜加快生物质发电产业发展。充分利用农林剩余物、沙生植物平茬物及灌木林、生活垃圾、蔗渣、畜禽粪便、有机污水等，因地制宜发展各类生物质发电技术，加快生物质发电关键设备的研发和产业化。结合新能源集成应用重大产业创新发展工程的实施，建设适应不同区域特点的生物质发电示范工程，加快制定适用于生物质发电的分布式发电并网标准，建立健全生物质发电原料收集体系、装备研发和产业化体系及生物质发电管理体系	13-3-5
27	—	《全国林业生物质能发展规划（2011—2020 年）》	林电（气）一体化示范工程。在内蒙古、吉林和黑龙江等地区地处偏远、林业剩余物资源较为丰富的林区、沙区、木材加工集中地，开展分布式林电一体化示范；在适合地区，结合原料基地建设，开展生物质热电联供、气炭电多联产示范，探索能源林基地建设、现代化原料收集体系与分布式能源相结合的产业化模式，利用多种林业生物质资源，通过分布式发电及多联产技术，生产气、电、炭、热等多种产品	14-3-2
28	—	《全国林业生物质能发展规划（2011—2020 年）》	保障措施：（一）组织保障；（二）政策保障；（三）资金保障；（四）科技保障；（五）服务保障	14-4-1
29	发改环资〔2013〕930 号	《关于加强农作物秸秆综合利用和禁烧工作的通知》	充分利用现有秸秆综合利用财政、税收、价格优惠激励政策，提高秸秆能源化利用等综合利用的支持规模	15-3
30	发改能源〔2013〕1381 号	《国家发展改革委关于印发〈分布式发电管理暂行办法〉的通知》	项目建设和管理：豁免许可证，组织示范项目建设	16-3
31	发改能源〔2013〕1381 号	《国家发展改革委关于印发〈分布式发电管理暂行办法〉的通知》	电网接入：制定技术标准；引入投资建设，签署售电合同；提供咨询调试和并网验收等服务	16-4
32	发改能源〔2013〕1381 号	《国家发展改革委关于印发〈分布式发电管理暂行办法〉的通知》	运行管理：优先上网、全额收购；建立信息交换和信息公开等体系	16-5

序号	政策文号	政策名称	内容分析单元	编码
33	发改能源〔2013〕1381 号	《国家发展改革委关于印发〈分布式发电管理暂行办法〉的通知》	政策保障及措施：根据有关法律法规及政策规定，对符合条件的分布式发电给予建设资金补贴或单位发电量补贴。建设资金补贴方式仅限于电力普遍服务范围。享受建设资金补贴的，不再给予单位发电量补贴	16-6
34	发改办环资〔2014〕2802 号	《国家发展改革委办公厅农业部办公厅关于印发〈秸秆综合利用技术目录（2014）〉的通知》	秸秆直燃发电技术的关键包括秸秆预处理技术、蒸汽锅炉的多种原料适用性技术、蒸汽锅炉的高效燃烧技术、蒸汽锅炉的防腐蚀技术等。秸秆发电的动力机械系统可分为汽轮机发电技术、蒸汽机发电技术和斯特林发动机发电技术等	17-4-18
35	发改办能源〔2014〕3003 号	《国家发展改革委办公厅关于加强和规范生物质发电项目管理有关要求的通知》	鼓励发展生物质热电联产，提高生物质资源利用效率	18-1
36	发改办能源〔2014〕3003 号	《国家发展改革委办公厅关于加强和规范生物质发电项目管理有关要求的通知》	加强规划指导，合理布局项目	18-2
37	发改办能源〔2014〕3003 号	《国家发展改革委办公厅关于加强和规范生物质发电项目管理有关要求的通知》	农林生物质发电项目严禁掺烧化石能源	18-3
38	财建〔2015〕87 号	《财政部关于印发〈可再生能源发展专项资金管理暂行办法〉的通知》	会同相关部门制定可再生能源发展专项资金管理制度以及相关配套文件	19-5-1
39	财建〔2015〕87 号	《财政部关于印发〈可再生能源发展专项资金管理暂行办法〉的通知》	负责可再生能源发展专项资金预算编制和下达	19-5-2
40	财建〔2015〕87 号	《财政部关于印发〈可再生能源发展专项资金管理暂行办法〉的通知》	监督检查资金使用情况，组织开展绩效评价	19-5-3
41	财建〔2015〕87 号	《财政部关于印发〈可再生能源发展专项资金管理暂行办法〉的通知》	会同财政部门组织实施可再生能源和新能源开发利用工作	19-6-2
42	财建〔2015〕87 号	《财政部关于印发〈可再生能源发展专项资金管理暂行办法〉的通知》	落实地方扶持政策措施及应承担的专项资金，制定具体操作规程；组织可再生能源发展专项资金申报，核实并提供相关材料；按规定管理可再生能源发展专项资金，对相关工作实施、任务完成以及资金使用情况进行监督检查	19-7

序号	政策文号	政策名称	内容分析单元	编码
43	财建〔2015〕87号	《财政部关于印发〈可再生能源发展专项资金管理暂行办法〉的通知》	可再生能源发展专项资金重点支持范围：重点关键技术示范推广和产业化示范；规模化开发利用及能力建设；公共平台建设；综合应用示范	19-8
44	—	《中共中央　国务院关于加快推进生态文明建设的意见》	发展绿色产业。加快核电、风电、太阳能光伏发电等新材料、新装备的研发和推广，推进生物质发电、生物质能源、沼气等应用	20-3-10
45	—	《中共中央　国务院关于加快推进生态文明建设的意见》	完善经济政策。加大财政资金投入，统筹有关资金，对资源节约和循环利用、新能源和可再生能源开发利用、环境基础设施建设、生态修复与建设、先进适用技术研发示范等给予支持。完善节能环保、新能源、生态建设的税收优惠政策。推广绿色信贷，支持符合条件的项目通过资本市场融资	20-6-22
46	财税〔2015〕78号	《财政部　国家税务总局关于印发〈资源综合利用产品和劳务增值税优惠目录〉的通知》	以“餐厨垃圾、畜禽粪便、稻壳、花生壳、玉米芯、油茶壳、棉籽壳、三剩物、次小薪材、农作物秸秆、蔗渣，以及利用上述资源发酵产生的沼气”为原料的生物质发电可享受增值税即征即退政策	21-4-1
47	—	《中华人民共和国大气污染防治法》(第二次修订)	制定燃煤、生物质燃料等产品应当明确大气环境保护要求	22-2-13
48	—	《中华人民共和国大气污染防治法》(第二次修订)	电力调度应当优先安排清洁能源发电上网	22-4-42
49	—	《中华人民共和国大气污染防治法》(第二次修订)	鼓励和支持采用先进适用技术，对秸秆、落叶等进行能源化等综合利用，加大对秸秆还田、收集一体化农业机械的财政补贴力度。组织建立秸秆收集、贮存、运输和综合利用服务体系，采用财政补贴等措施支持农村集体经济组织、农民专业合作经济组织、企业等开展秸秆收集、贮存、运输和综合利用服务	22-4-76
50	—	《关于实行可再生能源发电项目信息化管理的通知》	享受国家可再生能源电价附加资金补贴政策的新能源发电项目及其配套送出工程均纳入国家能源局可再生能源发电项目信息管理平台(登录国家能源局官方网站)，包括生物质发电等已建成、在建和新建项目及其配套送出工程	23-1
51	发改环资〔2015〕2651号	《关于进一步加快推进农作物秸秆综合利用和禁烧工作的通知》	拓宽综合利用渠道。在政策、资金和技术上给予支持，通过建立利益导向机制，支持生物质能等新技术的产业化发展，完善配套产业及下游产品开发，延伸秸秆综合利用产业链。在秸秆产生量大且难以利用的地区，应根据秸秆资源量和分布特点，科学规划秸秆热电联产以及循环流化床、水冷振动炉排等直燃发电厂，秸秆发电优先上网且不限发	24-2-6

序号	政策文号	政策名称	内容分析单元	编码
52	发改环资〔2015〕2651号	《关于进一步加快推进农作物秸秆综合利用和禁烧工作的通知》	积极支持新技术和装备研发。各地要切实加强对秸秆能源化、原料化领域新技术的创新，扶持引导基层农技部门、社会化服务体系推广应用先进适用的秸秆综合利用技术；推进秸秆综合利用装备的产业化发展与应用	24-4-9
53	发改环资〔2015〕2651号	《关于进一步加快推进农作物秸秆综合利用和禁烧工作的通知》	完善落实有利于秸秆利用的经济政策。财政投入方面：统筹各方面资金加大对秸秆综合利用项目给予支持。税收优惠方面：落实好秸秆综合利用税收优惠政策，切实促进秸秆资源化利用。金融信贷方面：鼓励银行业金融机构结合秸秆综合利用项目特点，创新金融产品和服务，按照风险可控、商业可持续原则，积极为秸秆收储和加工利用企业提供金融信贷支持	24-5-11
54	发改环资〔2016〕203号	《关于加快发展农业循环经济的指导意见》	推进产业链接循环化。鼓励利用木、竹、藤在采伐、抚育、造材、加工过程中产生的废物和次小薪材，生产生物质能源。构建复合型循环经济产业链。推进生物质能等循环链接	25-2-3
55	发改环资〔2016〕203号	《关于加快发展农业循环经济的指导意见》	推进农林废物处理资源化：推进秸秆燃料化；鼓励利用秸秆等多种原料发展规模化大型沼气、生物天然气工程；鼓励利用森林经营、采伐、造材、加工等过程中的剩余物，建设热、电、油、药等生物质联产项目	25-2-4
56	发改能源〔2016〕625号	《国家发展改革委关于印发〈可再生能源发电全额保障性收购管理办法〉的通知》	可再生能源发电全额保障性收购是指电网企业（含电力调度机构）根据国家确定的上网标杆电价和保障性收购利用小时数，结合市场竞争机制，通过落实优先发电制度，在确保供电安全的前提下，全额收购规划范围内的可再生能源发电项目的上网电量	26-2
57	发改能源〔2016〕625号	《国家发展改革委关于印发〈可再生能源发电全额保障性收购管理办法〉的通知》	国务院能源主管部门及派出机构履行可再生能源发电全额保障性收购的监管责任	26-4
58	林规发〔2016〕22号	《国家林业局关于印发〈林业发展“十三五”规划〉的通知》	加快产业优化升级：培育生物质能源产业，加强林业生物产业高效转化和综合利用	27-3-2
59	农办财〔2016〕39号	《关于开展农作物秸秆综合利用试点　促进耕地质量提升工作的通知》	坚持农用为主推进秸秆综合利用。因地制宜发展以秸秆为原料的农村沼气集中供气工程等能源化、燃料化和利用工作。对已经形成一定产业规模的生物质燃油、秸秆发电等，在现有政策基础上，积极研究加快产业扩张和技术扩散的政策措施，进一步提高秸秆工业化利用率和利用水平	28-3-1
60	农办财〔2016〕39号	《关于开展农作物秸秆综合利用试点　促进耕地质量提升工作的通知》	农作物秸秆综合利用试点采取“以奖代补”方式，中央财政根据试点省秸秆综合利用情况予以适当补助，补助资金由试点省根据试点任务自主安排，用于支持秸秆综合利用的重点领域和关键环节	28-3-2

序号	政策文号	政策名称	内容分析单元	编码
61	农科（能生）函〔2016〕第 213 号	《关于推介发布秸秆“五料化”利用技术的通知》	秸秆沼气生产技术	29-4-3
62	发改能源〔2016〕513 号	《国家发展改革委　国家能源局关于印发〈能源技术革命创新行动计划（2016—2030 年）〉的通知》	生物质能利用技术创新：研发智能化生物质原料收运出技术装备，建立多元化、多渠道、智能化的新型生物质原料持续供给体系，建设生态能源农场示范	30-10-3
63	办造字〔2016〕102 号	《国家林业局办公室关于印发〈林业应对气候变化“十三五”行动要点〉的通知》	建设能源林示范基地，培育能源林，推进林业剩余物能源化利用，提升林业生物质能源使用比重，部分替代化石能源	31-4-2
64	发改能源〔2016〕1430 号	《国家发展改革委　国家能源局关于推进多能互补集成优化示范工程建设的实施意见》	加强终端供能系统统筹规划和一体化建设，因地制宜实施传统能源与风能、太阳能、地热能、生物质能等能源的协同开发利用	32-2-1
65	国发〔2016〕43 号	《国务院关于印发“十三五”国家科技创新规划的通知》	农林生物质高效利用。研究农林废物（农作物秸秆、畜禽粪便、林业剩余物等）和新型生物质资源（能源植物、微藻等）的清洁收储、高效转化、产品提质、产业增效等新理论、新技术和新业态，使农林生物质高效利用技术进入国际前列，利用率达到 80%以上	33-5-1
66	国发〔2016〕43 号	《国务院关于印发“十三五”国家科技创新规划的通知》	发展清洁高效能源技术。发展可再生能源大规模开发利用技术，重点加强高效低成本生物质发电供气供热及液体燃料等技术研发及应用。发展智能电网技术，重点加强特高压输电、柔性输电、大规模可再生能源并网与消纳、电网与用户互动、分布式能源以及能源互联网和大容量储能、能源微网等技术研发及应用	33-5-5
67	农计发〔2016〕90 号	《关于印发〈关于推进农业废物资源化利用试点的方案〉的通知》	探索有效技术路径：农作物秸秆。围绕收集、利用等关键环节，促进多元化综合利用。采取肥料化、饲料化、燃料化、基料化、原料化等多种途径，着力提升综合利用水平	34-2-1
68	农计发〔2016〕90 号	《关于印发〈关于推进农业废物资源化利用试点的方案〉的通知》	实行分类支持。针对不同建设内容，分别采取相应投资方式予以支持。对于农作物秸秆综合利用的试点，充分利用沼气工程、农业面源污染综合治理等现有投资渠道予以支持。对于沼气纯化等利用内容，积极探索市场化方式，引导和鼓励社会资本投资	34-5-1

序号	政策文号	政策名称	内容分析单元	编码
69	农计发〔2016〕90 号	《关于印发〈关于推进农业废物资源化利用试点的方案〉的通知》	积极完善配套政策：鼓励各地探索秸秆发电企业的上网价格的支持政策	34-5-1
70	—	《"十三五"控制温室气体排放工作方案》	加强废物资源化利用和低碳化处置。在具备条件的地区鼓励发展垃圾焚烧发电等多种处理利用方式	35-4-3
71	国能新能〔2016〕291 号	《国家能源局关于印发〈生物质能发展"十三五"规划〉的通知》	发展目标：到 2020 年，生物质能基本实现商业化和规模化利用。生物质发电总装机容量达到 1 500 万千瓦，年发电量 900 亿千瓦时，其中农林生物质直燃发电 700 万千瓦，城镇生活垃圾焚烧发电 750 万千瓦，沼气发电 50 万千瓦	36-2-3
72	国能新能〔2016〕291 号	《国家能源局关于印发〈生物质能发展"十三五"规划〉的通知》	发展布局：在农林资源丰富区域，统筹原料收集及负荷，推进生物质直燃发电全面转向热电联产；在经济较为发达地区合理布局生活垃圾焚烧发电项目，加快西部地区垃圾焚烧发电发展；在秸秆、畜禽养殖废物资源比较丰富的乡镇，因地制宜推进沼气发电项目建设	36-3-3
73	—	《电力发展"十三五"规划（2016—2020 年）》	在满足环保要求的条件下，合理建设城市生活垃圾焚烧发电和垃圾填埋气发电项目。积极清洁利用生物质能源，推动沼气发电、生物质发电和分布式生物质气化发电。到 2020 年，生物质发电装机 1 500 万千瓦左右。开展燃煤与生物质耦合发电示范与应用，在东北等粮食主产区布局一批燃煤与农林废弃残余物耦合发电示范项目	37-3-3
74	—	《电力发展"十三五"规划（2016—2020 年）》	推进集中供热，逐步替代燃煤小锅炉：在生物质能等可再生能源资源富集区，因地制宜发展生物质热电联产等新能源供热应用	37-3-13
75	—	《电力发展"十三五"规划（2016—2020 年）》	积极发展分布式发电，鼓励能源就近高效利用：因地制宜发展中小型分布式沼气发电和生物质气化发电等项目	37-3-14
76	—	《电力发展"十三五"规划（2016—2020 年）》	加大攻关力度，强化自主创新：加快燃煤与生物质耦合发电关键技术研发与应用	37-3-16
77	发改办环资〔2016〕2504 号	《国家发展改革委办公厅 农业部办公厅关于印发编制"十三五"秸秆综合利用实施方案的指导意见的通知》	秸秆能源化利用：立足于各地秸秆资源分布，结合乡村环境整治和节能减排措施，积极推广秸秆直燃发电等技术，推进生物质能利用，改善农村能源结构	38-4-3
78	国发〔2016〕67 号	《国务院关于印发"十三五"国家战略性新兴产业发展规划的通知》	发展目标：节能环保、新能源、生物等领域新产品和新服务的可及性大幅提升	39-1-4
79	国发〔2016〕67 号	《国务院关于印发"十三五"国家战略性新兴产业发展规划的通知》	创新生物能源发展模式。拓展生物能源应用空间，力争在发电、供气、供热、燃油等领域实现全面规模化应用，生物能源利用技术和核心装备技术达到世界先进水平，形成较成熟的商业化市场。促进生物质能源清洁应用。重点推进高寿命、低电耗分布式生物质热电联产等关键技术和设备研发，促进生物质热电联产	39-4-6

序号	政策文号	政策名称	内容分析单元	编码
80	国发〔2016〕67 号	《国务院关于印发“十三五”国家战略性新兴产业发展规划的通知》	推动新能源产业发展。加快发展核电、风电、太阳能、生物质等新能源，2020 年，站能源消费总量比重达 8%以上，产业产值规模超过 1.5 万亿元。加快发展生物质供气供热、生物质与燃煤耦合发电。加快研发新技术。完善生物质能等国家标准和清洁能源定价机制。建立补贴政策动态调整机制和配套管理体系	39-5-2
81	发改能源〔2016〕2619 号	《国家发展改革委关于印发〈可再生能源发展“十三五”规划〉的通知》	稳步发展生物质发电。在做好选址和落实环保措施的前提下，结合新型城镇化建设进程，重点在具备资源条件的地级市及部分县城，稳步发展城镇生活垃圾焚烧发电，到 2020 年，城镇生活垃圾焚烧发电装机达到 750 万千瓦。根据生物质资源条件，有序发展农林生物质直燃发电和沼气发电，到 2020 年，农林生物质直燃发电装机达到 700 万千瓦，沼气发电达到 50 万千瓦。到 2020 年，生物质发电总装机达到 1 500 万千瓦，年发电量超过 900 亿千瓦时	40-4-4
82	发改能源〔2016〕2619 号	《国家发展改革委关于印发〈可再生能源发展“十三五”规划〉的通知》	因地制宜推进农林废物、城市垃圾等生物质能综合开发，扩大生物质热电联产比重，提高生物质利用效率，替代城镇化石燃料消费	40-6-1
83	发改能源〔2016〕2619 号	《国家发展改革委关于印发〈可再生能源发展“十三五”规划〉的通知》	加强生物质能等新型可再生能源资源勘查工作	40-7-1
84	发改能源〔2016〕2619 号	《国家发展改革委关于印发〈可再生能源发展“十三五”规划〉的通知》	加快推动可再生能源技术创新	40-7-2
85	发改能源〔2016〕2619 号	《国家发展改革委关于印发〈可再生能源发展“十三五”规划〉的通知》	建立可再生能源质量监督管理体系：定期公开安全质量情况；加强运行数据采集和监控	40-7-3
86	发改能源〔2016〕2619 号	《国家发展改革委关于印发〈可再生能源发展“十三五”规划〉的通知》	完善可再生能源标准检测认证体系	40-7-5
87	发改能源〔2016〕2619 号	《国家发展改革委关于印发〈可再生能源发展“十三五”规划〉的通知》	贯彻落实可再生能源发电全额保障性收购制度	40-8-2
88	发改能源〔2016〕2619 号	《国家发展改革委关于印发〈可再生能源发展“十三五”规划〉的通知》	建立可再生能源绿色证书交易机制	40-8-3
89	发改基础〔2016〕2795 号	《国家发展改革委 国家能源局关于印发〈能源生产和消费革命战略（2016—2030）〉的通知》	大力发展清洁能源，大幅增加生产供应，是优化能源结构、实现绿色发展的必由之路。因地制宜选择合理技术路线，广泛开发生物质能，农村沼气发展，扩大城市垃圾发电规模	41-4-2

序号	政策文号	政策名称	内容分析单元	编码
90	发改基础〔2016〕2795 号	《国家发展改革委　国家能源局关于印发〈能源生产和消费革命战略（2016—2030）〉的通知》	推进能源供给侧管理。坚持严控能源增量、优化存量，着力提升能源供给质量和效率，扩大有效供给。建立健全能源生产、配送、交易管理市场化制度，推动能源优质优供，引导能源消费升级。实现生物质等原料的生产技术和产品的协同优化	41-4-3
91	发改基础〔2016〕2795 号	《国家发展改革委　国家能源局关于印发〈能源生产和消费革命战略（2016—2030）〉的通知》	推广应用清洁低碳能源卡法利用技术，研发先进生物质能利用技术	41-5-2
92	发改基础〔2016〕2795 号	《国家发展改革委　国家能源局关于印发〈能源生产和消费革命战略（2016—2030）〉的通知》	非化石能源跨越发展行动。充分利用规划内输电通道实现跨区外送。大力推进生物质能原料基地建设，扩大生物质能利用规模	41-9-7
93	国能科技〔2016〕397 号	《国家能源局关于印发〈能源技术创新"十三五"规划〉的通知》	燃煤耦合生物质发电技术。研究现役燃煤电厂耦合生物质发电的改造技术，验证并推广生物质成型和干燥技术、生物质燃烧和气化发电技术、锅炉结焦和腐蚀对策、燃煤电厂掺烧生物质的适应性、污染物排放和灰渣综合利用、藻类生物质掺烧等技术，并获得现役电厂改造的运行经验	42-3-1
94	国能科技〔2016〕397 号	《国家能源局关于印发〈能源技术创新"十三五"规划〉的通知》	生物质集中高效热电联产及多能互补技术示范。开展 10 MW 规模的分布式生物质热解—气化燃气轮机发电技术的示范试验，并突破生物质与太阳能、风能等可再生能源多联供综合利用关键技术，建成 10 000 方/天级的大型生物质制气工程和多能互补综合利用示范工程	42-3-2-S21
95	农科教发〔2017〕4 号	《农业部关于印发〈"十三五"农业科技发展规划〉的通知》	秸秆综合利用技术示范应用。研制秸秆还田、收储运、能源化等相关技术规范和标准，示范推广一批秸秆综合利用技术和设施装备，鼓励开展多种形式的产学研合作，构建各具特色的秸秆综合利用产业技术和模式，为推进秸秆综合利用提供科技支撑	43-4-3
96	国能规划〔2017〕46 号	《国家能源局关于印发2017 年能源工作指导意见的通知》	推进非化石能源规模化发展：积极开发利用生物质能加快相关标准体系建设。制订出台关于推进农林生物质发电全面转向热电联产的产业政策，提高生物质资源利用效率。建立生物质发电项目布局规划监测体系	44-2-2
97	—	《国家重点节能低碳技术推广目录》（2017 年本，低碳部分	基于厌氧干发酵的生活垃圾/秸秆多联产技术	45-1-4
98	国能综科技〔2017〕216 号	《国家能源局综合司关于印发〈2017 年能源领域行业标准化工作要点〉的通知》	可再生能源领域：持续完善风电、光伏发电、生物液体燃料加工转化等领域标准体系；推动分布式储能及能源安全生产、生物柴油、燃料醇类、燃料型非粮原料林培育和可持续经营标准制修订工作	46-2-6

序号	政策文号	政策名称	内容分析单元	编码
99	—	《关于促进可再生能源供热的意见（征求意见稿）》	因地制宜推进农林废物、城市垃圾等生物质能综合开发，在农作物秸秆资源量大的地区推行生物质热电联产集中供暖或工业供热	47-2-6
100	—	《关于促进可再生能源供热的意见（征求意见稿）》	大力推动城镇可再生能源供热利用。在传统集中供暖地区，结合城市替代散煤供热，推广生物质热电联产等可再生能源技术	47-2-9
101	—	《关于促进可再生能源供热的意见（征求意见稿）》	优化生物质支持政策：鼓励和支持生物质发电企业改造为热电联产，政府对改造企业给予一定投资支持。将供热管网建设纳入中央预算内投资支持范围。对生物质热电联产企业的发电量补贴资金优先保障及时到位。研究建立专业化生物质原料收集体系和运营机制，集中堆放生物质原料占地按公益事业用地政策	47-2-15
102	—	《关于促进可再生能源供热的意见（征求意见稿）》	加强环境监管力度。生物质供暖锅炉需加装减排设施，同步安装在线监测系统，实现达标排放	47-2-18
103	发改环资〔2017〕751号	《关于印发〈循环发展引领行动〉的通知》	加强农林废物资源化利用。开展农业废物资源化利用试点。推动农作物秸秆肥料化、饲料化、燃料化	48-4-10
104	发改环资〔2017〕751号	《关于印发〈循环发展引领行动〉的通知》	资源循环利用产业示范基地建设行动：实现不同类别废物的分类回收利用和无害化处理，加强能源、水资源和固废处理设施的一体化建设	48-7-27
105	发改环资〔2017〕751号	《关于印发〈循环发展引领行动〉的通知》	理顺价格税费政策：完善鼓励垃圾和沼气发电的价格政策。完善垃圾处理收费管理办法，提高收缴率	48-8-36
106	发改环资〔2017〕751号	《关于印发〈循环发展引领行动〉的通知》	优化财政金融政策：创新财政资金支持方式。创新融资方式	48-8-37
107	农办科〔2017〕24号	《农业部办公厅关于推介发布秸秆农用十大模式的通知》	秸秆—沼气—肥能源生态模式	49-8
108	财建〔2017〕238号	《关于开展中央财政支持北方地区冬季清洁取暖试点工作的通知》	推广分散式电（燃气）等取暖，因地制宜推广生物质能等可再生能源分布式、多能互补应用的新型取暖模式	50-3
109	林规发〔2017〕43号	《关于印发〈林业产业发展“十三五”规划〉的通知》	充分挖掘我国现有180亿t林木生物质资源开发潜力，开发生物柴油、生物酒精、生物质热电联产和固体成型燃料等能源产品，依托关联企业，建立林业新能源产业化示范区	51-5-3
110	国能综通新能〔2017〕36号	《国家能源局综合司关于开展北方地区可再生能源清洁取暖实施方案编制有关工作的通知》	发展生物质热电联产	52-5-2